国家卫生和计划生育委员会"十二五"规划教材
全国中等卫生职业教育教材

供药剂专业用

药店零售与服务技术

主　编　石少婷

副主编　王育英　黄礼建　李小燕

编　者（以姓氏笔画为序）

王育英（山东省青岛卫生学校）

王姗姗（山东立健医药城连锁有限公司）

石少婷（山东省莱阳卫生学校）

孙振龙（山东省莱阳卫生学校）

苏　永（焦作卫生医药学校）

李小燕（广东省新兴中药学校）

林　超（北京市实验职业学校）

黄礼建（河源市卫生学校）

人民卫生出版社

图书在版编目（CIP）数据

药店零售与服务技术 / 石少婷主编 . —北京：人民卫生
出版社，2015

ISBN 978-7-117-20436-1

Ⅰ. ①药… Ⅱ. ①石… Ⅲ. ①药品 – 专业商店 – 零售 –
商业服务 – 中等专业学校 – 教材 Ⅳ. ①F717.5

中国版本图书馆 CIP 数据核字（2015）第 046904 号

人卫智网	www.ipmph.com	医学教育、学术、考试、健康，购书智慧智能综合服务平台
人卫官网	www.pmph.com	人卫官方资讯发布平台

版权所有，侵权必究！

药店零售与服务技术

主　　编：石少婷

出版发行：人民卫生出版社（中继线 010-59780011）

地　　址：北京市朝阳区潘家园南里 19 号

邮　　编：100021

E - mail：pmph @ pmph.com

购书热线：010-59787592　010-59787584　010-65264830

印　　刷：三河市君旺印务有限公司

经　　销：新华书店

开　　本：787 × 1092　1/16　印张：14

字　　数：349 千字

版　　次：2015 年 6 月第 1 版　2022 年 6 月第 1 版第12次印刷

标准书号：ISBN 978-7-117-20436-1

定　　价：30.00 元

打击盗版举报电话：010-59787491　E-mail：WQ @ pmph.com

质量问题联系电话：010-59787234　E-mail：zhiliang @ pmph.com

出 版 说 明

为全面贯彻党的十八大和十八届三中、四中全会精神,依据《国务院关于加快发展现代职业教育的决定》要求,更好地服务于现代卫生职业教育快速发展的需要,适应卫生事业改革发展对医药卫生职业人才的需求,贯彻《医药卫生中长期人才发展规划(2011—2020 年)》《现代职业教育体系建设规划(2014—2020 年)》文件精神,人民卫生出版社在教育部、国家卫生和计划生育委员会的领导和支持下,按照教育部颁布的《中等职业学校专业教学标准(试行)》医药卫生类(第一辑)(简称《标准》),由全国卫生职业教育教学指导委员会(简称卫生行指委)直接指导,经过广泛的调研论证,成立了中等卫生职业教育各专业教育教材建设评审委员会,启动了全国中等卫生职业教育第三轮规划教材修订工作。

本轮规划教材修订的原则:①明确人才培养目标。按照《标准》要求,本轮规划教材坚持立德树人,培养职业素养与专业知识、专业技能并重,德智体美全面发展的技能型卫生专门人才。②强化教材体系建设。紧扣《标准》,各专业设置公共基础课(含公共选修课)、专业技能课(含专业核心课、专业方向课、专业选修课);同时,结合专业岗位与执业资格考试需要,充实完善课程与教材体系,使之更加符合现代职业教育体系发展的需要。在此基础上,组织制订了各专业课程教学大纲并附于教材中,方便教学参考。③贯彻现代职教理念。体现"以就业为导向,以能力为本位,以发展技能为核心"的职教理念。理论知识强调"必需、够用";突出技能培养,提倡"做中学、学中做"的理实一体化思想,在教材中编入实训(实验)指导。④重视传统融合创新。人民卫生出版社医药卫生规划教材经过长时间的实践与积累,其中的优良传统在本轮修订中得到了很好的传承。在广泛调研的基础上,再版教材与新编教材在整体上实现了高度融合与衔接。在教材编写中,产教融合、校企合作理念得到了充分贯彻。⑤突出行业规划特性。本轮修订紧紧依靠卫生行指委和各专业教育教材建设评审委员会,充分发挥行业机构与专家对教材的宏观规划与评审把关作用,体现了国家卫生计生委规划教材一贯的标准性、权威性、规范性。⑥提升服务教学能力。本轮教材修订,在主教材中设置了一系列服务教学的拓展模块;此外,教材立体化建设水平进一步提高,根据专业需要开发了配套教材、网络增值服务等,大量与课程相关的内容围绕教材形成便捷的在线数字化教学资源包,为教师提供教学素材支撑,为学生提供学习资源服务,教材的教学服务能力明显增强。

人民卫生出版社作为国家规划教材出版基地,获得了教育部中等职业教育专业技能课教材选题立项 24 个专业的立项选题资格。本轮首批启动了护理、助产、农村医学、药剂、制药技术专业教材修订,其他中职相关专业教材也将根据《标准》颁布情况陆续启动修订。

药剂、制药技术专业编写说明

　　药剂、制药技术专业是 2014 年教育部首批发布的 14 个专业类的 95 个《中等职业学校专业教学标准（试行）》中的两个专业。新版教学标准与以往相比做了较大调整，在课程的设置上更加注重满足产业发展和就业岗位对技能型劳动者职业能力的需求，打破了过去"以学科体系为引领、以学科知识为主线"的框架，向"以解决岗位问题为引领、以实际应用和能力提高为主线"转变。根据这一发展要求，并综合考虑目前全国中等卫生职业教育药品类专业的办学现状，我们规划并启动了本轮教材的编写工作。

　　本轮药剂、制药技术专业规划教材涵盖了《标准》课程设置中的主要专业核心课和大部分专业（技能）方向课，以及部分专业选修课。同时，为兼顾当前各院校教学安排实际情况，满足过渡时期的教学需要，在《标准》的基础上增加了《天然药物学基础》《天然药物化学基础》《医院药学概要》和《人体解剖生理学基础》等 4 种教材。

　　本轮教材的编写特别强调以中职学生认知发展规划为基础，以"宽基础，活模块"的编写模式为导向，既保证为今后的继续学习奠定必要的理论基础，又充分运用各种特色功能模块，将大量的实际案例、技能要点等贯穿其中，有效形成知识传授、能力形成的立体教材框架。教材中设置了"学习目标"、"导学情景"、"知识链接"、"课堂活动"、"案例分析"、"学以致用"、"点滴积累"、"目标检测"、"实训 / 实验"等模块，以力求教材内容的编排体现理论知识与工作任务之间的清晰关系，使学生在获取知识的过程中始终都与具体的职业实践相对应。

　　本系列教材将于 2015 年 6 月前全部出版。

全国卫生职业教育教学指导委员会

主 任 委 员　秦怀金

副主任委员　金生国　付　伟　周　军　文历阳

秘 书 长　杨文秀

委　　　员　张宁宁　胡小濛　孟　莉　张并立　宋　莉　罗会明

　　　　　　孟　群　李　滔　高学成　王县成　崔　霞　杨爱平

　　　　　　程明蒹　万学红　李秀华　陈贤义　尚少梅　郭积燕

　　　　　　路　阳　樊　洁　黄庶亮　王　斌　邓　婵　杨棉华

　　　　　　燕铁斌　周建成　席　彪　马　莉　路喜存　吕俊峰

　　　　　　乔学斌　史献平　刘运福　韩　松　李智成　王　燕

　　　　　　徐龙海　周天增　唐红梅　徐一新　高　辉　刘　斌

　　　　　　王　瑾　胡　野　任光圆　郭永松　陈命家　王金河

　　　　　　封银曼　倪　居　王怀生　何旭辉　田国华　厉　岩

　　　　　　沈曙红　白梦清　余建明　黄岩松　张湘富　夏修龙

　　　　　　朱祖余　朱启华　郭　蔚　古蓬勃　任　晖　林忠文

　　　　　　王大成　袁　宁　赫光中　曾　诚　宾大章　陈德军

　　　　　　冯连贵　罗天友

全国中等卫生职业教育"十二五"规划教材目录

护理、助产专业

序号	教材名称	版次	主编	课程类别	所供专业	配套教材
1	解剖学基础*	3	任　晖　袁耀华	专业核心课	护理、助产	√
2	生理学基础*	3	朱艳平　卢爱青	专业核心课	护理、助产	
3	药物学基础*	3	姚　宏　黄　刚	专业核心课	护理、助产	√
4	护理学基础*	3	李　玲　蒙雅萍	专业核心课	护理、助产	√
5	健康评估*	2	张淑爱　李学松	专业核心课	护理、助产	√
6	内科护理*	3	林梅英　朱启华	专业核心课	护理、助产	√
7	外科护理*	3	李　勇　俞宝明	专业核心课	护理、助产	√
8	妇产科护理*	3	刘文娜　闫瑞霞	专业核心课	护理、助产	√
9	儿科护理*	3	高　凤　张宝琴	专业核心课	护理、助产	√
10	老年护理*	3	张小燕　王春先	老年护理方向	护理、助产	√
11	老年保健	1	刘　伟	老年护理方向	护理、助产	
12	急救护理技术	3	王为民　来和平	急救护理方向	护理、助产	√
13	重症监护技术	2	刘旭平	急救护理方向	护理、助产	
14	社区护理	3	姜瑞涛　徐国辉	社区护理方向	护理、助产	√
15	健康教育	1	靳　平	社区护理方向	护理、助产	
16	解剖学基础*	3	代加平　安月勇	专业核心课	助产、护理	√
17	生理学基础*	3	张正红　杨汎雯	专业核心课	助产、护理	√
18	药物学基础*	3	张　庆　田卫东	专业核心课	助产、护理	√
19	基础护理*	3	贾丽萍　宫春梓	专业核心课	助产、护理	√
20	健康评估*	2	张　展　迟玉香	专业核心课	助产、护理	√
21	母婴护理*	1	郭玉兰　谭奕华	专业核心课	助产、护理	√

续表

序号	教材名称	版次	主编	课程类别	所供专业	配套教材
22	儿童护理*	1	董春兰 刘俐	专业核心课	助产、护理	√
23	成人护理(上册)—内外科护理*	1	李俊华 曹文元	专业核心课	助产、护理	√
24	成人护理(下册)—妇科护理*	1	林珊 郭艳春	专业核心课	助产、护理	√
25	产科学基础*	3	翟向红 吴晓琴	专业核心课	助产	√
26	助产技术*	1	闫金凤 韦秀宜	专业核心课	助产	√
27	母婴保健	3	颜丽青	母婴保健方向	助产	√
28	遗传与优生	3	邓鼎森 于全勇	母婴保健方向	助产	
29	病理学基础	3	张军荣 杨怀宝	专业技能课	护理、助产	√
30	病原生物与免疫学基础	3	吕瑞芳 张晓红	专业技能课	护理、助产	√
31	生物化学基础	3	艾旭光 王春梅	专业技能课	护理、助产	
32	心理与精神护理	3	沈丽华	专业技能课	护理、助产	
33	护理技术综合实训	2	黄惠清 高晓梅	专业技能课	护理、助产	√
34	护理礼仪	3	耿洁 吴彬	专业技能课	护理、助产	
35	人际沟通	3	张志钢 刘冬梅	专业技能课	护理、助产	
36	中医护理	3	封银曼 马秋平	专业技能课	护理、助产	
37	五官科护理	3	张秀梅 王增源	专业技能课	护理、助产	√
38	营养与膳食	3	王忠福	专业技能课	护理、助产	
39	护士人文修养	1	王燕	专业技能课	护理、助产	
40	护理伦理	1	钟会亮	专业技能课	护理、助产	
41	卫生法律法规	3	许练光	专业技能课	护理、助产	
42	护理管理基础	1	朱爱军	专业技能课	护理、助产	

农村医学专业

序号	教材名称	版次	主编	课程类别	配套教材
1	解剖学基础 *	1	王怀生　李一忠	专业核心课	
2	生理学基础 *	1	黄莉军　郭明广	专业核心课	
3	药理学基础 *	1	符秀华　覃隶莲	专业核心课	
4	诊断学基础 *	1	夏惠丽　朱建宁	专业核心课	
5	内科疾病防治 *	1	傅一明　闫立安	专业核心课	
6	外科疾病防治 *	1	刘庆国　周雅清	专业核心课	
7	妇产科疾病防治 *	1	黎　梅　周惠珍	专业核心课	
8	儿科疾病防治 *	1	黄力毅　李　卓	专业核心课	
9	公共卫生学基础 *	1	戚　林　王永军	专业核心课	
10	急救医学基础 *	1	魏　蕊　魏　瑛	专业核心课	
11	康复医学基础 *	1	盛幼珍　张　瑾	专业核心课	
12	病原生物与免疫学基础	1	钟禹霖　胡国平	专业技能课	
13	病理学基础	1	贺平则　黄光明	专业技能课	
14	中医药学基础	1	孙治安　李　兵	专业技能课	
15	针灸推拿技术	1	伍利民	专业技能课	
16	常用护理技术	1	马树平　陈清波	专业技能课	
17	农村常用医疗实践技能实训	1	王景舟	专业技能课	
18	精神病学基础	1	汪永君	专业技能课	
19	实用卫生法规	1	菅辉勇　李利斯	专业技能课	
20	五官科疾病防治	1	王增源	专业技能课	
21	医学心理学基础	1	白　杨　田仁礼	专业技能课	
22	生物化学基础	1	张文利	专业技能课	
23	医学伦理学基础	1	刘伟玲　斯钦巴图	专业技能课	
24	传染病防治	1	杨　霖　曹文元	专业技能课	

药剂、制药技术专业

序号	教材名称	版次	主编	课程类别	适用专业
1	基础化学 *	1	石宝珏 宋守正	专业核心课	制药技术、药剂
2	微生物基础 *	1	熊群英 张晓红	专业核心课	制药技术、药剂
3	实用医学基础 *	1	曲永松	专业核心课	制药技术、药剂
4	药事法规 *	1	王蕾	专业核心课	制药技术、药剂
5	药物分析技术 *	1	戴君武 王军	专业核心课	制药技术、药剂
6	药物制剂技术 *	1	解玉岭	专业技能课	制药技术、药剂
7	药物化学 *	1	谢癸亮	专业技能课	制药技术、药剂
8	会计基础	1	赖玉玲	专业技能课	药剂
9	临床医学概要	1	孟月丽 曹文元	专业技能课	药剂
10	人体解剖生理学基础	1	黄莉军 张楚	专业技能课	药剂、制药技术
11	天然药物学基础	1	郑小吉	专业技能课	药剂、制药技术
12	天然药物化学基础	1	刘诗泆 欧绍淑	专业技能课	药剂、制药技术
13	药品储存与养护技术	1	宫淑秋	专业技能课	药剂、制药技术
14	中医药基础	1	谭红 李培富	专业核心课	药剂、制药技术
15	药店零售与服务技术	1	石少婷	专业技能课	药剂
16	医药市场营销技术	1	王顺庆	专业技能课	药剂
17	药品调剂技术	1	区门秀	专业技能课	药剂
18	医院药学概要	1	刘素兰	专业技能课	药剂
19	医药商品基础	1	詹晓如	专业核心课	药剂、制药技术
20	药理学	1	张庆 陈达林	专业技能课	药剂、制药技术

注：1. * 为"十二五"职业教育国家规划教材。

　　2. 全套教材配有网络增值服务。

前　言

　　全国中等卫生职业教育药品类专业国家卫生和计划生育委员会"十二五"规划教材《药店零售与服务技术》由全国高等医药教材建设研究会和人民卫生出版社组织编写,供中等卫生职业教育药剂专业使用。

　　本教材力求以能力为本位,基于典型工作任务、理论实践一体化,与职业资格标准、行业规范相融合的教学内容为编写目标,重点培养学生的职业能力与素养,突出"职业化"特征,使教材充分体现职业性、实践性和开放性。

　　在教材编写过程中,我们通过对零售药店店员岗位所需的实际能力进行分析,结合药事管理法律法规和医药商品购销员、执业药师资格考试等内容,按照工作过程将教材内容设为认识零售药店、药品验收与陈列、药店顾客接待与服务、问症荐药、问病荐药、用药指导、药品销售、售后服务、药品盘点与门店核算九个项目,力求做到理论知识适度、加强任务分析、体现岗位工作过程。同时结合岗位知识技能进行教学内容的精简、融合、重组和优化,既注重教学内容前后的有序化,又淡化学科界限,有利于校内、外教学的实施。

　　本教材编写人员为来自全国六所院校的"双师型"教师和药店一线的优秀店长,编写过程中也得到了各位编者所在学校及同行的热情帮助和大力支持,在此表示诚挚的感谢。

　　此外,我们还依据本教材开发了相应的教学课件、案例分析等数字化资料,置于人民卫生出版社的"网络增值服务"平台供读者使用。

　　由于编写时间仓促,编写水平有限,错误和不妥之处难免,敬请同行及广大读者不吝赐教,提出宝贵意见,以便该教材再版时能够得到进一步的完善。

编者
2015 年 5 月

目　录

项目一　认识零售药店

学习目标

1. 掌握零售药店店员应具备的药品知识。
2. 熟悉零售药店的药学技术人员配备。
3. 了解开办零售药店的基本条件、涉及的法律法规和零售药店的布局。
4. 学会药品的分类、药方的识别等基本技能。

导学情景

情景描述:

小王是药剂专业二年级的学生,两年前,他怀着开一家零售药店的梦想选择了卫生学校,随着药学基本知识的学习,他对药物的应用有了初步的认识,但如何开一家属于自己的零售药店,小王感到比较迷茫,听说本学期开设"药店零售与服务技术"这门课,他决定好好学习,认真实践,为实现创业梦想做好准备。

学前导语:

零售药店属于药品经营企业,我国《药品管理法》和《药品管理法实施条例》明确规定了开办零售药店的必需条件、开办流程,《药品经营质量管理规范》(Good Supply Practice,GSP)是药品经营管理和质量控制的基本准则,本项目将带领大家走进药店,学习如何开办零售药店、药店人员的配备及应具备的基本药学知识。

模块一　开办零售药店

案例分析

案例:

小丽是药剂专业的毕业生,毕业后,她受聘于一家二级医院药房,今年,她顺利通过了执业药师资格考试,爸爸决定资助她开办一家自己的零售药店,让她打听打听开办零售药店需要做哪些工作。

分析:

开办零售药店要遵循相关的法律法规,应具备基本条件,获得药品经营许可,办理登记注册,进行 GSP 认证。

一、药品零售业

零售业是指以向消费者提供所需商品和服务为主的行业,药品零售业是零售业的一种。零售药店是指将购进的药品直接销售给消费者的药品经营企业,还包括药品零售连锁药店和销售乙类非处方药品的专柜。我国的零售药店一直沿用传统的经营模式,以销售药品为主。新中国成立后,零售药店经历了"私营→国有→市场化"的变迁,经营种类也从单纯经营中药饮片、中成药到中西药兼营,再到"大健康"的转变。目前,零售药店有平价药品超市(大卖场)、社区便利药店、专科药店、药店加诊所、药妆店、店中店药店等多种形式(表1-1)。

表1-1 零售药店的种类与特点

零售药店的种类	特点
平价药品超市	主要销售药品,以低价吸引顾客,其目标人群主要以老年人和家庭妇女为主
社区便利药店	主要销售药品、日用品等,以便利性吸引顾客,是人们"大病去医院、小病进药店"的医药消费观念转变的产物,在国外已经十分普及
专业药店	主要销售处方药或某一类药,如肿瘤药房、糖尿病药房、皮肤病药房等,以"高毛利、低流量"的经营模式为特点,其优势是店内配备经过专门培训、熟悉疾病治疗的店员,可指导顾客购药,方便患者
药店加诊所	药店和诊所双证经营,以解决药店处方药处方不足的问题,方便消费者就诊和购买药品
药妆店	主要以药品、健康食品、个人护理用品为主,满足消费者"健康 + 美丽 + 生活需求"的新型店,其优势是安全、功效、便利、物美价廉,源于美国、发展于日本
店中店药店	主要在商场或大型超市内销售药品,与超市伴生共存,相互借力,其目标人群是商业区内的流动顾客,主要满足顾客的"一站式"购齐服务

二、开办零售药店

1. 零售药店的开办流程 零售药店属于药品经营企业,《中华人民共和国药品管理法》(简称《药品管理法》)规定,开办药品经营企业必须具备以下条件:①具有依法经过资格认定的药学技术人员;②具有与所经营药品相适应的营业场所、设备、仓储设施、卫生环境;③具有与所经营药品相适应的质量管理机构或者人员;④具有保证经营药品质量的规章制度。零售药店开办流程见图1-1。

2. 零售药店的布局 零售药店应遵循布局合理、方便群众购药的原则。零售药店分商品陈列区、商品展示区、收银区、促销区、咨询区等分区;墙上悬挂《药品经营许可证》《营业执照》《驻店药师资格证》等证照,悬挂公司简介、员工介绍、商品分类标牌等服务、宣传标识;还应设有饮水机、体重计、血压计、听诊器、休闲椅等便民服务设施。

课堂活动

零售药店的布局

你去过零售药店吗?说说你所见的零售药店是如何布局的。

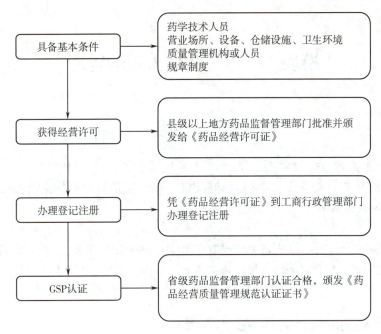

图 1-1 开办零售药店流程图

三、开办零售药店涉及的法律法规

开办零售药店涉及的法律法规与其经营产品有关（表 1-2）。

表 1-2 零售药店涉及的法律法规

商品种类	涉及的主要法律法规
药品	《药品管理法》
	《药品管理法实施条例》
	《药品经营质量管理规范》（GSP）
	《药品广告审查办法》
医疗器械	《医疗器械监督管理条例》
食品	《中华人民共和国食品安全法》
化妆品	《化妆品卫生监督条例》
消毒产品	《消毒产品标签说明书管理规范》

 点滴积累

1. 药品零售业有多种形式。
2. 开办零售药店需要《药品经营许可证》《营业执照》和《药品经营质量管理规范认证证书》。
3. 零售药店经营不同商品需遵循相关法律。

模块二 零售药店人员的管理

案例分析

案例：

经过两年的药剂专业学习,小凯选择了零售药店实习,随着实习时间的接近,他既兴奋又紧张,兴奋的是马上就要到梦寐以求的药店,紧张的是他感觉自己还没做好充分的准备,他应该从哪些方面做准备呢?

分析：

经过两年的学习,小凯已基本掌握了药学相关知识,实习前,他应熟悉药店的人员配置,店员的基本工作职责和应掌握的药品相关知识,以更好地为药店实习做好准备。

一、零售药店应配备的药学技术人员

根据《药品经营质量管理规范》,零售药店按照相关法律法规和实际需要应配备企业负责人、驻店药师、质量负责人和营业员、中药饮片调剂人员等药学技术人员。

企业负责人应当具备执业药师资格;驻店药师负责处方审核,指导合理用药;质量负责人应当具有药学或者医学、生物、化学等相关专业学历或者具有药学专业技术职称,负责质量管理、验收、采购等;营业员应当具有高中以上文化程度或者符合省级药品监督管理部门规定的条件;中药饮片调剂人员应当具有中药学中专以上学历或者具备中药调剂员资格。各岗位人员应当接受相关法律法规及药品专业知识与技能的岗前培训和继续培训,以符合规范要求。

知识链接

AAA 药店药学技术人员应掌握的技能

2012 年,商务部公布了新《零售药店经营服务规范》(以下简称《规范》),《规范》明确了零售药店分级评估体系,将零售药店划分为 A、AA、AAA 三个等级。

AAA 药店的药学技术人员至少应掌握零售药店 80 种常见病症的用药指导和健康信息传播的执业能力。药学技术人员应具备中西药咨询、特殊人群用药咨询、慢性病用药咨询、健康生活方式咨询、药品说明书和检验报告咨询的技能,具备与消费者沟通和帮助消费者解决问题的能力。执业药师(或药师)调剂处方时,应认真审核处方,并给予消费者正确的用药指导。

二、零售药店店员应具备的职业素养

药店店员应了解所工作药店的历史、现状、组织结构、管理制度等;掌握医学、药学相关专业知识;掌握相关的营销知识;遵纪守法、身体健康。

零售药店店员的工作可分为营业前、营业中和营业后三个阶段,具体职责见表 1-3。

表 1-3　药店店员的基本职责

时间段	主要工作	基本要求
营业前	清洁工作	店内干净卫生,窗明几净,柜台、地板无灰尘,空气清新;预防蚊虫鼠害
	个人准备	仪表整洁:容貌整洁美观,着装朴实大方,言谈举止稳重高雅 精力充沛:热情饱满,精力充沛,乐观、积极、向上 举止大方:言谈清晰、举止大方得体、态度热情稳重、动作干脆利落
	销售准备	备齐商品:商品归类摆放,补齐缺货,使商品处于良好的待售状态 熟悉价格:牢记商品价格,便于服务顾客 整理环境:商品摆放整齐,整洁清新
营业中	执行法律法规	严格执行《药品管理法》和 GSP 等相关法律法规,不夸大宣传、滥行推销
	遵守柜台纪律	按时上岗,佩戴证章标志,不擅自离岗、空岗、串岗;工作期间,不做与工作无关的事情,不因为上货、盘点、结账等内部工作影响接待顾客;按照现金规定收取、上缴现金,不私存现金、挪用销售款;拾金不昧,遵守商业秘密
	文明接待顾客	接待顾客时主动热情、态度认真、用语文明
	做好售后服务	注意收集消费者的意见和建议,正确处理顾客异议
	认真验收、盘点	配送货物到达时,进行验收;交班和营业结束前进行货物盘点
营业后	整理作业区,检查柜上商品,及时补货上架;填写进货计划;打扫卫生	

三、零售药店店员应掌握的药品知识

(一) 药品概念和分类

1. 概念　药品指用于预防、治疗、诊断人的疾病,有目的地调节人的生理功能并规定有适应证或者功能与主治、用法和用量的物质,包括中药材、中药饮片、中成药、化学原料及其制剂、抗生素、生化药品、放射性药品、血清、疫苗、血液制品和诊断药品等。

 知识链接

保 健 食 品

《保健食品管理办法》中关于保健食品的定义是:"保健食品系指表明具有特定保健功能的食品。即适宜于特定人群食用,具有调节机体功能,不以治疗疾病为目的的食品。"保健食品在选择材料上一般都是以纯天然植物为原料,不以化学合成为主料,对人体不产生任何急性、亚急性或者慢性危害。

2. 分类　根据不同的需要和分类原则,药品有多种不同的分类形式。

(1) 现代药和传统药:现代药是指 19 世纪以来发展起来的化学药品、抗生素、生化药品、放射药品、血清、疫苗、血液制品等,它们是用合成、分离提取、化学修饰、生物技术等方法制取的物质,结构基本清楚,有控制质量的标准和方法,这些物质是用现代医学的理论和方法筛选确定其药效的。传统药是指各国历史上流传下来的药物,主要是动植物和矿物质,又称天然药物。

(2) 西药、中药饮片、中成药:西药严格意义上应称为化学药制剂,其销售份额在绝大多数药店中占首位;西药种类繁多,一般药店经营的种类有抗感染药、解热镇痛抗炎药、感冒用药、镇咳祛痰平喘药、镇静催眠药、抗高血压药及心脑血管病用药、消化系统药、抗过敏药、维生素类及补血补钙药、避孕药、皮肤外用药、妇科用药及五官科用药等。中药饮片即中草药，是中药材按中医药理论、中药炮制方法，经过加工炮制后的，可直接用于中医临床的中药，其在零售药店的销售份额较小，在营业面积较大、药学技术人员中有中药技术人员的药店，常作为经营项目之一。中成药是以中草药为原料，经制剂加工制成各种不同剂型的中药制品，包括丸、散、膏、丹各种剂型，常用中成药有感冒药、清热解暑祛湿药、止咳祛痰药、活血化瘀药、清热解毒药、补气补血药、养血安神药、跌打损伤药等。

（3）处方药与非处方药：处方药是指凭执业医师或执业助理医师处方方可购买、调配和使用的药品。非处方药是指不需要凭执业医师或执业助理医师处方即可自行判断、购买和使用的药品；根据其安全性分为甲、乙两类，甲类非处方药只能在具有《药品经营许可证》、配备执业药师或药师以上药学技术人员的社会药店、医疗机构药房零售，乙类非处方药除社会药店和医疗机构药房外，还可以在经过批准的普通零售企业零售。进入药品流通领域的处方药和非处方药，其相应的警示语或忠告语由生产企业醒目地印制在药品包装或药品使用说明书上。处方药为："凭医师处方销售、购买和使用！"非处方药为："请仔细阅读药品使用说明书并按说明书使用！"或"在药师指导下购买和使用！"

 知识链接

处方药与非处方药

处方药与非处方药是互通的，有些药物在限适应证、限剂量、限疗效的"三限"条件下，是可以作为非处方药使用的，未受限部分仍作为处方药使用；有些非处方药虽是从经多年临床证明是安全、有效、稳定及方便使用的处方而来，但因其适应证多，剂量大，疗程长而不符合"应用安全、疗效确切、质量稳定、使用方便"的非处方药遴选原则，必须进行适当的调整或修改。

以解热镇痛药布洛芬为例，其适应证有三方面：①治疗急、慢性类风湿关节炎及骨关节炎；②痛风；③轻、中度疼痛（牙痛、头痛、偏头痛、痛经及感冒或流感等引起的临床症状）。但作为非处方药的适应证只能是针对轻、中度疼痛进行用药，以减轻症状，同时用药剂量还要减少；而急、慢性风湿性关节炎和痛风，必须要经医生的诊断，确诊后方可用药，患者自己是不能自我判断而使用布洛芬的。为了安全起见，对此药还规定了疗程：用于解热疗程为3日；止痛疗程为5日；如果症状还得不到缓解或消失时，就应及时就医，以免贻误病情。

（4）国家基本药物、基本医疗保险用药和特殊管理的药品：国家基本药物的遴选原则是"临床必需、安全有效、价格合理、使用方便、中西药并重"，于1982年首次公布，来源于国家药品标准的品种、生产上市新药和进口药品。基本医疗保险用药由劳动保障部门组织制定，其目的是保障职工基本医疗用药、合理控制药品费用；分为甲类和乙类，乙类比甲类价格略高。特殊管理药品包括麻醉药品、精神药品、医疗用毒性药品、放射性药品，国家对其实行特殊管理。

（二）药品的批号和有效期

1. 药品的批号　国家卫生和计划生育委员会统一规定药品批号内容包括生产日期和分批号，如2013年7月13日生产的第二批，其批号为130713-2。

2. 药品的有效期和失效期　表示该药品在规定的贮存条件下能够保证质量的期限。

药品的有效期可表示为"有效期至 2014 年 12 月"或者"有效期至 2014 年 12 月 15 日"，有效期若标注到日，应当为起算日期对应年月日的前一天，若标注到月，应当为起算月份对应年月的前一月；药品的失效期可表示为"失效期为 2015 年 8 月"，表示该药品可用到 2015 年 7 月 31 日。

识别药品有效期

某药品生产批号为 130612-1，有效期为 3 年，此药可用到哪一天？

（三）药品的名称、剂型和用法

1. **药品的名称**　药品的名称一般有 3 种，即通用名、商品名和化学名。通用名是药品的法定名称，通常采用世界卫生组织（World Health Organization，WHO）推荐使用的国际非专利药品名称。商品名是药品生产厂商自己确定，经药品监督管理部门核准的产品名称，在一个通用名下，由于生产厂家的不同，可有多个商品名称。化学名是根据药物的化学结构，按照一定的命名原则确定的名称，如解热镇痛药阿司匹林：阿司匹林为通用名，巴米尔为商品名，2-（乙酰氧基）苯甲酸为化学名。

2. **药品的剂型**　药品的常用剂型有很多，根据其形态可分为液体剂型、固体剂型、半固体剂型；根据给药途径的不同，可将药品分为经胃肠道给药剂型和非经胃肠道给药剂型，见表 1-4。

表 1-4　药品的常用剂型分类

分类	经胃肠道给药剂型	非经胃肠道给药剂型
特点	药物制剂经口服后进入胃肠道，起局部作用或经吸收发挥全身作用	除口服给药途径以外的所有其他剂型，这些剂型可在给药部位起局部作用或被吸收后发挥全身作用
常用剂型	散剂、片剂、颗粒剂、胶囊剂、溶液剂、乳剂、混悬剂	注射给药剂型，如注射剂；呼吸道给药剂型，如喷雾剂；皮肤给药剂型，如洗剂、软膏剂；黏膜给药剂型，如滴眼剂、贴膜剂；腔道给药剂型，如栓剂

3. **药品的用法**　药品的常用方法有口服、注射、局部用药等。口服是安全方便的给药方法，也是最常用的给药方法，药物口服后，可经胃肠道吸收而作用于全身，或留在胃肠道作用于胃肠局部。注射多用于全身治疗，药物作用快而强，注射部位有皮下、肌肉和静脉。局部给药仅用于药物容易接受的器官和组织，如皮肤、眼、耳、鼻、口腔、直肠等，如涂搽、喷雾、含漱、吸入、肛门塞入、阴道给药等。

（四）药品的注册商标、包装、标签和说明书

1. **药品的注册商标**　注册商标是药品生产企业将其产品质量、装潢包装以及图案或文字形式向工商行政管理部门申请注册的标记，它拥有专用权，受到国家法律保护。《药品管理法》规定，除中药材、中药饮片外，药品必须使用注册商标。注册商标必须在药品包装和标签上注明。商标使用人必须对其使用商标的药品质量负责，药厂在使用注册商标时必须标明"注册商标"或注册标记。

2. **药品的包装**　药品包装是药品质量的一个重要方面，我国《药品管理法》规定，药品包装必须适合药品质量的要求，方便储存、运输和医疗使用。药品的包装分为外包装和内包装。外包装（运输包装）是指内包装外面的木箱、纸箱、木桶、铁桶等包皮以及衬垫物、防潮（寒）纸、麻袋、塑料袋等包装物；内包装是直接接触药品的盛装容器。药品包装（包括运输包

装)必须加封口、封签、封条或使用防盗盖、瓶盖套等,规定有效期的药品,必须在包装上注明有效期。

3. 药品的标签 药品的标签是指药品包装上印有或者贴有的内容,分为内标签和外标签。药品的内标签指直接接触药品的包装的标签,包含药品通用名称、适应证或者功能主治、规格、用法用量、生产日期、产品批号、有效期、生产企业等内容;药品的外标签指内标签以外的其他包装的标签,注明药品通用名称、成分、性状、适应证或者功能主治、规格、用法用量、不良反应、禁忌、注意事项、贮藏、生产日期、产品批号、有效期、批准文号、生产企业等内容。

4. 药品的说明书 药品说明书包含药品安全性、有效性的重要科学数据、结论和信息,用以指导安全、合理地使用药品。药品说明书中包含药品名称、成分、性状、适应证、规格、用法用量、不良反应、禁忌、注意事项、有效期、批准文号等内容。

 知识链接

药品批准文号

生产新药或者已有国家标准的药品,须经国务院药品监督管理部门批准,并在批准文件上规定该药品的专有编号,此编号称为药品批准文号。

药品批准文号的格式为:国药准字 H(Z、S、J)+4 位年号 +4 位顺序号,新药证书号的格式为:国药证字(Z、S)+4 位年号 +4 位顺序号,其中"H"代表化学药品,"Z"代表中药,"S"代表生物制品,"J"代表进口药品分装包。

(五) 处方

处方是指由注册的执业医师或执业助理医师在诊疗活动中为患者开具的、由取得药学专业技术职务任职资格的药学专业技术人员审核、调配、核对,并作为患者用药凭证的医疗文书。处方由前记、正文和后记三部分构成。

除麻醉药品、精神药品、医疗用毒性药品和儿科处方外,患者均可持处方到零售药店购药。药师应当凭医师处方按照操作规程调剂处方药品,认真审核处方,准确调配药品,向患者交付药品时,按照药品说明书或处方要求,进行用药交代与指导,包括每种药品的用法、用量、注意事项等。药师经处方审核后,认为存在用药不适宜时,应当告知处方医师,请其确认或重新开具处方;发现严重不合理用药或用药错误,应当拒绝调剂,及时告知处方医师,并应当记录,按照有关规定报告。处方常用外文缩写词见表 1-5。

表 1-5 处方常用外文缩写词

缩写词	中文	缩写词	中文
Rp 或 R	请取	12mn	午夜 12 时
Sig. 或 S	用法	a.c.	饭前
q.m.	每晨 1 次	p.c.	饭后
q.n.	每晚 1 次	h.s.	临睡前
q.d.	每日 1 次	pr.dos	顿服,一次量
q.2d.	每 2 日 1 次	p.r.n.	必要时(可重复)
q.o.d.	隔日 1 次	s.o.s.	需要时(用一次)
b.i.d.	一日 2 次	p.o. 或 o.s.	口服

续表

缩写词	中文	缩写词	中文
t.i.d.	一日 3 次	i.h.	皮下注射
q.i.d.	一日 4 次	i.m.	肌内注射
b.i.w.	每周 2 次	i.v.	静脉注射
q.h.	每小时	i.v.gtt	静脉滴注
q.n.	每晚	stat!	立即
am	上午	cito!	急速地
pm	下午	lent.	缓慢地
12n	中午 12 时		

 边学边练

　　走进药店,学会药品的分类和处方的审核,请见实践 1 "认识零售药店、药品和处方"。

 点滴积累

1. 零售药店应按规定配备企业负责人、驻店执业药师、质量负责人、营业员和中药饮片调剂人员等药学技术人员。
2. 药店店员的基本职责体现在营业前、营业中和营业后。
3. 药店店员应掌握药品的分类方法,学会看药品的标签、包装和说明书。

 目标检测

一、单项选择题(A 型题)

1. 开办零售药店应遵循的原则是(　　)
   A. 布局合理、盈利为先
   B. 设计豪华、提升服务能力
   C. 布局合理、方便群众购药
   D. 销售商品应多而全
   E. 只能销售药品

2. 零售药店可不配备下列哪类人员(　　)
   A. 企业负责人
   B. 驻店执业药师
   C. 药品储存与养护员
   D. 营业员
   E. 质量负责人

3. 关于处方药,正确的是(　　)
   A. 可自行判断、购买和使用
   B. 其警示语为:"凭医师处方销售、购买和使用!"
   C. 其警示语为:"请仔细阅读药品使用说明书并按说明书使用或在药师指导下购买和使用!"
   D. 处方药分为甲类和乙类
   E. 可在零售商业企业销售

4. 下列描述错误的是(　　)

　　A. 国家基本药物的遴选原则是"临床必需、安全有效、价格合理、使用方便、中西药并重"

　　B. 基本医疗保险用药分为甲类和乙类

　　C. 特殊管理药品包括麻醉药品、精神药品、医疗用毒性药品、放射性药品

　　D. 除麻醉药品、精神药品、医疗用毒性药品和儿科处方外,患者均可持处方到零售药店购药

　　E. 基本医疗保险用药甲类比乙类价格略高

5. 某药于 2014 年 9 月 1 日生产了第二批,其批号应为(　　)

　　A. 2014-9-1-2　　　　　　B. 14-9-1-2　　　　　　C. 2014090102

　　D. 14090102　　　　　　E. 140901-2

6. 某药品标签标注:"有效期至2015.10.",下列哪种说法正确(　　)

　　A. 该药品可用到 2015 年 9 月　　　　　B. 该药品可用到 2015 年 10 月

　　C. 该药品 2015 年 9 月 30 日失效　　　D. 无法判断该药品的保质期

　　E. 以上说法都不对

7. 属于胃肠道给药的剂型有(　　)

　　A. 混悬剂　　　B. 贴膜剂　　　C. 喷雾剂　　　D. 栓剂　　　E. 软膏剂

8. 零售药店可销售的处方药是(　　)

　　A. 可待因　　　B. 芬太尼　　　C. 麻黄碱　　　D. 阿昔洛韦　　　E. 哌替啶

9. 下列哪项不是开办零售药店必要流程(　　)

　　A. 具备人员、场所、规章制度等必备基本条件

　　B. 获得《药品经营许可证》

　　C. 办理登记注册

　　D. 进货齐全

　　E. GSP 认证

二、配伍选择题(B 型题)

　　A. 执行法律法规、文明待客　　　　　　B. 清洁工作、个人准备、销售准备

　　C. 办理相关营业手续　　　　　　　　　D. 补货上架,打扫卫生

　　E. 促销策划

1. 属于销售前店员的基本职责是(　　)

2. 属于营业中店员的基本职责是(　　)

3. 属于营业后店员的基本职责是(　　)

　　A. 饭前　　　B. 临睡前　　　C. 饭后　　　D. 顿服　　　E. 口服

4. 某处方中有"h.s."的符号表示,表示(　　)

5. 某处方中有"a.c."的符号表示,表示(　　)

6. 某处方中有"p.o."的符号表示,表示(　　)

7. 某处方中有"pr.dos"的符号表示,表示(　　)

8. 某处方中有"p.c."的符号表示,表示(　　)

　　A. 遴选原则是"临床必需、安全有效、价格合理、使用方便、中西药并重"

　　B. 国家对特殊药品实行特殊管理

C. 特殊药品仅包括麻醉药品和精神药品

D. 国家基本药物根据其安全性分为甲、乙两类

E. 提示语为"在药师指导下购买和使用！"

9. 关于非处方药说法正确的是（   ）

10. 关于国家基本药物说法正确的是（   ）

11. 关于特殊药品说法正确的是（   ）

（石少婷）

项目二　药品验收与陈列

 学习目标

1. 掌握药品验收的方法和内容、药品主要位置的陈列要求和陈列方法。
2. 熟悉药品验收的工作流程和药品陈列的原则、技巧、注意事项。
3. 了解药品验收的目的和药品陈列的概念。
4. 熟练掌握按要求正确陈列药品的方法;学会运用工作经验快速对药品供货商资质、药品优劣质量做出判断。

 导学情景

情景描述:

小芳是药店实习生,一销售业务员送一批药品到药店,业务员要求小芳对这批药品进行验收,小芳没有验收药品的经历,不知道如何是好,恰好店长在,店长顺利验收了药品。随后,店长就让小芳把药店中库存较大的近效期药品进行陈列,小芳又发愁了,不知道采取什么陈列方式才能促销这些药品。

学前导语:

药品验收是一个药店保证经营药品质量的关键,规范药品验收过程,保证入店药品的质量合格、数量准确,所有药品必须经过验收合格方可入电脑、入库、陈列和销售,购进药品的验收工作由药店专门质量验收员负责。同时,选择正确方法进行药品陈列,将有利于药品销售。本项目将带领大家学习药品验收与陈列的有关知识。

模块一　药品验收

 案例分析

案例:

某药房,医药公司配送一批进口药品时,因没有进口药品注册证、口岸检验报告书复印件,配送工作人员请求店员通融,下次补上,由于关系比较熟,店员就答应该公司的请求。没过几天,药监部门抽检这批药品并要求药店提供进口药品注册证和口岸质检报告书,药店无法提供,于是药监部门将该批药品全部没收。

> **分析:**
> 　　店员验收药品时应严格执行国家法律法规,严格按照验收程序对每批次进购药品逐一验收检查,若违反规定,将被药监部门查处。

　　药品验收是药品经营企业对正规医药公司或业务员配送的药品进行质量把控和进购数量核对的工作过程。验收时应严格按照国家《药品管理法》和购进合同规定的质量要求对购进药品、销后退回药品的质量进行逐批验收,并完整记录。

　　严格把关进店药品,已成为店员日常工作中重要的工作任务。门店对每次到货药品的验收,都严格按照药品质量管理制度,检查配送凭证,逐批与实物核对品名、规格、批号、效期等内容。验收时核对单品很重要,发现有药品混装、数量短缺、包装破损、效期有误等问题,应与配送中心取得联系、协调解决。

一、药品验收概述

　　严格按照国家药品验收法律法规,对药品按法定标准和合同规定的质量条款进行验收,确保药品质量安全。

　　药品属于特殊商品,经营药品应坚持质量第一的原则,把好药品入库、出库质量关,防止不合格品流入市场。药品验收是在药品经营活动中,技术要求较高的一个环节,也是做好药品质量工作的一个重要环节。

二、药品验收的依据

　　1.《药品经营质量管理规范》(GSP)　GSP 规定,企业应严格按照法定标准(《中华人民共和国药典》《药品质量标准》《药品包装、标签和说明书管理规定》《进口药品管理办法》)和合同规定的质量条款(购销合同、随货同行凭证)对购进药品、销后退回药品的质量进行逐批验收,并有记录。

　　2.《药品管理法》　《药品管理法》规定,药品经营企业购进药品,必须建立并执行进货检查验收制度,验明药品合格证明和其他标识,不符合规定要求的,不得购进。药品经营企业购销药品,必须有真实完整的购销记录。购销记录必须注明药品的通用名称、剂型、规格、批号、有效期、生产厂商、购(销)货单位、购(销)货数量、购销价格、购(销)货日期及国务院药品监督管理部门规定的其他内容。

三、药品验收的流程

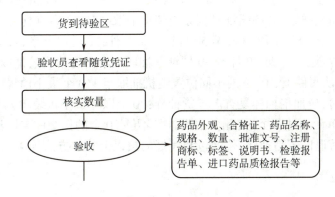

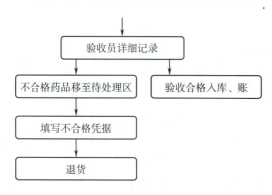

图 2-1 药品验收流程图

四、药品验收人员及环境

1. 对验收人员的要求 药品零售企业从事质量管理、药品检验和验收工作的人员应经专业或岗位培训,并经地市级(含)以上药品监督管理部门考试合格,发给岗位合格证书后方可上岗。熟悉药品性能、具有一定的独立工作能力,无色盲,色弱疾患。

2. 对验收环境的要求 必须要有与经营相适应的专门或者符合卫生条件的验收场所。验收环境洁净,地面、墙壁平整光滑,光线充足并具有防尘、防虫、防污染设施和必要的消毒设施,必要时还应配备千分之一天平、量具、白瓷盘等设备,以确保药品的质量。

五、药品验收的内容

药品到货后,验收员将其存放于药库待验区。根据购进记录清单,通知药品质量验收人员进行质量验收,核实到货药品生产厂商资质、品种、数量、规格、产品合格证、包装等内容。

1. 供应商资质检查 采购药品时应以质量为前提,从合法的企业进货,确定供货企业的“三证”(营业执照、机构代码证、税务登记证,需加盖红章)材料的法定资格。还需对与本企业进行业务联系的供货单位销售人员的合法资格进行验证。首次经营品种,填写“首次经营药品审批表”,并经企业质量管理机构和企业主管领导的审核批准。签订有明确质量条款的购货合同。购进药品应有合法票据,并按规定建立购进记录,做到票、账、货相符。随货同行票据要妥善保存,作为验收记录的依据,按月装订,保存 3 年以上。

2. 数量检查 检查来货凭证及报货单的进购数量是否相符,如有不符,与进购部门联系并作出相应的处理。

3. 抽样检查 数量准确无误后,按照法定标准和合同规定的质量条款逐批号抽样验收。一般药品抽样原则:按照批号从原包装中抽取样品,样品应具有代表性和均匀性。抽样方法:2 件以下全部抽取;2 件至 50 件以下抽 2 件;50 件以上者,每增加 50 件,增加抽取 1 件,按此方法类推,不足 50 件按 50 件计。抽取最小销售单元数量:对已抽取的整件药品应开箱取样,从每件上、中、下的不同位置随机抽取至少 3 个最小销售单元。如外观有异常现象需复验时,应加倍抽样复查。零货抽样:20 个以下最小包装单元全部抽取,每增加 20 个最小包装单元加抽 3 个,按此方法类推。不够 20 个的按 20 个计,注射剂、滴眼剂抽 20 支(瓶)。销后退回药品抽样:整件包装完好的按以上验收方法加倍抽样;零货按以上验收方法抽样。

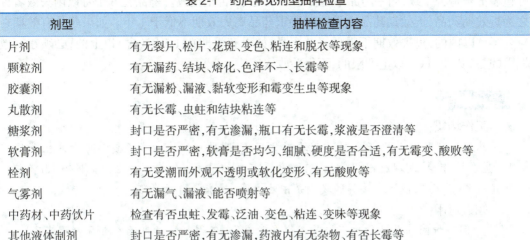

表2-1　药店常见剂型抽样检查

剂型	抽样检查内容
片剂	有无裂片、松片、花斑、变色、粘连和脱衣等现象
颗粒剂	有无漏药、结块、熔化、色泽不一、长霉等
胶囊剂	有无漏粉、漏液、黏软变形和霉变生虫等现象
丸散剂	有无长霉、虫蛀和结块粘连等
糖浆剂	封口是否严密,有无渗漏,瓶口有无长霉,浆液是否澄清等
软膏剂	封口是否严密,软膏是否均匀、细腻、硬度是否合适,有无霉变、酸败等
栓剂	有无受潮而外观不透明或软化变形、有无酸败等
气雾剂	有无漏气、漏液、能否喷射等
中药材、中药饮片	检查有否虫蛀、发霉、泛油、变色、粘连、变味等现象
其他液体制剂	封口是否严密,有无渗漏,药液内有无杂物、有否长霉等

课堂活动

冬季,医药公司给某连锁药店送来6件板蓝根颗粒,其中1件是一个批号,其余5件另外一个批号,如何验收?

4. 合格证检查　检查整件包装药品时,应附产品合格证,要求具有药品的通用名、规格、包装数量、生产企业、生产批号、化验单号、检验依据、出厂日期、包装人、检验部门和检验人员签章等内容。

5. 包装、标签、说明书检查

(1) 药品包装检查:药品包装是药品质量的一个重要方面,根据我国《药品管理法》规定,药品包装必须适合药品质量的要求,方便储存、运输和医疗使用。药品的包装分为外包装和内包装。检查外包装时,需要对包装箱是否牢固、干燥,封签、封条有无破损、渗液、污染及包装上应说明药品名称、规格、数量、批准文号、注册商标以及生产批号、生产日期、有效期进行检查,同时外包装上应注明运输注意事项或其他图示标记,如特殊管理药品、外用药品、危险品、非处方药标识等。检查内包装时应对盛药品的瓶塞、纸盒、塑料袋、纸袋、金属等容器以及内贴在这些容器外面的瓶签、盒签和瓶(盒)内的填充物等检查。验收应使用合理的容器,容器应清洁、干燥、无破损、封口严密。

(2) 药品标签检查:药品标签分为内标签和外标签。药品内标签检查包含药品通用名称、适应证或者功能主治、规格、用法用量、生产日期、产品批号、有效期、生产企业等内容。如果包装尺寸过小无法全部标明上述内容者,则至少应当标注药品通用名称、规格、产品批号、有效期等内容。药品外标签检查内容包含药品通用名称、成分、性状、适应证或者功能主治、规格、用法用量、不良反应、禁忌、注意事项、贮藏、生产日期、产品批号、有效期、批准文号、生产企业等内容。如果适应证或者功能主治、用法用量、不良反应、禁忌、注意事项不能全部注明的,则应当标出主要内容并注明"详见说明书"字样。对贮藏有特殊要求的药品,应当在标签的醒目位置注明。

(3) 生产批号、近效期药品检查:批号是药厂同批投料生产药品的标志,在药品生产企业不同批号的药品就是不同的药品。入库验收药品时,不仅要检查有无批号,而且要核对内外包装批号是否一致,同一药品不得多于 2 个批号,否则拒收。药品在 6 个月以内失效者称之为近效期药品,近效期药品在采购时要求药品离失效期不低于 1 年。如果药品有效期在 1 年(含)以内的,离失效期不得低于 8 个月;如果有效期在 1.5 年(含)以上的,必须在有效期限的 2/3 以上;低于以上期限的,不得验收入库。

 学以致用

> **工作场景:**
> 　　店员小王验收某医药公司送来的一批药品,她很细心地检查来货单据上的生产日期、生产批号等,发现公司报货的 22 盒藿香正气水中,存在着 3 种生产批号,而且有 2 盒是近效期,小王拒收。并解释我们是依法办事,对消费者负责任。
>
> **知识运用:**
> 　　1. 同一批同一药品的生产批号不得多于 2 个,不得签收效期近 6 个月内的药品。
> 　　2. 用法律保护自己,依法工作。

　　(4)特殊药品与注册商标检查:精神药品、医疗用毒性药品、放射性药品、外用药品和非处方药的标签必须印有规定的标志。无注册商标或注册商标未按规定标识的药品,不得验收入库。

六、药品验收记录

　　验收结束后,验收员应认真填写"药品购进(验收)记录",验收记录应保存至超过药品有效期 1 年,但不得少于 3 年,见表 2-2。

表 2-2　药品购进(验收)记录

供货单位	药品名称	规格	单位	数量			生产厂家	批准文号	生产批号	有效期至	注册商标	合格证	专用标识	外观质量	验收结论	验收员签字	验收日期	购进日期	价格(元)
				票据数	实际数	破损数													

七、药品验收注意事项

　　1. 对于不合格药品,按进货药品验收的规定程序和方法验收,并做好验收记录,必要时抽样检验。

　　2. 药品验收应在仓库的待验区内进行,如无特殊情况应在 1 个工作日内验收完毕;需阴凉储存的药品要求到货 6 小时内验收完毕,冷藏药品随到随验;特殊管理药品必须货到立即进行双人验收,整个验收工作要在尽可能短的时间内完成。

　　3. 必须拆件验收时,保证抽样的科学性、合理性和均匀性。

4. 购进药品有效期为 1.5 年(含)以下的药品,离失效期不得低于 8 个月,有效期在 1.5 年(含)以上的,必须在有效期限的 2/3 以上,方可验收入库,否则拒收。超过以上规定的特殊需要药品,须经负责人审批签字后,方可入库。近效期低于 6 个月的药品一律不得入库。

5. 销后退回药品验收按购进药品验收要求进行验收。

点滴积累

1. 药品验收的依据是《药品经营质量管理规范》和《药品管理法》。
2. 药品验收的流程是货到待验区,根据随货凭证,核实数量,验货合格上柜销售;不合格退货。
3. 药品验收的内容包括供应商的资质、品种、数量、规格、产品合格证、包装等。
4. 药品验收应注意验收地点、验收时间、验收的数量和验收药品的类别。
5. 完整的药品验收记录单内容应包括:供货单位、药品名称、规格、单位、数量、生产厂家、批准文号、生产批号、有效期至、注册商标、合格证、专用标识、外观质量、验收结论、验收员签字、验收日期、购进日期、价格。

模块二 药品陈列

案例分析

案例:

小明家的小区里有两家药店。

甲药店自营业以来,店长和员工很少在药品陈列上动心思,从未主动改变过药品陈列的位置,结果导致来过的顾客大多都觉得这家药店好像卖不出去药品,经营不景气。

乙药店离小明家最近,小明每次上下班途中都会经过,他有时往药店里看一眼,总会发现药品货架上摆满了药品,非常紧凑,甚至连墙体柱子都摆满了药品,而且小明还发现每隔一段时间,乙药店总会有不同的广告促销,不但有新鲜感,还很容易记住推销药品的功效,所以,小明及家人不舒服时,他总会马上想到这家药店去买药,尤其是广告促销药品。

分析:

药品陈列是药品销售无声的语言,由于甲药店缺乏陈列意识,忽视陈列的重要性,影响了药品的销售。相比之下,乙药店就非常注重陈列的作用,利用陈列技巧最大限度地将药品展示给顾客,从而把握住了顾客的心理需求。

一、药品陈列的概念

药品陈列是指利用门店的有限资源,合理规划店内总体布局、货架摆放顺序、药品摆放位置和堆码方式,创造便于顾客购药的环境。陈列应最大限度地将药品展示给顾客。

知识链接

啤酒与尿布

某超市的营销分析师在统计数据时发现店内的啤酒和尿布的销售量总是相差无几,经过分析和观察,原来是当了爸爸的年轻人在给小孩买尿布的同时,也捎带给自己买瓶啤酒。于是,这家超市的老板就把啤酒和尿布这两样看起来不相关的商品摆放在一起出售,既方便了顾客,又促进了销售。

理想的药品陈列能提供药品信息,方便顾客购药,缩短交易过程;能引导顾客消费,促进药品销售,提高药店的营业额;体现药店主旨,反映经营特点;提升整体形象,体现管理水平,增加药店竞争力。

二、药品陈列的原则

1. 法定原则 GSP 要求,药品应按剂型或用途以及储存要求分类陈列和储存。药品与非药品、内服药与外用药应分开存放,处方药与非处方药应分柜摆放,易串味的药品与一般药品应分开存放,特殊管理的药品应按照国家的有关规定存放。需冷藏的药品应存放在符合规定的冷藏设施中。危险药品不应陈列,确需要陈列时,只能陈列代用品或空包装。

 知识链接

《药品经营质量管理规范》对药品陈列的要求

GSP 要求,药品陈列应按剂型、用途以及储存要求分类陈列,并设置醒目标志,类别标签字迹清晰、放置准确;药品放置于货架(柜),摆放整齐有序,避免阳光直射;处方药、非处方药分区陈列,并有处方药、非处方药专用标识;处方药不得采用开架自选的方式陈列和销售;外用药与其他药品分开摆放;拆零销售的药品集中存放于拆零专柜或专区;第二类精神药品、毒性中药品种和罂粟壳不得陈列;冷藏药品放置在冷藏设备中,按规定对温度进行监测和记录,并保证存放温度符合要求;中药饮片柜斗谱的书写应当正名正字,装斗前应当复核,防止错斗、串斗,应当定期清斗,防止饮片生虫、发霉、变质,不同批号的饮片装斗前应当清斗并记录;经营非药品应当设置专区,与药品区域明显隔离,并有醒目标志。

2. 整洁美观陈列原则 陈列的药品应摆放整齐,没有破损、污物和灰尘,不合格的药品应及时从货架上撤下来。摆放药品时要力求格调一致,色彩搭配协调,设法突出每种药品的特点,可采用多种艺术造型,运用多种陈列器具及装饰,使陈列美观大方,如重点推荐的药品可以摆成"圆形、金字塔型、阶梯状、重叠型"等。同时,在不影响美观的前提下,应将滞销的药品搭配在旺销的药品之中,以利于销售。

3. 满陈列原则 丰富是吸引顾客、提高销售额的重要手段之一,顾客是不愿进品种单调、货架空荡的药店的,满陈列可以减少卖场缺货造成的销售额下降。

4. 先进先出、近效期先出原则 即每次将上架药品放在原有药品的后排或把近效期商品放在前排以便于销售。因为顾客总是购买货架前面的药品,如果不按先进先出的原则来进行药品的补充陈列,那么陈列在后排的药品就永远卖不出去。

5. 黄金位置陈列原则 顾客自然站立时,伸手可及的范围为有效陈列范围,约为从地面开始60~180cm,此空间应陈列重点药品。在有效陈列范围,眼睛最容易看到、手最容易拿到药品的陈列位置为黄金位置,范围是从地面开始80~120cm,这个范围应用来陈列畅销药品、高毛利药品、品牌药品或季节性药品等。在黄金位置陈列高毛利药品时,应注意同一排中功能相似的药品价格跨度不能太大;同类的高毛利品种和品牌品种相邻陈列,尽量做到高毛利品种陈列面大于品牌品种。在黄金带的上下,一般则用来陈列准重点药品或一般药品,其中,最上层通常陈列需要推荐的药品,下层通常陈列销售周期进入衰退期的药品。

 知识链接

高毛利药品的销售

　　主推高毛利药品已经成为目前许多药店经营的主要模式之一,然而,由于高毛利药品自身原因(一般为非品牌药品),其品牌知名度和美誉度在顾客心目中没有建立起必要的信任,店员推荐这些药品时有一定局限性,如果过度和极端推荐就会降低顾客进店购药的满意度,影响药店客流量。因此,店员必须科学合理地推荐药品,才能不影响顾客满意程度,甚至提高顾客的满意度,从而提升药店利润水平。

6. 易见易取原则 陈列的药品要使顾客容易看见,可将药品按类别、价格、用途或顾客的性别、年龄等分类,既可方便顾客购物,又可提高管理药品的效率。每类陈列的药品应遵循前低后高(按站在卖场的顾客从外向内看)的原则,让包装盒矮的陈列在外侧,药品的正面面向顾客,不被其他药品遮挡。

(1)商品前缘直线陈列:以药品包装盒的前缘为准,所有药品的前缘对成一条直线。当前面的药品售出以后,及时将后面的药品推向前,确保前缘直线陈列。

(2)货架上下阶梯陈列:从下往上,每层货架药品的前缘形成阶梯状,依次向上,依次向里,让每一层货架药品都能尽可能被站在货架前的顾客清楚看到。

(3)商品侧身同向陈列:若同一层货架药品较多,不能完全平放时,药品可侧身摆放,同时每个药品的正向完全朝一个方向。

(4)倾斜陈列或前进陈列:主要针对货架最底层不易看到的药品。

(5)突出陈列:对药店主推的新品或宣传的药品,可以陈列在端架、堆头或黄金位置,使顾客容易看到。

7. 同一品牌垂直陈列原则 垂直陈列指将同一品牌的药品,沿上下垂直方向陈列在不同高度的货架层位上。相对于横向陈列,垂直陈列能让顾客在挑选产品时移动更方便,同时可使各药品平等享受到货架不同的层次,减小货架的不同层次对药品的销售影响。

垂直陈列有两种方法,一种是完全垂直陈列,即对销量大或包装大的药品从最上一层到最下一层全部垂直陈列;另一种是部分垂直陈列,采用主辅结合陈列原则。

8. 季节性陈列原则 药店应根据不同季节的多发病,把每个季节较为常用的药物放在较为显眼的位置,使药品陈列面、陈列量较大,并悬挂POP广告,吸引顾客,促进销售。另外,季节性药品陈列应走在季节变换之前。

知识链接

水平陈列与垂直陈列的差异

人的视觉上下垂直移动方便,其视线是上下夹角 25°。顾客在离货架 30~50cm 距离间挑选商品,就能清楚地看到 1~5 层货架上陈列的商品。而人视觉水平移动时,就要比上下垂直移动差得多,因为人的视线左右夹角是 50°,当顾客距货架 30~50cm 距离挑选商品时,只能看到横向 1m 左右距离内陈列的商品,这样就会非常不便。实践证明,两种陈列所带来的效果不一样。

三、药品陈列的技巧

(一)提高药品价值的陈列技巧

药品只有在被关注的时候才能体现出其价值。如放置贵重药品的玻璃橱柜应预留一些空间,用灯光和小饰物烘托气氛,以体现药品自身的价值。

(二)引人注目的陈列技巧

主推新药品、特价药品时,可借助一些设备和工具,突出某一个(一组)药品,以吸引顾客进店,刺激顾客的购买欲望。

1. 主题促销陈列   指给药品陈列设置一个主题的陈列方法。根据节日或特殊事件的要求而经常变换主题,有利于促销,如重阳节参茸礼品活动等。

2. 关联陈列   指将出售时具有关联性的药品放在一起或就近陈列。如感冒药常和清热解毒消炎药或镇咳药相邻,妇科药品和儿科药品相邻,维生素类药和钙剂在一起等。这样陈列可使顾客消费时产生连带性,也便于顾客购药。

3. 比较陈列   指把相同药品依不同规格或数量予以分类并排列在一起。利用不同规格包装的药品之间价格上的差异,来刺激消费者的购买欲望,促使其因价廉而作出购买决策。

(三)提高药品新鲜感的陈列技巧

定期更换药品的陈列,会给顾客耳目一新的感觉,一般以 1 个月为宜。

四、主要位置的陈列要求

(一)橱窗的陈列要求

1. 利用药品的空包装盒,采用不同的组合排列方法展示季节性药品、广告支持药品、新药品及重点促销的药品。

2. 橱窗陈列符合卖场整体形象,展现店内相应的促销信息,如节日陈列、事件陈列、场景陈列,可诱发顾客购买行为,吸引过往路人的注意力。

3. 不宜摆放与营业无关的物品,以免影响药店卖场形象。

(二)收银台的陈列要求

收银台为黄金位置,陈列的药品对刺激顾客的购买欲和增加销售具有重要的意义。

1. 收银台端架陈列药品,货源要充足,陈列要丰满、美观,不得缺少价格标签,有爆炸花的提示。

2. 主要陈列季节性药品、价格较低及体积较小且毛利较高的药品、主题促销赠品。如护手霜、唇膏、口香糖、棉签、润喉片等。

3. 应有醒目的赠品区,对顾客在购买前的吸引力较好,而不是顾客买了药品才被提示有赠品。

（三）货架的陈列要求

1. 黄金位置陈列要求　见前"黄金位置陈列原则"。

2. 卖场货架分段陈列要求　根据消费者心理,把货架分为上、中、下三段来陈列药品,以达到最大的经济效益,见表2-3。

表2-3　卖场货架分段陈列要求

分段	陈列药品
上段	希望顾客注意的药品,如需求弹性高、色彩靓丽的药品或推荐药品
中段	价格适中、销量稳定、利润较少的药品
下段	周转快、体积大、重量大、需求弹性低、滞销的药品

3. 卖场货架其他陈列要求　分类标识牌整洁、完整、不被遮挡,价格牌整齐、无灰尘;货架上方尽量不放供应商空盒广告(签约广告除外)。

（四）端头货架的陈列要求

端头货架是指放置在双面中央陈列架两头的货架。通常端头货架在店堂走廊的两边,是顾客注意力极易达到的位置。端头货架的陈列,简称端架陈列,其陈列有如下要求:

1. 每组端架上所陈列的药品大小、品类与色系应相近,端架可以陈列单一的大量药品,也可以陈列几种药品组合。

2. 大小相差很大的药品不应陈列在同一层端架上,每层陈列的品种数不超过5类,陈列位紧缺时,可不考虑品种数。根据药品的高度适当调整层板的高度,端架顶层药品高度保持统一,不遮挡分类标识牌。

3. 端架黄金位置主要陈列季节性、高毛利、品牌、广告药品。同类的高毛利品种和品牌品种相邻陈列,尽量做到高毛利品种陈列面大于品牌品种。

4. 可以随时更换品种,保持新鲜感而又重点突出。

（五）柜台的陈列要求

1. 每组柜台上所陈列的药品大小、品类与色系应相近,采用平铺陈列的方式。

2. 柜台第一层应陈列高毛利、品牌、广告药品。

3. 柜台转角处的黄金位置应设计好药品的陈列方式。

4. 药品陈列要整齐、美观,不得有空位,不得缺少价签。

 学以致用

工作场景:

小李第一天来药店上班,碰巧上午来了很多顾客,买了很多小李负责的柜台里的药品,到了晚上,基本没有什么顾客的时候,工作积极性高的小李很想好好表现一番,于是就往柜台里摆放了药品。考虑到第二天可能还会有很多顾客来买同样的药品,小李索性就把站立陈列的药品平放,堆了高高的一层,将柜台占得满满的。店长看见后,严肃地指出了小李的错误,并告知这样的柜台陈列不可取,不够醒目,至少要加一个爆炸花,提示顾客。

知识运用:

柜台陈列应满足易见易取原则。柜台如果是进门即可看到的位置,药品应尽量站立陈列,或者增加一个爆炸花提示顾客。

(六)花车、堆头的陈列要求

花车是药店用来临时展示促销药品的折叠车。堆头是指药店在某一位置将药品堆放成垛状的陈列形式。

1. 一个花车、堆头原则上不超过5种药品,以高毛利、重点推荐、季节性、促销药品(包括近效期的药品)等药品为主。

2. 同一花车、堆头药品货源应充足,颜色应相近,陈列丰满、美观,正面朝外,堆头上方的药品要高度一致。

3. 堆头的药品高度应在80~120cm,不可将药品直接堆放在地上进行销售。

4. 配有相应的POP海报提示。

5. 堆头堆放位置应在出入口、空旷的地面或其他醒目的位置,不影响顾客通行。

(七)专柜的陈列要求

一个专柜应全部陈列相同或关联功能的药品或同一品牌的各类药品,如减肥专柜、糖尿病专柜、同仁堂专柜。专柜的形象、色调要与药店整体布局协调一致。

(八)柱子的陈列要求

将每根柱子做成"主题式"陈列,但要避免柱子太多而阻碍顾客的视线。

五、药品陈列的方法

药品陈列的方法主要有线型陈列法、悬挂陈列法、量感陈列法、堆叠法、梯形、二次陈列法和除去外包装的陈列法,见表2-4。

表2-4 药品陈列的方法

陈列方法	特点
线型陈列法	采用垂直、竖立、平卧或倾斜排列的形式,使药品有顺序地排成直线的方法,统一、直观、真实地表现出产品的丰富内容,一目了然,感染力强
悬挂陈列法	使药品产生立体效果,销售现场陈列和橱窗陈列,大都借助此法展示药品
量感陈列法	使顾客在视觉上感觉到药品很多的陈列方法,它既可指实际陈列的药品很多,也可指陈列的药品看起来很多。特价药品或具有价格优势的药品、新上市的药品、广告药品适用于量感陈列,对于采用量感陈列的药品,在药品数量不足时,可在适当位置用空的包装盒代替。量感陈列法包括规则陈列和不规则陈列两种。规则陈列是将药品整齐地码放成一定的立体造型,通过表现药品的"稳重气息",使顾客对药品的质量放心而扩大销售;不规则陈列则是将药品随意堆放于篮子、盘子等容器里,不刻意追求秩序性。不规则陈列给顾客一种便宜、随和的印象,易使顾客在亲切感的鼓舞下触摸挑选药品
堆叠法	将药品由下而上堆叠起来,使体积升高,突出该陈列品的形象。堆叠的具体方法有三种:直接堆叠、组合堆叠(如盒装的药品,可采取由底层向上逐层递减堆成山字形或其他形状)、衬垫堆叠(在每层加放一块玻璃衬垫板,使陈列药品堆叠成所设想的形状)
梯形法	以阶梯式陈列样品的方法,增强层次感,见表2-5

续表

陈列方法	特点
二次陈列法	将同一药品放在不同柜台的陈列方法,如若仅将钙剂陈列在维生素、矿物质类补充剂的柜台上,大概只有少数顾客会为了买这种药品直接来这个柜台,若将钙质剂分为老年人和小儿用,分别放到糖尿病患者柜台和小儿柜台,就会容易促成顾客的临时消费
除去外包装的陈列法	将瓶装药品(如药酒、口服液等)除去外包装后陈列的方法,使顾客对商品的内在质地产生直观的感受,激发购买欲望

表 2-5　梯形法陈列药品位置的摆放

前方位置(距离眼睛较近)	后方位置(距离眼睛较远)
小型的药品	大型的药品
较便宜的药品	较贵的药品
暗色系的药品	明亮色系的药品
季节性药品、常用药品、新药品	一般药品

六、药品陈列的注意事项

1. 安全稳固　要"上小下大、上轻下重",即上单品、下中包装,中包装药品必须全部打码后才上架,整箱药品不上货架,以增加安全感及视觉美感。

2. 保证质量　陈列药品应避免阳光直射,需避光、密闭储存的药品不应陈列,货架上不能摆放过期药品。

3. 按期检查　陈列药品,应按月进行检查,并做好质量检查记录,发现质量问题及时下架,并尽快向质量负责人报告;拆零药品应集中存放于拆零专柜,并保留原包装的标签;易被盗药品应陈列在视线易及或可控位置。

课堂活动

某一药品包装体积太大,量又多,如果你是店员,该怎样陈列这些药品?

七、POP 广告

(一)概念

POP 广告是 Point of Purchase Advertising 的英文缩写,是指一般在购买场地能促进销售的广告,也称为买点广告。凡在店内外所有能帮助促销的广告,或其他可以提供商品相关情报的服务、指示引导的标示,都可以称为 POP 广告。

边学边练

按要求陈列药品,请见实践 3 "药品的分类与陈列"。

(二)POP 的种类与运用

表 2-6　POP 的种类与运用

POP 种类	具体类型	运用
公司印制型	海报	放置(贴)于顾客最常走动的路线上,如入口处的玻璃、药品陈列处、店外等
	货架标签/标志	用在药店货架上,使顾客对此处出售的药品大类一目了然

续表

POP 种类	具体类型	运用
公司印制型	柜台展示卡和爆炸花	用于柜台销售,可放置于药品上或药品的前方
	挂旗和挂幅	悬挂于店内的走道上方、店头内口以及药品上方
	窗贴	用于药店入口处的门窗或面临街道的窗户,陈列时最好能配合其他 POP 一起使用
	柜台陈列盒	放置于药店柜台,要有足够的货量,方便顾客拿取,最好能配合药品的介绍手册或宣传单
人工绘制型	手工制作	根据店内实际情况临时制作,体现各店特色

(三) POP 运用注意事项

1. POP 书写要求内容简洁、明了,主题突出,字体端正、清晰。每张 POP 上不超过 2 个商品信息、不超过 3 种书写颜色。张贴在透明玻璃橱窗的 POP,正反两面都应有药品信息。

知识链接

与陈列相关的各类 POP 标识要求

1. 价格标识(价签) ①药品均有正确的标价签,并与相应药品的左缘对齐;②药品和标价签一一对应,价格与实物相符、价格与适时价格相符,严禁价签缺失;③药品调价与新品到货均先用手写标价签,必须使用黑色签字笔正楷字体书写;④每个货架一侧使用爆炸花和标价签卡套控制在 5~15cm 以内。

2. 促销标牌 ①"药师推荐、店长推荐、特惠商品、会员专享"等提示牌书写美观,不能变形破旧,不可遮挡药品和标价签;②"爆炸花"用于药品促销,体现药品的不同卖点及价格;③"药师推荐、店长推荐"等提示牌主要用于高毛利药品的促销;④"特惠药品"提示牌主要用于价格形象宣传,用在具有价格优势、进行特价促销以及赠品附送促销的药品;⑤"会员专享"提示牌主要用在只有会员才可以以会员特价购买的药品。

2. POP 张贴要求与药品相随,不要离药品太远;应固定放置(贴)于显眼处,不要遮挡住药品,不可被其他物品遮挡;海报、吊旗、POP、分类标识牌等悬挂必须端正,不能歪斜;张贴时应用小卷透明胶粘在 POP 的 4 个角落,长度不超过 3cm,应避开玻璃上的彩条;不得出现过期、脏污、破损的海报、吊旗等,促销活动到期后及时撤换 POP。

学以致用

工作场景:

药店要进行店庆促销,店长让小齐负责玻璃橱窗的广告宣传。小齐认真仔细地画了一张漂亮的 POP,张贴在了橱窗上,他满心欢喜地让店长检查,却受到了店长的批评,原来,小明只画了单面的 POP,张贴时还将有内容的一面朝向了店内。

知识运用:

张贴在透明玻璃橱窗的 POP 正反两面都应有药品信息,不仅让顾客进店后能看到,更要让顾客在走进店前就能看到相应的信息,吸引顾客。

点滴积累

1. 药品陈列的原则有法定原则、整洁美观陈列原则、满陈列原则、先进先出、近效期先出原则、黄金位置陈列原则、易见易取原则、同一品牌垂直陈列原则和季节性陈列原则等。
2. 药品陈列的技巧有提高药品价值的陈列技巧、引人注目的陈列技巧和提高药品新鲜感的陈列技巧。
3. 药品的陈列方法有线型陈列法、悬挂陈列法、量感陈列法、堆叠法、梯形法和二次陈列法等。

 目标检测

单项选择题（A 型题）

1. 验收记录应保存至超过药品有效期（   ）年，但不得少于（   ）年
   A. 1 年，1 年　　　　　　B. 1 年，2 年　　　　　　C. 1 年，3 年
   D. 2 年，1 年　　　　　　E. 3 年，1 年

2. 随货同行票据作为验收记录的依据，要保存（   ）年以上
   A. 1 年　　　B. 2 年　　　C. 3 年　　　D. 4 年　　　E. 5 年

3. 近效期低于（   ）的药品一律不得入库
   A. 3 个月　　　B. 4 个月　　　C. 5 个月　　　D. 6 个月　　　E. 12 个月

4. 对已抽取的整件药品应开箱取样，从每件上、中、下的不同位置随机抽取至少最小销售单元（   ）
   A. 3 个　　　B. 4 个　　　C. 5 个　　　D. 6 个　　　E. 9 个

5. 需阴凉储存药品要求到货（   ）内验收完毕
   A. 3 小时　　　B. 4 小时　　　C. 5 小时　　　D. 6 小时　　　E. 12 小时

6. 药品验收人员的要求是（   ）
   A. 对色觉无要求
   B. 持岗位合格证书上岗
   C. 任何药店员工
   D. 须经县级药品监督部门考试合格方可上岗
   E. 须为执业药师

7. 下列哪项不属于药品验收的内容（   ）
   A. 供应商资质　　　　　　　　　　B. 药品数量质量
   C. 药品的包装、标签、批号　　　　D. 药品的注册商标
   E. 送货人员的健康证明

8. 图库验收药品时，同一药品的批号不得多于（   ）
   A. 2 个　　　B. 3 个　　　C. 4 个　　　D. 5 个　　　E. 6 个

9. 下列哪项不属于剂型质量问题（   ）
   A. 片剂变色　　　　　　B. 糖浆有沉淀　　　　　　C. 胶囊剂漏粉
   D. 软膏剂霉变　　　　　　E. 栓剂受潮变形

10. 冷藏药品验收的时间要求是（   ）

    A. 1 小时内   B. 2 小时内   C. 3 小时内

    D. 随到随验   E. 以上都不对

11. 用梯形法陈列,摆放在前方位置(距离眼睛较近)的药品是（   ）

    A. 大型的药品   B. 较贵的药品   C. 明亮色系的药品

    D. 一般药品   E. 暗色系的药品

12. 药品陈列的有效陈列范围约为从地面开始（   ）

    A. 80~180cm   B. 60~120cm   C. 60~180cm

    D. 80~120cm   E. 60~80cm

13. 黄金位置指有效陈列范围中,眼睛最容易看到、手最容易拿到药品的陈列位置,范围是（   ）

    A. 80~180cm   B. 60~120cm   C. 60~180cm

    D. 80~120cm   E. 60~80cm

14. 根据卖场货架分段陈列要求,下列陈列在中段的药品是（   ）

    A. 周转快的药品   B. 需求弹性低的药品   C. 销量稳定的药品

    D. 推荐药品   E. 滞销的药品

15. 根据提高药品新鲜感的陈列技巧,一般以（   ）为宜,定期更换药品的陈列

    A. 1个月   B. 2个月   C. 3个月   D. 4个月   E. 5个月

16. 端头货架每层陈列的品种数不超过（   ）类,陈列位紧缺的不受陈列数量限制。

    A. 2   B. 3   C. 4   D. 5   E. 6

17. 按照卖场货架分段陈列要求,下列陈列在上段的药品是（   ）

    A. 价格适中的药品   B. 利润较少的药品   C. 希望顾客注意的药品

    D. 周转快的药品   E. 滞销的药品

18. 拆零药品应集中存放于拆零专柜,并保留原包装的（   ）

    A. 合格证   B. 外包装   C. 生产批准文号

    D. 标签   E. 以上都不对

19. 除去外包装的陈列适合于（   ）

    A. 体积大的药品   B. 瓶装药品   C. 怕热药品

    D. 包装破损的药品   E. 包装简陋的药品

20. 下列说法不正确的是（   ）

    A. 处方药与非处方药应分柜摆放

    B. 内服药与外用药应分开存放

    C. 需冷藏的药品应存放在符合规定的冷藏设施中

    D. 特殊管理的药品应按照国家的有关规定存放

    E. 危险品可陈列,也可陈列其代用品或空包装

（黄礼建 林 超）

项目三 药店顾客接待与服务

学习目标

1. 掌握接待药店顾客的基本步骤和基本能力。
2. 熟悉药学服务礼仪和不同年龄顾客的接待技巧。
3. 了解药学服务道德。
4. 学会接待药店顾客的技巧。

导学情景

情景描述：

小王和小李是同时来到药店进行药品销售工作的，一年后，小王因工作出色被评为"优秀店员"，小李则因责任心不强，接待顾客不规范等小问题被药店辞退。

学前导语：

药学服务道德与药学服务礼仪直接影响着药学服务工作的质量，与社会公众的生命和健康息息相关。规范的药店顾客接待是药品销售成功的保障，主动、周到地为患者提供服务是药学技术人员的基本职业素养和道德要求。本项目将带领大家学习药学服务道德与礼仪，掌握药店接待顾客规范。

模块一 药学服务道德与药店服务礼仪

案例分析

案例：

某药店因有名中医坐诊而吸引顾客，中药柜负责人李某在核对新店员配好的几付中药时，发现药方中有"泽漆"一味与整个方意不符，原处方是"济生肾气丸"，其中应有泽泻，而"泽漆"辛苦寒有毒，药性峻烈，多为外用，不应在此方中出现。

李某立即与药店中医核实，原来是实习生抄方时因工作马虎，误把"泽泻"抄成"泽漆"，而新店员也因业务不熟没能发现，导致此错误。

分析：

李某从业10余年，对工作严肃认真，一丝不苟，人们都说他爱管闲事，幸亏他"闲事"管得及时，否则将酿成严重后果。此案例告诉我们，药学技术人员应恪守职业道德，严于律己。

一、药学服务道德

药学服务道德是指药学技术人员在依法开展药学服务活动时必须遵循的道德标准。药学服务道德是一般社会道德在药学服务领域中的表现，是从事药学服务工作者的职业道德，它具有很强的专属性、广泛的适用性和鲜明的时代性。高尚的药学服务道德要求药学技术人员既要掌握扎实的药学知识与技能，又要有良好的人文精神，以适应新形势下对药学服务的要求。药学技术人员应当具有对社会公众健康高度的责任感和献身精神。在药学服务工作中要认真、仔细；关心患者，热忱服务，一视同仁，平等对待；语言亲切，态度和蔼；尊重人格，保护隐私。

 知识链接

中国执业药师道德准则

2006年10月18日，在中国执业药师论坛年会上，中国执业药师协会会长张文周宣读了新制定的《中国执业药师职业道德准则》。中国执业药师道德准则为：①救死扶伤，不辱使命；②尊重患者，一视同仁；③依法执业，质量第一；④进德修业，珍视声誉；⑤尊重同仁，密切协作。

药学服务道德包括对药学职业认识的提高、职业情感的养成、职业意志的锻炼、职业理想的树立以及良好的职业行为和习惯的形成等多方面的丰富内容。它可以在思想上、感情上、作风上和行为上促进协调医药行业内外各种关系，避免利害冲突和意见分歧，完成和树立医药行业新风貌。药学服务道德可以帮助药学技术人员完善自我教育，总结和发扬医药行业的优良传统，不断纠正本行业的缺点；要求药学技术人员在履行自己的职责时，应当顾大局、讲原则、守信用、公平竞争、诚实待人、廉洁奉公，做到道德觉悟和专业才能的辩证统一。

（一）药学服务道德的基本原则

药学服务道德的基本原则是药学技术人员在药学服务领域活动实践中应遵循的根本指导原则，贯穿于药学服务道德发展过程的始终，是评价与衡量药学服务领域内所有人员的个人行为和思想品质的最高道德标准。

1. 保证药品安全有效　优质安全的药品直接关系到社会公众的健康，甚至影响整个社会的稳定和经济的发展。药学服务道德要求药学技术人员坚持以人为本，从治愈疾病和提高患者生活质量出发，在保证药品安全有效的前提下，尽可能提供经济、合理的药品，真心实意地为患者提供药学服务，以满足社会公众防病治病的需求。

2. 实行人道主义　人道主义的核心是尊重人的生命。一视同仁地维护健康、关心患者是传统医药学道德的精华所在。在我国提倡的人道主义，不仅是对个人的尊重、肯定个人的价值、关心个人的幸福，而且扩展到对社会群体健康的关怀，并贯穿整个医药卫生事业之中，从各方面提供和保证优质的药学服务。

3. 全心全意为人民健康服务　药学技术人员在具体工作过程中，要真正做到全心全意为人民健康服务，必须处理好药学技术人员自身与服务对象、个人利益与集体利益、德与术三个方面的关系。

（二）药学服务道德规范

药学服务道德规范是指药学技术人员在依法开展药学服务活动时必须遵守的行为准则

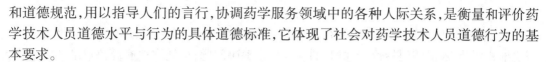

和道德规范,用以指导人们的言行,协调药学服务领域中的各种人际关系,是衡量和评价药学技术人员道德水平与行为的具体道德标准,它体现了社会对药学技术人员道德行为的基本要求。

1. 药学服务道德规范的特点

(1)针对性:药学服务道德是针对药学技术人员中存在的不良道德现象所提出的具体的职业道德要求。

(2)理想性:药学服务道德既含有基本的道德要求,又包含有较高理想的道德要求,药学技术人员要对患者有高度责任心并乐意为药学事业献身。

(3)现实性:药学服务道德要求药学技术人员在执业过程中将患者及公众的身体健康和生命安全放在第一位,尊重患者,依法执业,严格遵守药品管理法律和法规,科学指导用药,拒绝调配错误处方等。

2. 药学服务道德规范的基本内容

(1)药学技术人员对服务对象的道德规范:①仁爱救人,文明服务:药学技术人员必须把服务对象的健康和安全放在首位,对待服务对象要有仁爱之心,同情、体贴患者疾苦,在药学服务工作过程中,要维护用药者的合法权益,尊重服务对象的人格,公平对待、一视同仁,保证合理的药物治疗;②严谨治学,理明术精:药学服务工作具有很强的技术性,药学技术人员应努力完善和扩大自己的专业知识,以科学求真的态度对待药学服务实践活动,保证药品质量,提供合格药品,开展药学服务,全力维护公众用药安全有效;③济世为怀,清廉正派:药学服务工作是一项解除患者疾苦,促进人体健康的高尚职业,药学服务工作者在工作中,应为服务对象保守保密,确保其享有接受安全、有效治疗的权利,自觉抵制各种诱惑,不利用自身在专业上的优势欺诈患者,谋取私利。

(2)药学技术人员对社会的道德规范:①坚持公益原则,维护人类健康:药学技术人员在实践中运用自己掌握的知识和技能为服务对象工作的同时,还肩负着对社会公共利益的维护责任,药学技术人员以发展药学事业为目标,只能为自己的服务获取公正合理的报酬,做到对服务对象负责与对社会负责的高度统一;②宣传医药知识,承担保健职责:药品的应用不仅在于治疗疾病,更强调预防疾病发生的作用,药学技术人员应向社会宣传医药卫生知识,积极开展健康教育,实现社会公众的安全、合理用药。

(3)药学技术人员间的道德规范:①彼此尊重,同护声誉:药学技术人员应与同事保持良好的业务关系,尊重他人的价值和能力,相互督促,相互帮助,共同维护集体声誉;②敬德修业,共同进步:药学技术人员应孜孜不倦地钻研业务知识,虚心向同仁学习,取他人之长,补自己之短,实现共同提高。

(三)药店店员的职业道德

遵守职业道德是零售药店店员的基本要求,药店店员的职业道德要求有遵纪守法、爱岗敬业,尊重顾客、热情服务,真诚守信、文明经商等。

1. 遵纪守法、爱岗敬业　药品是一种特殊的商品,关系到人们的生命和健康,国家对药品的生产和经营等制定了严格的管理规范,店员向消费者出售药品、提供服务,不仅要严格遵守国家法律法规,也要遵守企业制定的规章制度,在自己的工作岗位上尽职尽责、尽心尽力。

2. 尊敬顾客、热情服务　尊敬顾客是店员职业道德的基本要求,体现出店员对待工作的积极态度。热情周到的服务态度体现在接待顾客中,应主动、热情、耐心、周到地为顾客服务。

3. 真诚守信、文明经商　在介绍药品时应实事求是,不夸大药品功效,根据顾客的实际需要推荐药品,药品明码标价,从顾客的立场出发解决问题,自觉维护消费者利益,建立起顾客对药店的信任,有利于药店的长远发展。

二、药店服务礼仪

药店服务礼仪是药店店员在自己的工作岗位上向服务对象提供的标准的、正确的药学服务行为,它包括店员的仪容仪表、服饰、仪态、语言和岗位规范等基本内容。拥有良好的药学服务礼仪是药学技术人员必备的职业素质之一。

(一)仪容仪表

1. 头发整洁,发型美观大方,适合工作场所要求。男性不宜留长发、大鬓角和胡子;女士应化淡妆,给人清新、淡雅和自然的形象,不宜使用刺激味重的香水。

2. 指甲长短适宜,保持清洁,不得戴手套调配和发药。

3. 口腔保持清洁,工作时间不吃零食。

(二)服饰

工作人员应按规定着工作服上岗,保持服装干净,并佩戴好工作牌。工作服、衬衣等应熨烫平整,男士领带以素色为宜,工作时间不穿拖鞋。

(三)形体仪态

1. 站姿　两脚着地,合上脚跟和膝盖、脚尖分开微向外,挺胸直背,两臂自然下垂,置重心于脚掌,姿态优美、文明、富于规范化。

2. 手势　向顾客介绍、引导、指明方向时,手指自然并拢,手掌向上斜,以肘关节为轴,指向目标,上身稍向前倾。

3. 表情　目视前方,表情开朗得体,面带微笑,情绪饱满热情,精力集中、持久,兴奋适度、谨慎。

(四)文明用语

1. 打招呼　招呼用语要求与顾客打招呼应落落大方,微笑相迎,使其有宾至如归的感觉,如"阿姨,您好! 请问有什么需要可以帮忙?"等。

2. 介绍用语　介绍用语要求热情、诚恳、实事求是,突出药品特点,抓住顾客心理,当好顾客的参谋,如"这是品牌药品,疗效好,价格合理,一向很受欢迎!"等。

3. 收款　收款用语要求唱收唱付,吐字清晰,交付清楚,将找款递送顾客手中,如"您买东西共计 × 元,收您 × 元钱,找您 × 元钱,请点一下!"等。

4. 包装　包装用语要求在包装过程中关照顾客注意事项,双手递交给顾客药品,如"药品我已帮您装好,请不要倒置!"等。

5. 道别　道别用语要求谦逊有礼,和蔼亲切,使顾客感觉愉快和满意,如"请慢走,祝您早日康复!"等。

(五)接打电话

1. 听到电话铃响,应尽快接听,通话时应先问候"您好",仔细听取并记录对方讲话要点,结束时礼貌道别,待对方切断电话后方可放下话筒。

2. 通话内容应简明扼要,不应在电话中聊天。

3. 对自己不能处理的电话内容,应做出合理解释或反应。

点滴积累

1. 药学服务道德是药学技术人员在依法开展药学服务活动时必须遵循的道德标准。其基本原则包括保证药品安全有效、实行人道主义、全心全意为人民健康服务。
2. 药学服务道德规范的基本内容包括药学技术人员对服务对象、对社会以及药学技术人员间的道德规范。
3. 药店店员的职业道德要求有遵纪守法、爱岗敬业，尊重顾客、热情服务，真诚守信、文明经商等。
4. 良好的药店服务礼仪是药店店员必备的职业素质之一，主要包括药店店员的仪容仪表、服饰、仪态、语言和岗位规范等基本内容。

模块二 药店顾客接待

案例分析

案例：

当一位顾客到药店购买几种常用药品的时候，人刚走到药店，店员就跟了过来，像保镖一样在顾客周围"护驾"，只要顾客的目光稍作停留，店员马上就问："您要这种感冒药吗？""您看这种抗生素好吗？"问得顾客心烦意乱，身上比挨了蚊子叮还难受，顾客只想快点离开药店。

分析：

由于店员不懂接待顾客的基本规程，使得顾客在药店里很不舒服，本来有购买欲望，也被打消了。

一、药店顾客接待基本步骤

顾客购买药品的过程中，其心理活动一般经历八个阶段：注视阶段、兴趣阶段、联想阶段、欲望阶段、比较阶段、信心阶段、行动阶段和满足阶段。在了解顾客购买心理活动后，制订接待顾客的基本步骤。

1. 迎客准备 顾客上门前，店员要随时做好迎接顾客的准备，不能松松垮垮，无精打采。

2. 初步接触 与顾客接触的最佳时机是当顾客长时间凝视某一药品若有所思时、当顾客抬起头时、当顾客突然停下脚步时、当顾客的眼睛在搜索时、当顾客与店员的眼光接触时。一般可采用与顾客随意打招呼、直接向顾客介绍中意的药品和询问顾客的购买意愿等方式与顾客初步接触。

3. 药品提示 根据顾客需求，判断其所需药品的种类，提供几种药品供顾客选择。

4. 揣摩需要 通过观察顾客的动作和表情来揣摩顾客的需要；通过推荐一两种药品观察顾客的反应，了解顾客的愿望；通过自然提问询问顾客的想法；也可倾听顾客的意见。

5. 专业说明 利用专业知识向顾客介绍药品，说明时语言要通俗易懂，有针对性，打消顾客的顾虑,取得其信任。

6. 劝说诱导　及时劝说诱导,完成购买。可实事求是地劝说,投其所好地劝说,辅以动作劝说,根据药品本身质量劝说,帮助顾客比较、选择地劝说。

7. 销售药品　顾客决定购买后,店员填写收银小票,交给顾客,请其到收银台付款,包装药品,待顾客付款后双手递给顾客,道别。

 知识链接

用"五 W-H"原则介绍药品

在介绍药品时,可应用"五 W-H"原则,即有何人使用(WHO),在何处使用(WHERE),在什么时候使用(WHEN),想怎么使用(WHAT),为什么必须用(WHY)及如何使用(HOW)。

二、店员接待顾客的基本能力

药店店员除掌握医药学专业基础知识和相关的药事法规知识外,还应掌握相关的营销技术和沟通技巧,具备接待顾客的基本能力。

1. 交际能力　良好的交际能力是店员所应必须具备的,培养交际能力应从真诚待客、宽厚待客、兑现承诺和热情待客等方面进行。①真诚待客:真诚地对待顾客,想顾客之所想,待其如亲人,容易取得顾客的信任及支持;②宽厚待客:当顾客由于急躁情绪等而误会店员时,应对其进行亲和耐心地解释,平息矛盾,当需要纠正顾客的错误观点时,态度应当诚恳、友善,不要尖酸刻薄;③兑现承诺:当药店经营中对顾客有所承诺时,对符合条件的顾客务必守信遵守承诺,诚信为本;④热情待客:店员的热情可以感染顾客的心理和情绪,使其愿意从店员处购买药品,但也需要避免热情过度。

2. 表达能力　良好的表达能力是实现与顾客沟通的基本技能和技巧,可以增加和顾客的亲和力,增进彼此沟通,从而增加业绩。①表达目的性:针对不同需求的顾客,要针对其需求而表述相关的内容,避免谈及私人琐事;②表达应明确清楚:与顾客的沟通应清楚明确表达,避免含糊不清、模棱两可;③用语简练通俗,重点突出:应该短时间内让顾客领会到所售药品的作用、用法、注意事项等内容,不能为详细介绍而刻意卖弄专业知识;④多用请求语气和肯定句式:巧妙运用请求语气和肯定式表达可以增加表达的委婉性和确定性,引起顾客兴趣;⑤表达出顾客购买的理由:顾客对店员介绍药品及其他商品感兴趣时,店员应及时地引导顾客,表述商品可如何满足顾客的具体要求,表达出顾客可以购买的理由。

3. 应变能力　良好的应变能力可以在一些意想不到的事情发生时,仍能得到顾客的支持与理解,应变能力表现在以下几个方面。①较好的沟通与表达能力:熟悉所学业务的各个方面,并能娴熟地与顾客沟通并进行讲解;②敏锐的观察能力:具备思维敏捷,快速观察客户需求和响应的能力,是做好顾客服务工作的关键所在;③较强的决策能力:能全面考虑把握大局,权衡出利弊得失,尽快达到自己理想目标;④优秀的缺货处理能力:当恰巧遇到缺货时,不能武断地回绝顾客,可以向其介绍其他类似的替代品,或者及时调度相关货源,约定时间为顾客服务,不耽误其应用;⑤沉着冷静的设备故障与意外事故处理能力:当出现突发设备故障或意外事故时,能沉着冷静及时上报并与相关部门联系,及早处理,做到处变不惊。

4. 洞察能力　良好的洞察能力可通过对顾客心理需求、行为方式等的细微观察提供独特而新鲜的视角,提供更能拉近顾客、定制程度更高的购买体验,切实做到以顾客为中心,从而大大促进销售业绩。①细致观察:通过近距离观察了解顾客的经济能力和年龄特点等方面,大致判断其购买能力和心理特点;②认真倾听:在与顾客交谈过程中,不要盲目打断及插话,认真倾听顾客话语,切实掌握顾客的真实购买需求;③耐心询问与答复:通过友好和善的询问,明确顾客存在的问题,并耐心回答顾客的疑问,利用娴熟的专业知识为其提供正确指导,从而为顺利销售做好铺垫。

三、不同年龄顾客的接待技巧

在药店零售过程中,会遇到各种顾客,不同年龄顾客的消费心理不同,引导方法也不同,见表3-1。

表3-1　不同年龄顾客的引导方法

顾客类型	心理表现	引导方法
青少年	既追求个性化,又存在模仿成年人和从众心理,注重感情和直觉,冲动性购买色彩浓重	充分利用所售药品的直观形象作用向其推荐新颖药品
青年人	购买力强,对医学常识了解较多,追求科学、快捷实用、新颖时尚、彰显成熟,但经常冲动性高于计划性	耐心讲解相关的医学知识,向其推荐新颖、使用科学、满足其需求的药品
中年人	责任心强,是家庭消费的主要决策者,消费时更有理性、有计划、有主见、有求同性	真诚相待,认真、亲切地与其交谈,切勿夸夸其谈,关注其家庭成员,可推荐适合的保健品
老年人	多有眼花、耳聋、活动迟缓、敏感多疑等特点,消费时具有较强的习惯性购买心理,对保健食品比较感兴趣,求方便、安全、实效	提供舒适、方便、安全的购物环境,耐心周到、细致入微地为其服务,为其推荐保健品

 边学边练

练习顾客接待的服务流程,请见实践4"药店顾客接待"。

 点滴积累

1. 药店顾客接待的基本步骤包括迎客准备、初步接触、药品提示、揣摩需要、专业说明、劝说诱导和销售药品。
2. 店员接待顾客的基本能力包括交际能力、表达能力、应变能力和洞察能力。
3. 接待不同年龄的顾客应用不同的接待技巧。

 目标检测

单项选择题(A型题)

1. 2003年"SARS"流行期间,因社会对清热解毒类的中药需求量增加,有的药店私自提高药价,甚至以次充好,对此现象你如何看待(　　　　)

　A. 提高药价是药店个体的事情,他人无权干涉

B. 物以稀为贵,价格提高符合市场经济的原则

C. 药店缺乏人道主义和全心全意为人民服务的道德观,对药店发展不利

D. 药品只要有效就行,质量略微差点没啥影响

E. 药店提高药价增加收益,属于抓住了商业机遇

2. 下列药店店员工作中的做法符合药学服务道德的是(　　)

A. 将顾客与其沟通的隐私内容当作笑料告诉其他店员

B. 为了增加业务提成,主要向顾客推荐价格高的药品

C. 得知顾客仅仅是咨询如何用药而不买药时,态度立即冷淡很多

D. 严格遵守药品管理法律和法规,拒绝调配错误处方

E. 适当夸大药品疗效,吸引顾客购买

3. 下列不属于药学服务道德范畴的是(　　)

A. 良心　　　　　　B. 责任　　　　　　C. 信誉

D. 职业理想　　　　E. 利益

4. 药学服务道德的基本原则有(　　)

A. 保证药品安全有效、实行人道主义、全心全意为人民健康服务

B. 文明服务、礼仪为先

C. 追求药品疗效为先

D. 依法执业、诚信为本

E. 服务大众、造福社会、廉洁奉公

5. 未体现药学服务礼仪的是(　　)

A. 双手递药品给患者　　B. 始终直视患者　　C. 站姿端正自然

D. 向患者问好　　　　　E. 向患者道别

6. 药店服务礼仪是药学技术人员在自己的工作岗位上向服务对象提供的标准的、正确的药学服务行为,下列哪项不是其基本内容(　　)

A. 仪容仪表　　　　B. 服饰　　　　C. 仪态

D. 语言　　　　　　E. 专业知识

7. 两顾客进药店议论:顾客A认为甲药好,顾客B认为乙药好,店员却极力推荐丙药,结果顾客A拉着顾客B就走出了药房,是因为店员(　　)

A. 缺乏认真的倾听　　B. 语言表达有问题　　C. 非语言沟通有问题

D. 交流时间掌握不好　　E. 未关注特殊人群

8. 药店服务人员与顾客的沟通中做法正确的是(　　)

A. 极力向顾客推荐某类药品,突出其作用效果

B. 为使顾客明白向其详细介绍药品专业知识

C. 向顾客介绍药品时语言要通俗易懂,有针对性

D. 与顾客谈论生活琐事,增加亲和力

E. 对脾气急躁的顾客避而远之

9. 对来药店的老年顾客的引导方法正确的是(　　)

A. 充分展示所售药品的直观形象

B. 着重强调药物的疗效

C. 向其推荐快捷实用、新颖时尚的医学新产品

D. 多说一些对顾客的家庭、事业等表示佩服的话

E. 为其提供耐心周到、细致入微、关心呵护的基本服务,语速要慢,声音要响亮

10. 药店店员下列哪项行为不妥(　　　)

A. 工作中认真摆放药品,熟悉药品相关知识

B. 见到顾客时面带微笑,热情接待

C. 工作空闲时玩手机、聊天

D. 顾客付款后双手将药品递给顾客

E. 介绍药品时耐心、突出药品特点

（石少婷　王姗姗）

项目四　问症荐药

学习目标

1. 掌握发热、咳嗽等常见症状的药品推荐和用药指导。
2. 熟悉发热、咳嗽等常见症状的病因、临床表现和用药原则。
3. 了解发热、咳嗽等常见症状的健康教育。
4. 熟练掌握对有发热、咳嗽等常见症状患者的药品推荐技能。

导学情景

情景描述：

张大爷,75岁,长期食欲缺乏,消瘦,腹泻,粪质稀薄而量多,含有较多油脂。到药店询问该选用何种药物进行治疗。

学前导语：

腹泻是消化系统常见的疾病症状,病因有很多,应根据其腹泻的特点及伴随的症状,尽早明确腹泻的病因,根据病因辨证选药。发热、咳嗽、消化不良等也是某些疾病的常见症状,因病因复杂,临床使用的药物品种繁多,患者常需咨询选药。本项目将带领大家根据这些症状的病因和临床表现学会正确选择药物,并做好用药指导和健康教育。

模块一　发　　热

案例分析

案例：

患儿,2岁,体温37.6℃。家长说孩子发热,到药店要求购买解热药。

分析：

发热是人体对致病因子的一种全身性防御反应。体温不太高时(小儿体温低于38.5℃时),不建议使用解热药,最好是多喝开水,应用物理降温,同时密切注意病情变化。当体温超过40℃(小儿超过39℃)则可能引起惊厥、昏迷,甚至严重后遗症,应及时使用解热药降温。

一、发热简介

发热是指机体体温升高,超过正常范围,临床上为测量方便多采用腋窝测体温法,腋窝温度高于37℃,或一日之内体温相差在1℃以上,称为发热。发热最常见的原因是感染,尤其是细菌感染;也可由非感染性因素引起,如变态反应、内分泌与代谢性疾病、体温调节中枢失调等;还可由药物和生理性因素引起。

发热往往伴有其他症状,如感冒及流感引起的发热常伴有头痛、四肢酸痛、咽痛、畏寒、乏力、鼻塞、流涕、打喷嚏或咳嗽等症状;水痘、麻疹引起的发热常伴有皮疹;急性结膜炎、流行性乙型脑膜炎引起的发热常伴有结膜充血;风湿热、风湿病引起的发热常伴有肌痛、关节痛。

 知识链接

发热的临床分度

以腋窝温度为标准,体温37.3~38℃为低热,38.1~39℃为中等度热,39.1~41℃为高热,体温 >41℃为超高热。

二、常用解热药物

发热的治疗原则为对症治疗,主要通过药物使体温降至正常,同时,应积极查找发热原因,去除病因。常用药品有解热镇痛抗炎药,如对乙酰氨基酚、布洛芬、阿司匹林和贝诺酯等。

(一)化学类药品

高热持续惊厥(一次发作持续≥30分钟)或周期性惊厥,需要积极治疗,同时给予地西泮。常用化学类解热药见表4-1。

表4-1 常用化学类解热药

种类	药物	作用与特点
非处方药	对乙酰氨基酚(扑热息痛)	世界卫生组织(WHO)推荐的较为安全的药物,解热作用强,镇痛作用较弱,可作为退热首选药,起效快,作用缓和持久,不良反应少,大剂量对肝脏有损害,可与牛奶、果汁同服
	阿司匹林	解热镇痛作用较强,降低发热者体温,对正常体温几乎无影响
	布洛芬	世界卫生组织(WHO)推荐的较为安全的药物,解热作用与阿司匹林相似但更持久,适用于婴幼儿,针对儿童高热(超过39℃)强效退热
	贝诺酯	本药为对乙酰氨基酚和阿司匹林的酯化物,有解热镇痛抗炎作用,对胃肠道刺激小
处方药	安乃近	6岁以下儿童高热时可用20%安乃近滴鼻液紧急解热,1岁以内每侧鼻孔一次滴1~2滴,1~3岁一次滴3~4滴,4~6岁一次滴4~5滴,一日4~6次,滴后轻揉鼻翼2~3次,但不宜长期应用
	柴胡注射液	常用于治疗感冒、流行性感冒及疟疾等的发热

(二)中成药

1. 清热药 可选用具有清热开窍的药物如安宫牛黄丸、紫雪丹或至宝丹等。安宫牛黄丸适用于高烧不退、神志昏迷患者;紫雪丹适用于伴高热、烦躁、惊厥、手脚抽搐,甚至昏迷的患者;至宝丹适用于昏迷深重伴发热痰盛患者。

2. 其他 感冒发热用药详见感冒用药,如风热感冒可选用感冒清热冲剂、清热解毒口服液、热炎宁颗粒等。

三、常用解热药物的用药指导

1. 重视对因治疗 退热属于对症治疗,病因未明时不宜盲目退热,以免掩盖病情,影响疾病的诊断,最好在医生的指导下,明确诊断,及早治疗原发病。

2. 避免不良反应

(1)多数解热镇痛药(肠溶制剂除外)有明显的胃肠道刺激作用,宜在餐后用药,不宜空腹使用;因酒精也会加重胃肠道黏膜损害,所以使用本类药物时,不宜饮酒或饮用含有酒精的饮料;消化性溃疡患者、上消化道出血或有穿孔病史者禁用。

(2)大多数解热镇痛药之间有交叉过敏反应,如患者对解热药或其中成分有过敏史,不宜再使用其他同类药物;对有特异体质者,使用后可能发生皮疹、血管性水肿、哮喘等反应,应当慎用。

 知识链接

阿司匹林哮喘

无论既往是否有哮喘病史,当口服阿司匹林及其他解热镇痛药(如非那西丁、对乙酰氨基酚、氨基比林、安替比林、安乃近、保泰松、吲哚美辛、布洛芬等)后数分钟内或数小时内出现诱发的哮喘发作,称阿司匹林哮喘。此外,一些复方制剂因含有阿司匹林和氨基比林的成分,服用后也可能引起阿司匹林哮喘。

3. 特殊人群用药注意事项 ①阿司匹林、对乙酰氨基酚有致畸作用,妊娠期妇女禁用;布洛芬用于妊娠晚期可使孕期延长,妊娠期和哺乳期妇女禁用;②病毒感染伴有发热的 16 岁以下青少年及儿童使用阿司匹林退热时,有发生瑞氏综合征的危险,因此禁用阿司匹林,可选用对乙酰氨基酚;③对乙酰氨基酚有一定的肝毒性,不适合 3 岁以下肝功能发育不全的儿童使用,老年人及肝肾功能不全者慎用;④1 岁以下儿童应用解热药应在医师指导下使用。

4. 用法指导 ①解热镇痛抗炎药用于解热一般不超过 3 天,如症状未缓解或消失应及时就医,不得长期服用;②发热持续 3 日不退,或伴随有寒战、胸痛、咳嗽;儿童发热在 39℃以上同时神志不清;严重疼痛、频繁呕吐;长期反复发热或有不明原因的发热时,应去医院就诊;③不宜同时使用两种以上的解热镇痛药,以免引起肝、肾、胃肠道的损伤。常用解热药因生产厂家、剂型及药品活性成分含量不同,应用时用药方法和剂量需严格按照使用说明书使用。

四、发热的健康教育

1. 观察病情 发热不是独立的疾病,常出现于许多疾病的早期,是对致病因子的一种全身性防御反应,发热时人体免疫功能明显增强,体内的吞噬细胞活性增强,抗体产生增多,有利于炎症的修复和病原体的清除,促进疾病的痊愈。体温不太高时(小儿低于 38.5℃时),

建议患者不必用解热药,最好是多喝开水,应用物理降温,同时密切注意病情变化。当体温超过 40℃(小儿超过 39℃)则可能引起惊厥、昏迷,甚至严重后遗症,应及时应用解热药及镇静药。

2. 生活指导 宜注意控制饮食,建议进食营养丰富、易消化的清淡食物,少量多餐;多喝水、果汁,补充高热消耗的大量水分,有利于毒素和代谢产物的排出。发热期间注意多休息,保证充足的睡眠,夏季注意调节室温。

3. 物理降温 经常保持皮肤的清洁,用温热水擦浴,以避免汗腺堵塞,并及时更换衣被,保持干燥;对高热者可用冰袋和凉毛巾冷敷,或用 50% 的乙醇擦拭四肢、胸背、头颈部以帮助退热。

 点滴积累

1. 世界卫生组织(WHO)推荐的两种较为安全的解热药是对乙酰氨基酚和布洛芬。对乙酰氨基酚可作为退热首选药。布洛芬适用于婴幼儿,针对儿童高热(超过 39℃)强效退热。
2. 5 岁以下儿童高热时可用 20% 安乃近滴鼻液紧急退热,但不宜长期应用。
3. 解热镇痛药用于解热一般不超过 3 天,如症状未缓解或消失应及时向医师咨询,不得长期服用。

模块二 咳 嗽

 案例分析

案例:

张某,36 岁,感冒后咳嗽,咽痒,咽喉疼痛,吐少量淡黄色浓痰,自述嗓子一痒就咳,一咳就持续很长时间,严重影响了睡眠。

分析:

咳嗽是人体的一种保护性反射动作,有利于保持呼吸道清洁和通畅。但剧烈、频繁的刺激性干咳可影响休息与睡眠,甚至使病情加重或引起其他并发症,应适当地选用镇咳药。咳嗽的病因不同,表现也不尽相同。临床应用镇咳药要依据咳嗽的病因、表现做到个体化、有针对性用药。

一、咳嗽简介

咳嗽是人体的一种保护性反射动作,是呼吸系统疾病的主要症状,咳嗽时,呼吸道内的异物或痰中的微生物,都会随咳嗽排出,有利于保持呼吸道清洁和通畅。轻度咳嗽有利于痰液或异物排出,一般不必应用镇咳药;剧烈、频繁的刺激性干咳可影响休息与睡眠,甚至使病情加重或引起其他并发症,对治疗不利,此时应适当地选用镇咳药。

咳嗽分为干咳和湿咳。咳嗽无痰或痰量甚少,称为干性咳嗽,简称干咳,常见于急性咽喉炎、急性支气管炎的初期、胸膜炎、轻症肺结核等;咳嗽痰多,称为湿性咳嗽,简称湿咳,常

见于慢性支气管炎、支气管扩张、肺炎等。不同疾病引起的咳嗽特点也不同。

1. 普通感冒 咳嗽多为轻咳、干咳,有时有少量薄白痰。

2. 流行性感冒 咳嗽多为干咳或有少量薄白痰,多伴有背痛、高热、头痛、咽痛。

3. 百日咳 为阵发性剧咳,其特征为:先是阵发性剧烈痉挛性咳嗽,接着伴有一次鸡鸣样吸气吼声。病程长达2~3个月,多发生于儿童。

4. 支气管病变 慢性支气管炎、支气管扩张,多引起连续性咳嗽,咳黄色或淡黄色痰,提示有化脓性感染;支气管扩张常伴有反复咯血;支气管哮喘的患者,除咳嗽外,常伴有呼吸困难。

5. 肺结核 咳嗽常伴有低热、消瘦、胸痛、盗汗、心率加快、食欲减退等症状,少数人有呼吸音减弱,偶可闻及干性或湿性啰音,有黄绿色痰液。

6. 肺炎 所伴随咳嗽常有高热、寒战、胸痛、咳铁锈色痰。

7. 药物的不良反应 有些药物可引起干咳,常见药物有血管紧张素转化酶抑制药(ACEI)、抗心律失常药胺碘酮、抗凝血药肝素和华法林、利尿药氢氯噻嗪、抗感染药物呋喃妥因、抗结核药对氨基水杨酸钠和部分抗肿瘤药。

二、常用镇咳药物

在积极治疗原发病的基础上,临床应用镇咳药要依据咳嗽的病因、性质、咳嗽特点做到有针对性的个体化用药。《国家非处方药目录》中收载的中枢性镇咳药有右美沙芬、喷托维林;外周性镇咳药有苯丙哌林。

(一) 化学类药品

1. 非处方药

(1)依据咳嗽的病因选药:对上呼吸道感染(如感冒和咽炎)、过敏等引起的干咳常选用右美沙芬复方制剂,可选服酚麻美敏片、美酚伪麻片、双分伪麻胶囊、美息伪麻软胶囊、伪麻美沙芬等药品。

(2)依据咳嗽的症状选药:以刺激性干咳或阵咳症状为主者宜口服苯丙哌林。

(3)依据咳嗽的频率或程度选药:剧咳者宜选苯丙哌林,其为非麻醉性强效镇咳药,起效迅速,镇咳效力比可待因强2~4倍;次选右美沙芬,与相同剂量的可待因镇咳效力相同或稍强;咳嗽较弱者选用喷托维林(咳必清),其镇咳作用为可待因的1/3,大剂量可使痉挛的支气管松弛,降低呼吸道阻力。

(4)依据咳嗽的发作时间选药:对白天咳嗽宜选用苯丙哌林;为抑制夜间咳嗽以保证睡眠,宜选用右美沙芬,其镇咳作用显著,大剂量一次30mg时有效时间可长达8~12小时,比相同剂量的可待因作用时间长。

(5)依据咳嗽的伴随症状选药:对喉头发痒、疼痛者在应用镇咳药和抗感染药的同时于睡前服用抗组胺药氯苯那敏。

2. 处方药

(1)频繁、剧烈无痰干咳及刺激性咳嗽患者:可用可待因,其能直接抑制延髓的咳嗽中枢,镇咳作用强大而迅速,其强度约为吗啡的1/4,尤其适用于胸膜炎伴有胸痛的干咳患者。

(2)咳嗽有痰患者:可服用复方甘草片;对呼吸道有大量痰液并阻塞呼吸道,引起气急、窒息者,可及时应用司坦类黏液调节剂如羧甲司坦或祛痰剂如盐酸氨溴索,以降低痰液黏度,使痰液易于咳出。

（3）合并气管炎、支气管炎、肺炎和支气管哮喘患者：在应用镇咳药的同时，宜注意控制感染，凭医师处方或遵医嘱选用抗感染药，如头孢菌素、大环内酯类抗生素、磺胺类或氟喹诺酮类，消除炎症。

 知识链接

复方甘草片与成瘾性

　　某些药物被人们反复应用后，使用者对这些药物产生一种强烈的继续使用的欲望，以便从中获得满足感或避免断药引起的不适感，药物的这种特性为药物依赖性，又称成瘾性。复方甘草片主要成分含有阿片，久服可能引起依赖性，故不宜长期服用。一般连续服用5天，咳嗽的症状减轻即可停药。

（二）中成药

　　按中医理论，咳嗽一般可分为热咳和寒咳。选用中药止咳糖浆时，因药性不同，有寒、热、温、凉之分，须对症服用。

　　1. 风寒咳嗽　有咳嗽、咽痒、咳白色清痰、遇寒时加重、舌苔白者，宜选用通宣理肺丸、杏苏止咳糖浆等。

　　2. 风热咳嗽　有口干咽痛、痰稠、痰黄及舌苔黄者等"燥热"征象者，宜选用蛇胆川贝枇杷膏、橘红片、复方鲜竹沥液、小儿清肺化痰颗粒或急支糖浆等。蛇胆川贝枇杷膏和复方鲜竹沥液药性偏寒，适用于燥咳及痰黄带血者，风寒咳嗽不宜服用。

　　3. 伤风咳嗽　百日咳糖浆药性偏温，可用于伤风感冒引起的咳嗽；伤风止咳糖浆以止咳为主，兼顾化痰，并有镇静作用，适用于夜间咳嗽多痰、影响睡眠及由于过敏引起的支气管炎等，小儿要掌握好剂量。

　　4. 阴虚燥热咳嗽　宜选用养阴清肺膏等，适用于阴虚肺燥，咽喉干痛，干咳少痰者。

　　5. 急性支气管炎、慢性支气管炎急性发作咳嗽　宜选用有较强抗菌消炎、止咳化痰、抗病毒作用的急支糖浆或具有抗菌消炎作用的消炎片等，也可选具有养阴敛肺、止咳祛痰作用的强力枇杷露等。

三、常用镇咳药物的用药指导

　　1. 合理选择药物　①干咳可单用镇咳药，对痰液较多的咳嗽应以祛痰为主，与祛痰剂合用；②支气管哮喘时，因呼气阻力增加使肺膨胀、肺牵张感受器接受刺激增强，反射性引起的咳嗽，会因支气管阻塞而使排痰更加困难，此时宜适当合用平喘药，缓解支气管痉挛，并辅助镇咳和祛痰药；③药物不良反应引起的干咳，使用镇咳药镇咳效果不明显，宜及时停用药物或更换药物。

　　2. 一般人群用药注意事项　①对痰液特别多的湿性咳嗽，如肺脓肿，应慎重给药，以免痰液排出受阻而滞留于呼吸道内或加重感染；②苯丙哌林对口腔黏膜有局麻作用，产生麻木感觉，需整片吞服，不可嚼碎；③对反复或持续1周以上伴有发热、皮疹、哮喘及肺气肿体征的持续性咳嗽，应及时去医院明确诊断，镇咳药连续口服1周，症状未缓解或消失应及时就医。

　　3. 特殊人群用药注意事项　①右美沙芬、喷托维林可引起头晕、头痛、嗜睡等，服药期间不得驾驶机、车、船，从事高空作业、机械作业及操作精密仪器；②妊娠3个月内妊娠期妇女、有精神病史者、哺乳期妇女及服用单胺氧化酶抑制药停药不满两周的患者禁用右美沙芬;哮喘患者、痰多患者、肝肾功能不全患者慎用右美沙芬;右美沙芬糖浆剂型含蔗糖,糖尿病患者慎用;③喷托维林具有阿托品样作用,闭角型青光眼患者禁用,妊娠期和哺乳期妇女慎用;喷托维林可造成儿童呼吸抑制,5 岁以下儿童不宜应用;④可待因仅限用于 1 岁以上患者,痰多时禁用,分娩期和哺乳期妇女慎用。

四、咳嗽的健康教育

1. 避免诱发咳嗽的因素　注意休息、保暖,戒除烟酒,忌食刺激性或辛辣食物。合理选用镇咳药和抗生素,镇咳药和抗生素用药不当或过度用药是感冒后咳嗽迁延不愈最常见的原因,需及时停药或换药。

2. 早期鉴别诊断　对家族有哮喘及其他过敏性病史的患者,咳嗽应格外注意,宜及早就医诊治,明确诊断,积极治疗,阻止发展成哮喘病。顽固性咳嗽常常是早期哮喘的一种表现形式,可能发展为典型的支气管哮喘,故应及早诊断并进行治疗。

3. 特别提醒　小儿突然发生的剧烈咳嗽,伴呼吸困难,可能是呼吸道吸入了异物,需及时就医。

点滴积累

1. 剧咳、刺激性干咳、阵咳症状为主者宜选用苯丙哌林。
2. 夜间咳嗽宜选用右美沙芬,白天咳嗽宜选用苯丙哌林。
3. 对感冒所伴随的咳嗽常选用右美沙芬复方制剂。
4. 频繁、剧烈无痰干咳、胸膜炎伴有胸痛的干咳患者宜选用可待因。

模块三　消化不良

案例分析

案例:
患儿,2 岁,食欲缺乏,腹胀,腹泻,绿便。其母到药店为其购药。

分析:
儿童因消化器官发育不完善,消化液分泌不充足,胃内酶的功能还未完善,加之喂养方式不当,小儿饮食失调、滥用抗生素、机体抵抗力降低等都会造成消化不良,该患儿应在进一步明确病因后选药。

一、消化不良简介

消化不良是指由于胃肠蠕动减弱,食物在胃内停留时间过长等原因引起的胃部不适的总称。

消化不良可偶发,也可继发于多种全身性疾病,主要原因有:①偶发的消化不良:与暴饮暴食,烟、酒、咖啡、浓茶和高脂饮食有关;②慢性持续性消化不良:与慢性胃炎、消化性溃疡、慢性胆囊炎和胰腺炎等有关;③药物影响:如阿司匹林、红霉素等;④与精神、应激及环境因素有关,尤其是紧张、抑郁等也可影响消化功能;⑤胃动力不足:老年人由于胃肠动力降低,食物在胃内停留时间过长,胃内容物排空的速度缓慢,易发生功能性消化不良;⑥儿童因消化器官发育还不完善,消化液分泌不充足,胃内酶的功能还未完善,胃及肠道内黏膜柔嫩,消化功能还比较弱,加之喂养方式不当、滥用抗生素、机体抵抗力变低等都会造成消化不良;⑦全身性疾病:如感染、儿童缺乏锌元素、发热、尿毒症、贫血、甲状腺功能减退、恶性肿瘤(尤其在进行化疗、放疗)及慢性肝炎等消耗性疾病也会有消化不良的表现。

 知识链接

消化不良的危害

1. **腹泻** 消化不良导致肠内平衡被打乱,产生腹泻,长期腹泻导致营养不良。

2. **便秘** 吃了太多的食物、生冷刺激的食物,堆积在一起就会导致便秘的问题,尤其是老年人和儿童,便秘又会使毒素堆积,进而危害健康。

3. **腹痛** 肠道蠕动出现异常,胃肠道堆积的东西过多,直接导致呕吐、腹痛、食欲缺乏。

4. **胃癌** 消化不良患者经常伴有失眠、焦虑、抑郁、头痛、注意力不集中等精神症状,与胃癌的发生有一定关系。遇有消化不良伴报警症状(如有吞咽困难、顽固性呕吐、原因不明的体重下降、黑便、贫血、腹部肿块等)时,应作进一步检查,尤其是有肿瘤家族史,年龄在 40 岁以上者。

消化不良常表现为:①上腹痛或不适,餐后加重,或餐后上腹发胀、早饱、恶心、呕吐、食欲不佳等;②上腹正中有反酸或烧灼感,可延伸至咽喉部;③食欲缺乏,对油腻食品尤为反感;④常有饱胀感,打嗝、排气增多,有时可出现轻度腹泻;⑤儿童会出现腹胀、夜卧不宁、口臭、吐奶,大便稀、有酸臭味,并有大量未消化的食物残渣等症状。

二、常用抗消化不良的药物

消化不良的治疗原则为对因治疗,根据病因个体化选药。《国家非处方药目录》收载的助消化药的活性成分和制剂有:干酵母(酵母片)、乳酶生(表飞明)、胰酶(或多酶片)、胃蛋白酶、复合消化酶胶囊、龙胆碳酸氢钠、地衣芽孢杆菌活菌胶囊、复合乳酸菌胶囊、口服双歧杆菌胶囊、双歧杆菌三联活菌胶囊;促胃肠动力药有多潘立酮。

(一) 化学类药品

1. 非处方药

(1) 增进食欲药:对食欲减退者进行药物调理,如口服维生素 B_1、B_6;或口服干酵母片,饭后嚼碎服。

(2) 助消化药:消化不良或增进食欲,可口服多酶片(每片含胰酶 300mg、胃蛋白酶 13mg);对胰腺外分泌功能不足或由于肠胃、肝胆疾病引起的消化酶不足者可选用胰酶肠溶片,餐前整片吞服;偶发消化不良或进食蛋白食物过多者可选乳酶生或餐前服用胃蛋白酶;胃蛋白酶缺乏或消化功能减退引起的消化不良可选用胃蛋白酶,餐前或用餐时服,常与稀盐酸同服。

(3) 促胃肠动力药:对暴饮暴食、老年人因胃肠功能障碍或餐后伴有上腹痛、上腹胀、嗳气、恶心、呕吐者可选用多潘立酮片,餐前 15~30 分钟服用。

（4）微生态制剂:肠道菌群失调者可补充微生态制剂,如双歧杆菌三联活菌胶囊、复方嗜酸乳杆菌片、地衣芽孢杆菌活菌胶囊等。双歧杆菌三联活菌胶囊含有双歧杆菌、乳酸杆菌和肠球菌,可直接补充正常的生理菌群,维持肠道正常菌群的平衡,达到止泻的目的,餐后半小时温水服用,婴幼儿服用时可将胶囊内容物用温开水或温牛奶冲服;复方嗜酸乳杆菌片含嗜酸乳杆菌,在肠内可抑制腐败菌的生长,防止肠内蛋白质的发酵,减少腹胀和止泻;地衣芽孢杆菌活菌胶囊服用后以活菌形式进入肠道,对葡萄球菌、酵母样菌等致病菌有拮抗作用,而对双歧杆菌、乳酸杆菌、拟杆菌、消化链球菌有促进生长作用,从而调整肠道菌群失调。

2. 处方药

（1）精神因素导致的消化不良:应予以解释和安慰,必要时口服地西泮。

（2）功能性消化不良:伴胃灼烧、嗳气、恶心、呕吐、早饱、上腹胀者可选用能增强胃肠道运动,改善消化不良症状的莫沙必利或伊托必利,餐前服用。

（3）胆汁分泌不足或消化酶缺乏引起的消化不良:可服用复方阿嗪米特肠溶片,餐后服用。

（4）慢性胃炎、胃溃疡、十二指肠炎等导致的消化不良:可口服抗酸药、胃黏膜保护药或抗感染药,积极治疗原发病。

（二）中成药

1. 常用积食消化药　①山楂丸:用于肉食引起的积滞,但胃酸多、胃灼热者不宜服用;②保和丸:用于饮食不节导致的胃脘胀满、食欲缺乏、舌苔厚腻;③鸡内金片:脾胃不和造成的食积腹胀、食欲缺乏等;④沉香化滞丸:用于胃脘胀满导致的腹部不适,具有消食、除胀、通便功效,老年体虚或大便溏泻者,应酌情减量;⑤六味安消胶囊:用于胃脘胀痛、大便秘结、食积化热者,该药里含少量大黄,可除胀消食、清热通便。

2. 舒肝片　适用于肝郁气滞、宿食停滞之消化不良,症见情志抑郁、两胁胀痛、饮食无味、呕吐酸水、周身疼痛。

3. 积实导滞丸　消积导滞,清热利湿,用于饮食过度或食物不洁,停滞于胃肠之消化不良,症见脘腹胀满、口中反酸、腹痛泻痢、舌红苔黄腻,体虚者慎用。

4. 午时茶颗粒　解表和中,消积化滞,用于外感风寒、内伤食积之消化不良,症见食欲缺乏、腹胀腹痛、呕吐泄泻、倦怠畏寒,无积滞或属风寒感冒者不宜。

5. 藿香正气水（丸、软胶囊）　解表散寒,化湿和中,用于外感暑湿或寒湿中阻之消化不良,症见胸脘满闷、恶心嗳气、腹胀便溏、头重如裹、肢体困倦、口中黏腻,忌生冷油腻。

6. 消食健胃片　开胃消食,消积,用于不思饮食、脘腹胀满、恶心厌食、消化不良者。

三、常用抗消化不良药物的用药指导

1. 合理选择药物　根据病因个体化选药。器质性消化不良应作进一步检查,明确诊断,积极治疗原发病。根据病情使用抑酸剂和胃黏膜保护剂,有幽门螺杆菌感染者应根除治疗。

2. 用药注意事项　①助消化药多为酶或活菌制剂,宜应用新鲜制品,送服时不宜用热水;②抗感染药可抑制或杀灭助消化药中活菌制剂的活性,使效价降低,吸附剂可吸附药物,降低疗效,合用应间隔 2~3 小时;③酸和碱均可降低助消化药的效价,避免同服酸碱性较强的药物和食物,胃蛋白酶在弱酸性环境（pH 1.5~2.5）中消化力最强;④中成药的消导剂与泻下剂的功用有所不同,应予区别,泻下剂多属攻逐之剂,适用于病势急之实证,而消导剂则多属渐消缓散之剂,适用于病势较缓,病程较长者,其作用虽较缓和,一般不宜久用,一旦消积即应停止用药;⑤干酵母和乳酶生过量可能发生腹泻;⑥胰酶对急性胰腺炎早期患者禁用,对蛋白及制剂过敏者禁用;与阿卡波糖、吡格列酮合用,可降低降糖药的药效;与等量碳酸氢钠同服可增强疗效,也可与西咪替丁合用,后者能抑制胃酸的分泌,增加胃肠的pH,防止胰酶失活,增强其疗效;胰酶所导致的不良反应偶见腹泻、便秘、恶心及皮疹,其在酸性条件下易被破坏,故须用肠溶片餐前整片吞服;⑦婴幼儿不可久用药物,症状缓解后及时停药。

四、消化不良的健康教育

1. 养成良好的生活习惯 ①细嚼慢咽,不暴饮暴食,避免食用不易消化的食物及饮用各种碳酸饮料;②戒烟酒;③避免生冷、刺激性食物及高脂饮食,高脂食物能使胃排空延缓;④避免精神紧张,过度劳累,解除心理压力。

2. 较轻微消化不良的自我调养 可采用腹部轻柔按摩或饭后散步,运动健养。餐后1~2小时参加体育运动或体力劳动,增加身体热量的消耗,尽快消除消化不良现象。

点滴积累

1. 常用助消化药有:多酶片、胰酶肠溶片、胃蛋白酶等。
2. 促胃肠动力药可选用多潘立酮片。
3. 助消化药多为酶或活菌制剂,宜应用新鲜制品,送服时不宜用热水。
4. 使用胰酶与等量碳酸氢钠同服,可防止胰酶失活,增强疗效。
5. 胃蛋白酶在弱酸性环境(pH 1.5~2.5)中消化力最强,可同服稀盐酸。

模块四 荨麻疹

案例分析

案例:

患儿,男,7岁,晨起发现身上有部分小疙瘩,且有扩散趋势,因孩子瘙痒难忍,家长到药店购药。店员小王询问家长后得知,该患儿一个月前曾出现过类似情况,医院确诊为荨麻疹。小王又详细询问了患儿用药史及疗效,建议家长按原先用药方案购药。家长购药后小王又为其作了耐心细致的用药安全、不良反应、禁忌证及一些健康方面的讲解。

分析:

患者到药店选药,对确诊病例要详细询问曾经治疗情况和效果,以作参考用药。选药后,尽可能为患者做一些用药指导及健康教育工作。

一、荨麻疹简介

荨麻疹俗称风疹块,是由于皮肤、黏膜小血管扩张及渗透性增加而出现的一种局限性水肿反应。

荨麻疹的病因复杂,可由接触多种物质引起,包括食物(鱼、虾、蟹、蛋、牛奶、肉类等动物性蛋白质)、药物(阿司匹林、阿托品、青霉素、吗啡、磺胺、血清、疫苗等)、吸入物(花粉、动物皮屑、羽毛、尘螨、某些气体及真菌孢子等)。此外,感染(细菌、真菌、病毒、原虫、寄生虫等感染)、昆虫叮咬(虱、跳蚤叮咬及黄蜂、蜜蜂、毛虫的毒刺刺入皮肤)、物理及化学因素(热、冷、日光和机械性刺激、摩擦压迫和某些化学物质的刺激)、某些疾病(红斑狼疮、淋巴瘤、风湿热、代谢障碍、内分泌及胃肠功能失调等)、遗传因素及精神因素等也可引发。

荨麻疹常突然发病,先感皮肤瘙痒,很快出现大小不等、形态不一、鲜红色或苍白色局限性块状风团。消化道受累可出现恶心、呕吐、腹泻;喉头和支气管受累可发生喉头水肿,出现胸闷、气急、呼吸困难甚至窒息。症状在几天内消退者为急性荨麻疹;若反复发作持续超过2~3周者为慢性荨麻疹。此外,荨麻疹尚有人工荨麻疹(皮肤划痕症)、寒冷性荨麻疹、日光性荨麻疹、虫咬性荨麻疹、胆碱能性荨麻疹、接触性荨麻疹、巨大性荨麻疹(血管性水肿)等类型。

二、常用治疗荨麻疹的药物

急性荨麻疹的发病时间短,治疗较简单,可选择抗过敏药物治疗。慢性荨麻疹比较顽固,易反复发作,治疗一般是以提高患者的自身免疫力为目的,多采用中药进行治疗,尤其是具有清热解毒功效的药物。《国家非处方药目录》收录的抗过敏药活性成分有异丙嗪(非那根)、氯苯那敏(扑尔敏)、盐酸苯海拉明、去氯羟嗪、赛庚啶;过敏介质阻释药有色甘酸钠、富马酸酮替芬等。

（一）化学类药品

1. 非处方药

（1）抗组胺药:为最常用的抗过敏药物,可对抗组胺所致的毛细血管扩张,降低血管通透性,迅速抑制风团的产生,控制症状。可选用第一代抗组胺药异丙嗪、苯海拉明、氯苯那敏、去氯羟嗪、赛庚啶等;也可选用第二代抗组胺药氯雷他定、西替利嗪、依巴斯汀等。

（2）过敏介质阻释药:又称为肥大细胞膜稳定剂,如酮替芬。

（3）降低血管通透性药物:减少渗出,减轻或缓解过敏症状,可选用葡萄糖酸钙片、乳酸钙、维生素 C 等。

（4）局部用药:可选择具有止痒和收敛作用的洗剂,如薄荷酚洗剂、氧化锌洗剂或炉甘石洗剂涂搽。局部外用,用时摇匀,取适量涂于患处。年幼患者或面部应使用 1% 氢化可的松软膏、0.1% 糠酸莫米松软膏等不含氟的外用激素。其余部位可以选用 0.1% 曲安奈德软膏、0.05% 卤米松软膏或 0.1% 哈西奈德软膏等制剂。

2. 处方药

（1）病情严重者:在医师指导下服用第二代抗组胺药,如阿司咪唑、咪唑斯汀或特非那定等。

（2）急性或伴有胃肠道症状者:在医师指导下酌情服用泼尼松等肾上腺糖皮质激素。

（二）中成药

服用湿毒清胶囊或防风通圣丸,对荨麻疹有一定防治作用。

三、常用治疗荨麻疹药物的用药指导

1. 合理选择药物　抗组胺药具有较强的抗组胺和抗其他炎症介质的作用,治疗各型荨麻疹都有较好的效果;严重急性荨麻疹、荨麻疹性血管炎、压力性荨麻疹对抗组胺药无效时可在医生指导下应用糖皮质激素;当慢性荨麻疹患者具有自身免疫基础,病情反复,其他药物疗效不理想时,可应用免疫抑制剂。

2. 用药注意事项　①抗组胺药常见的不良反应有口干、便秘、嗜睡,驾驶员、高空作业人员或机械操作等人员在工作前不得服用此类药物或服用后休息 6 小时以上,避免因昏倦而影响工作;②新生儿、早产儿、妊娠早期和哺乳期妇女禁用,青光眼、前列腺肥大患者以及 6 岁以下儿童慎用;③特非那定和阿司咪唑可能引起严重的心血管系统副作用,甚至威胁患者生命,故应严格掌握剂量,对血钾过低者适当补充钾、镁,肝脏功能缺陷者和心律失常患者慎用;④抗过敏药应用要及时,以较快抑制组胺和一系列反应,对拟进行变应原测试者,应在停药 48~72 小时后进行;⑤有些患者在服用抗过敏药后不但无效,反而有皮疹加剧、喉头黏膜水肿、胸闷、呼吸困难,甚至窒息感等过敏加重的症状,这种情况属于抗过敏药的致敏现象,须立即停止用药,并及时去医院治疗,应用抗过敏药 3 天后不见疗效,应及时去医院诊治;⑥激素类外用软膏涂抹部位如有灼烧感、瘙痒、红肿等,应停止用药,本类药物不宜长期使用,避免全身大面积使用。

四、荨麻疹的健康教育

1. 避免接触致敏原　尽可能地找出发病诱因并将其除去。有荨麻疹病史的人,要注意保持室内外的清洁卫生,家中要少养猫、狗之类的宠物;避免吸入花粉、粉尘等;禁用或禁食某些可能致机体过敏的药物或食物等;对过敏性疾病,最好的办法是脱离过敏原。

2. 尝试脱敏疗法　如遇冷热刺激而复发者,不应过分回避,应该逐步接触,逐渐延长冷热刺激的时间,以求适应。

3. 饮食指导　用药期间宜清淡饮食,禁忌辛辣、腥膻食物,不宜饮酒。

4. 预防感染　切忌搔抓或热水洗烫,以免引起继发感染。

5. 积极治疗原发病　红斑狼疮、内分泌失调及代谢障碍等易引发荨麻疹,应积极治疗原发病,去除病因。

 点滴积累

1. 常用治疗荨麻疹的药物有抗组胺药,如异丙嗪、苯海拉明、氯苯那敏、氯雷他定等及过敏介质阻释药如酮替芬。
2. 抗组胺药对新生儿、早产儿、妊娠早期和哺乳期妇女禁用,6 岁以下儿童不宜服用。
3. 传统抗组胺药常有嗜睡、头晕、口干、消化道反应等副作用。青光眼、前列腺肥大患者慎用。
4. 特非那定、阿司咪唑可能引起严重的心血管系统副作用,应严格掌握剂量,对血钾过低者适当补充钾、镁;肝脏功能缺陷者和心律失常患者慎用。

模块五 腹 泻

案例分析

案例：

患儿，5岁，食欲缺乏，消瘦，腹胀，腹泻，其母到药店为其购药。依据患儿母亲的描述，店员小王判断患儿发病的主要原因是因脾胃虚弱导致长期消化不良，考虑到患儿长期腹泻可能存在肠道菌群失调，遂为其推荐了儿童乐于接受的健胃消食片和双歧杆菌三联活菌胶囊，并为患儿母亲耐心细致地作了用药指导和育儿方面的一些健康教育。

分析：

腹泻的病因有很多，应根据腹泻的特点及伴随的症状，尽早明确腹泻的病因，根据病因辨证选药。

一、腹泻简介

腹泻是指排便在一日内超过3次，粪质稀薄，水分增加，或含未消化食物或脓血、黏液。

知识链接

腹泻的病因及分型

腹泻根据常见病因可分为七种类型：①感染性腹泻：夏季常见，多由细菌（沙门菌属、副溶血弧菌、金黄色葡萄球菌、大肠埃希菌、痢疾杆菌）、真菌（肠念珠菌）、病毒（轮状病毒、柯萨奇病毒）、寄生虫（阿米巴、血吸虫、梨鞭毛虫）感染或集体食物中毒而造成；②炎症性腹泻：由直肠或结肠溃疡、肿瘤或炎症引起；③消化性腹泻：由消化不良、吸收不良或暴饮暴食引起；④激惹性旅行者腹泻：常由外界的各种刺激所致，如受寒、水土不服，过食海鲜、油腻或辛辣食物刺激等；⑤功能性腹泻：多由精神因素引起，如紧张、激动惊吓或结肠过敏等引起；⑥药源性腹泻：泻药如酚酞、番泻叶等；抗高血压药如利血平、胍乙啶等；肝性脑病用药如乳果糖、山梨醇；长期口服广谱抗生素、肾上腺糖皮质激素而致使肠道正常细菌的生长和数量或比例失去平衡导致菌群失调等都可引发腹泻；⑦肠易激综合征：有腹泻、腹痛、排便习惯和大便性状异常，病因尚不明确，多认为与精神、神经因素有关。

腹泻根据病程分为急性腹泻和慢性腹泻，急性腹泻：病程≤2个月，多见于肠道感染、食物中毒、出血性坏死型肠炎、急性局限性肠炎、肠型紫癜等；慢性腹泻：病程≥2个月，起病缓慢，见于阿米巴痢疾、结核、血吸虫病、肿瘤等。根据腹泻特征不同，可分为痢疾样腹泻和水样泻，痢疾样腹泻可有黏膜破坏，排出黏液、脓血性粪便，并伴腹痛、里急后重；水样泻不含红细胞及脓细胞，不伴腹痛和里急后重。

二、常用治疗腹泻的药物

腹泻的治疗原则为对因治疗。应根据腹泻的特点及伴随的症状,尽早明确腹泻的病因,根据病因辨证选药。《国家非处方药目录》收载的止泻药其活性成分和制剂有:药用炭、鞣酸蛋白、盐酸小檗碱(黄连素)、口服补液盐、乳酸菌素、双歧三联活菌制剂、地衣芽孢杆菌活菌制剂、复方嗜酸乳杆菌片、复合乳酸菌胶囊、口服双歧杆菌活菌制剂等。

(一) 化学类药品

1. 非处方药

(1) 感染性腹泻:由痢疾、大肠埃希菌感染的轻度急性腹泻应首选小檗碱(黄连素)口服,或口服药用炭片或鞣酸蛋白,前者吸附肠道内气体、细菌和毒素;后者可减轻炎症,保护肠道黏膜。药用炭,餐前服用;鞣酸蛋白,空腹服用。

(2) 消化性腹泻:因胰腺功能不全引起的消化不良性腹泻,应服用胰酶;摄食脂肪过多者可服用胰酶和碳酸氢钠;摄食蛋白而致消化不良者宜服胃蛋白酶;对同时伴胃肠道胀气者可选用乳酶生餐前服,或二甲硅油,餐前和临睡前服。

(3) 激惹性腹泻:建议采用蒙脱石散,用于成人及儿童急、慢性腹泻,尤其适用于化学刺激引起的腹泻,作用是覆盖消化道,与黏膜蛋白结合后增强黏液屏障,防止酸、病毒、细菌、毒素对消化道黏膜的侵害。激惹性腹泻应注意腹部保暖,控制饮食(少食生冷、油腻、辛辣食物),同时口服乳酶生或微生态制剂,服用时将本品倒入半杯温开水(约50ml)中混匀快速服完,治疗急性腹泻时首次剂量应加倍。

(4) 肠道菌群失调性腹泻:采取补充微生态制剂进行治疗。双歧杆菌可直接补充正常生理性细菌,调节肠道菌群平衡;复方嗜酸乳杆菌片(乳杆菌)含嗜酸乳杆菌,在肠内可抑制腐败菌的生长,防止肠内蛋白质的发酵,减少腹胀和止泻;枯草杆菌制剂(妈咪爱),能吸收氧,支持厌氧菌(类杆菌、乳杆菌)生长,从而间接扶植正常菌菌群,用40℃以下温开水或牛奶冲服,也可直接服用;双歧杆菌三联活菌胶囊(培菲康)含有双歧杆菌、乳酸杆菌和肠球菌,在肠内补充正常的生理细菌,维持肠道正常菌群的平衡,达到止泻的目的,餐后半小时温水服用。

2. 处方药

(1) 感染性腹泻:细菌感染引起的急性腹泻,首选抗感染药物,如复方磺胺甲噁唑、诺氟沙星、左氧氟沙星、氧氟沙星、环丙沙星。

(2) 病毒性腹泻:选用抗病毒药,如阿昔洛韦、泛昔洛韦。

(3) 腹痛较重者或反复呕吐性腹泻:疼痛剧烈时可服山莨菪碱片或口服颠茄浸膏片。

(4) 激惹性腹泻:可口服硝苯地平,可促进肠道吸收水分,抑制胃肠运动和收缩。

(5) 非感染性急慢性腹泻:首选洛哌丁胺,其为抗动力药,可缓解急性腹泻症状,抑制肠蠕动,延长肠内容物的滞留时间,减少排便次数,增加大便的稠度,止泻强而持久,也可选用地芬诺酯。

(二) 中成药

引起腹泻的原因较多,有虚寒泻、湿热泻、伤食泻、脾虚泻、脾肾虚寒泻,在应用中成药治疗腹泻时应注意辨证施治。

1. 虚寒泻 大便腥稀,腹部隐痛,肠鸣音重,呕吐,头晕,胸闷,喜食热饮,舌苔白腻。可内服附子理中丸或用暖脐膏外敷肚脐。

2. 湿热泻　大便腥臭,肛门灼热有里急后重感,身热口渴伴腹痛,舌红苔黄腻。可服用加味香莲丸,胃肠宁冲剂。

3. 伤食泻　伤食泻多因暴饮暴食引起,表现为黏便恶臭,腹痛呕吐,泻后疼痛减轻,嗳气不食,舌苔垢浊。可服用木香槟榔丸、加味保和丸。

4. 脾虚泻　大便清稀,腹泻时好时坏,乏力,面色萎黄,食欲缺乏,舌淡苔滑。可服用参苓白术散、补中益气丸、健脾丸、四味脾胃舒颗粒、健胃消食片等。

5. 脾肾虚寒泻　天亮即腹痛难忍,急想大便,泻后则安,又叫鸡鸣或五更泻,常感腹部发凉,发胀,食欲不好,面色发黄,腰酸,舌淡苔白。服四神丸可以温补脾肾,固肠止泻。

三、常用治疗腹泻药物的用药指导

1. 用药注意事项　①腹泻除细菌感染外,均不需要使用抗感染治疗;②腹泻常可致钾离子的过量丢失,应及时补充水和电解质,可口服补液盐(ORS);③应用中成药治疗腹泻,应注意辨证施治,如果自己不能辨证时,应先向医师咨询;④对消化和吸收不良综合征的患者,因胰腺功能不全引起的消化不良性腹泻,应用胰酶替代疗法。

2. 用法指导　①盐酸小檗碱(黄连素)不宜与含鞣质的中药合用,由于鞣质是生物碱沉淀剂,两者结合,生成难溶性鞣酸盐沉淀,降低疗效;②微生态制剂主要用于肠道菌群失调引起的腹泻,或由寒冷和各种刺激所致的激惹性腹泻;此外,在应用抗感染药和抗病毒药后期,可辅助给予,以帮助恢复菌群的平衡;微生态制剂多为活菌制剂,不宜与抗生素、药用炭、黄连素和鞣酸蛋白同时应用,以避免效价的降低,如需合用,应间隔3小时以上;③药用炭可影响儿童的营养吸收,禁止长期用于3岁以下儿童;不宜与维生素、抗感染药、洋地黄、生物碱类、乳酶生及其他消化酶类等药物合用,以免被吸附而影响疗效;④洛哌丁胺禁用于伴有高热和脓血便的急性菌痢、广谱抗生素引起的假膜性肠炎患者及2岁以下儿童;对急性腹泻者用药过程中出现便秘或48小时仍无效者,应及时停用;肝功能障碍者、妊娠期妇女慎用,哺乳期妇女尽量避免使用;对于伴有肠道感染的腹泻,必须同时应用有效的抗生素治疗。

四、腹泻的健康教育

1. 重在预防　①要养成良好的饮食卫生习惯,饭前便后洗手;不吃腐败和不新鲜的食物;忌烟酒、辛辣食品、牛奶和乳制品;以富含维生素、微量元素丰富食物为主;避免环境应激引起的胃肠道症状,不暴饮暴食,进食清淡易消化食物;②避免肠道感染诱发或加重腹泻;③注意保暖,避免受凉;④平时应加强户外活动,提高对自然环境的适应能力及自身应变能力;儿童加强体格锻炼,增强体质,提高机体抵抗力;日常生活中避免不良刺激导致儿童腹泻,如过度疲劳、惊吓或精神过度紧张等;⑤预防性应用肠道益生菌制剂,以双歧杆菌为主的益生菌具有抑制有害菌生长,调节免疫、抗菌、消炎、助消化等特殊功能,对维持肠道正常生理功能,减少复发具有重要意义。

2. 养成良好习惯　保证睡眠质量,必要时药物干预。

3. 保持心理健康　保持健康情绪,解除心理负担,缓解焦虑。

点滴积累

治疗腹泻的非处方药:
1. 感染性腹泻 首选小檗碱(黄连素),也可服用药用炭片或鞣酸蛋白片。
2. 消化性腹泻 可选用胰酶、胃蛋白酶、乳酶生片、二甲硅油片等。
3. 激惹性腹泻 可选用双八面体蒙脱石,同时口服乳酶生或微生态制剂。
4. 肠道菌群失调性腹泻 可补充微生态制剂。

模块六 便 秘

一、便秘简介

 案例分析

案例:

王某,53岁,患糖尿病、高血压、多发性脑梗阻多年。一日突感头晕恶心,浑身大汗,遂服用了速效救心丸、阿司匹林肠溶片、麝香保心丸、抗高血压药等药,症状有所缓解。第二天早上发现其坐在马桶上已经失去意识,最后经医院抢救无效死亡。据现场观察,马桶中有较粗硬大便,没有被泡散,大便上有油脂飘出。病历显示,此患者系因便秘排便时用力过大,血压升高,诱发脑血管意外死亡。

分析:

便秘在人群中的患病率比较高,随着便秘的危害逐步被人们所认识,治疗的积极性普遍提高。由于引起便秘的原因很多,中西医分型又有所不同,根据病因、分型选药有一定难度,顾客常需咨询选药。对此,药店店员应具备一定的辨证选药能力,以便为顾客做好用药推荐和用药指导。

便秘是指排便次数减少,每周少于2~3次,无规律,同时伴有粪便干结、排便费力等。便秘在人群中的患病比较高,女性多于男性,老年多于青壮年。便秘可分为急性和慢性,如超过6个月即为慢性便秘。便秘可以单独存在,也可以是其他疾病连带的并发症。长期便秘的危害很大,当伴有便血、贫血、消瘦、发热、黑便、腹痛等报警征象或有肿瘤家族史时应马上到医院就诊,作进一步检查。

 知识链接

便秘的危害

1. **影响美容** 粪块长时间滞留肠道,异常发酵,腐败后可产生大量有害的毒素,易生痤疮、面部色素沉着、皮疹等。
2. **导致肥胖** 腹部脂肪增多,形成梨形身材。
3. **产生体臭** 引起口臭和体臭。

4. 引发痛经　慢性便秘患者由于长期盆腔肌肉刺激,常可引发痛经。

5. 并发疾病　可并发肛肠疾病,如痔疮、肛裂、直肠脱垂和结肠憩室。

6. 诱发癌症　有害毒素持续刺激肠黏膜,易导致大肠癌。

7. 造成猝死　特别是高血压、冠心病等心血管疾病患者,严重便秘时因过分用力排便,冠状动脉和脑血流受压改变,可引起昏厥;冠状动脉供血不足者甚至可能发生心绞痛、心肌梗死;高血压者还可引起脑血管意外甚至发生猝死。

便秘根据其发病原因和性质可分为功能性便秘、痉挛性便秘、低张力性便秘和药源性便秘四型。

1. 功能性便秘　进食量少或食物缺乏纤维素或水分不足,对结肠运动的刺激减少;或因工作紧张、生活节奏过快、工作性质和时间变化、精神因素等干扰了正常的排便习惯。

2. 痉挛性便秘　常见于肠易激综合征,结肠运动功能紊乱,或由结肠及乙状结肠痉挛引起,除便秘外同时具有腹痛或腹胀,部分患者可表现为便秘与腹泻交替。

3. 低张力性便秘　老年人、妊娠期妇女、体弱或活动过少,腹肌及盆腔肌张力不足,排便推动力不足,难于将粪便排出体外。

4. 药源性便秘　如服用硝苯地平、维拉帕米、氢氯噻嗪等抗高血压药,布洛芬、萘普生等解热镇痛药可能抑制黏液分泌,使肠道变干,引起便秘;含铝、钙、铁等的制剂也可导致便秘;镇咳药(主要指阿片类药物)如可待因、复方甘草片等,以及氯丙嗪、地西泮、艾司唑仑等镇静催眠药可能抑制肠神经及排便中枢,影响排便反射,减弱便意,引起便秘;如果长期滥用泻药,将引起肠道的敏感性降低或形成药物依赖,也可造成便秘。

二、常用治疗便秘的药物

便秘形成原因很多,短期使用药物虽可一时解决便秘症状,但并不能完全根治,需根据便秘轻重、病因和类型,综合治疗。缓泻药是一类能促进排便反射或使排便顺畅的药物,用以改善和治疗便秘。按其作用机制,可分为容积性泻药、刺激性泻药、润滑性泻药和膨胀性泻药。《国家非处方药目录》中收录的缓泻药的活性成分有乳果糖、比沙可啶、甘油、硫酸镁、大黄、山梨醇;制剂有聚乙二醇粉、开塞露、羧甲基纤维素钠颗粒、车前番泻颗粒。缓泻药的分类、作用机制及代表药物见表4-2。

表4-2　缓泻药的分类、作用机制及代表药物

分类	作用机制	代表药物
刺激性泻药	药物本身或其代谢产物刺激肠壁感受器,使肠道蠕动增加,促进排便	酚酞、比沙可啶
容积性泻药	不被肠壁吸收,在肠内形成高渗液,吸收水分并阻止肠道吸收水分,使肠内容物增大容积,从而刺激肠壁引起蠕动而排便	硫酸镁、乳果糖、聚乙二醇
润滑性泻药	滑润肠道,软化大便,使粪便易于排出	甘油、开塞露
膨胀性泻药	有吸水性,在肠内吸收水膨胀形成胶体,使大肠内容物变软、富含水分而体积增大,刺激肠壁,反射性地增加肠蠕动而排便	羧甲纤维素钠、车前番泻颗粒

（一）化学类药品

常用治疗便秘的化学类药品见表 4-3。

表 4-3　常用治疗便秘的化学类药品

种类	药物	适应证
非处方药	乳果糖口服溶液	慢性功能性便秘
	比沙可啶	急、慢性或习惯性便秘
	甘油栓 / 开塞露	低张力性便秘，尤适用于老、幼、体弱者
	硫酸镁口服液	急性便秘
	复方聚乙二醇 4000 口服溶液用粉 / 羧甲纤维素钠颗粒	痉挛性便秘
处方药	酚酞片	适用于习惯性便秘
	欧车前亲水胶	适用于功能性便秘、肠易激综合征
	莫沙必利	因胃肠动力缺乏引起的便秘
	伊托必利	因胃肠动力缺乏引起的便秘

（二）中成药

中医将便秘分为五种类型，选用中成药治疗便秘必须辨证施治。

1. 热秘　好发于素体阳盛、嗜酒、喜食辛辣或热病之后的人，表现为大便干结、腹中胀满、按之疼痛、口干口臭、身热面赤、口舌生疮、舌质红、苔黄、脉滑数。治疗热秘宜清热泻腑通便，可选用牛黄上清丸。

2. 燥秘　表现为大便秘结、干结如羊粪，患者兼有口舌干燥或胸痛、舌焦苔黑、脉细数。治燥秘宜润肠通便，可选用麻子仁丸、五仁润肠丸、麻仁润肠丸。

3. 气秘　多发于忧愁、思虑过度、情志不畅或久坐不动的人，表现为大便秘结、欲便不能、嗳气、胁腹痞满、胀痛、舌质薄腻、脉象弦。治气秘宜疏肝理气通便，可选用木香顺气丸。

4. 冷秘（寒秘）　多发于年老体衰、久病者，表现为大便艰涩、排出困难、腹中冷痛、四肢不温、小便清长、面色白、舌质淡、苔薄、脉沉迟。治冷秘宜散寒止痛通便，可选用半硫丸。

5. 虚秘　好发于劳倦过度、年高津衰或病后、产后及失血伤津过多者，表现为虽有便意，但每于临厕而努挣乏力，挣而汗出气短，面色白，便后乏力，舌质淡嫩、苔薄、脉虚。有的患者还会有肛门坠迫，甚至脱肛等现象。虚秘可分气虚便秘、血虚便秘、阴虚便秘三种，治疗气虚便秘宜补气健脾，可选用补中益气丸；治疗血虚便秘宜养血润燥，可选用润肠丸；治疗阴虚便秘宜滋阴补肾，可选用六味地黄丸，或口服苁蓉通便口服液，睡前或清晨服用。

三、常用治疗便秘药物的用药指导

1. 合理选择药物　对长期慢性便秘者，不宜长期大量使用刺激性泻药，会严重削弱正常的肠道功能，造成对缓泻药的依赖或引起结肠痉挛性便秘；对结肠低张力所致的便秘，于睡前服用刺激性泻药，以达次日清晨排便；对结肠痉挛所致的便秘，可用膨胀性或润滑性泻药，服用后注意多饮水，并增加食物中纤维的数量。

2. 正确使用药物　乳果糖含有可吸收的糖，糖尿病、乳酸血症患者禁用，妊娠期妇女，在调整饮食和生活习惯后仍不能解除便秘时，可用中等剂量乳果糖；比沙可啶有较强刺激性,应避免吸入或与眼睛、皮肤黏膜接触,口服时不得嚼碎,服药前后 2 小时不要喝牛奶、口服抗酸药或刺激性药;硫酸镁宜在清晨空腹服用,并大量饮水,以加速导泻和防止脱水,但在排便反射减弱引起腹胀时,应禁用硫酸镁导泻,以免突然增加肠内容物而不能引起排便;酚酞可使尿色变成红色或橘红色,幼儿慎用,婴儿禁用。一般缓泻药可在睡前给药,外用药物甘油栓,每晚 1 枚,插入肛门内即可,使用时将容器顶端剪开成钝口,涂上少许油脂,徐徐插入肛门,再将药液挤入直肠内。

3. 用药注意事项　①口服缓泻药连续使用不宜超过 7 天,便秘缓解,应立即停药;伴有胃痛、恶心、呕吐或胃肠综合征时,应及时就诊,使用缓泻药可能会导致上述症状加重;②年老体弱多病的慢性便秘者,需长期规律应用泻药,以维持正常排便,预防粪便嵌塞,但应慎用硫酸镁;③儿童便秘并致肛裂、肛周痉挛时,应在经验丰富的儿科医生指导下应用泻药,并建立规律的排便习惯,但不宜应用缓泻药,因可造成缓泻药依赖性便秘;发生粪便嵌塞的儿童,可服聚乙二醇以软化、清除粪便,直肠给药可能更有效;④便秘如有以下表现应立即就医:便秘严重、症状持续 3 周以上,便秘与腹泻交替出现,伴有腹痛、血便、黑便或原因不明的体重减轻等;⑤伴有阑尾炎、肠梗阻、不明原因的腹痛、腹胀者以及妊娠早期、哺乳期妇女禁用缓泻药。

四、便秘的健康教育

1. 养成每天定时排便的习惯,逐步恢复或重新建立排便反射。

2. 对于易受精神因素、生活规律改变、长途旅行等未能及时排便的影响而引起便秘者,应尽量避免排便习惯受到干扰。

3. 建议患者每天大量饮用白开水,多吃富含纤维素的蔬菜,多食香蕉、梨、西瓜等水果,以增加大便的体积,尽量少用或不用缓泻药。

4. 合理安排生活和工作,做到劳逸结合。适当的文体活动,特别是腹肌的锻炼有利于胃肠功能的改善,对于久坐少动和精神高度集中的脑力劳动者更为重要。

 点滴积累

1. 常用缓泻药的分类包括容积性泻药、刺激性泻药、润滑性泻药、膨胀性泻药。

2. 口服缓泻药一旦便秘缓解,就应停用。缓泻药连续使用不宜超过 7 天。

3. 缓泻药对伴有阑尾炎、肠梗阻、不明原因的腹痛、腹胀者以及妊娠早期、哺乳期妇女禁用。

 目标检测

一、单项选择题(A 型题)

1. 下列药物中,属于处方类解热镇痛药的是(　　　)
   A. 阿司匹林　　　　　　　B. 布洛芬　　　　　　　　C. 安乃近
   D. 贝诺酯　　　　　　　　E. 对乙酰氨基酚

2. 治疗发热适宜选用的非处方药是(　　　)
   A. 对乙酰氨基酚合用谷维素　　　　　B. 对乙酰氨基酚或阿司匹林
   C. 对乙酰氨基酚合用布洛芬　　　　　D. 对乙酰氨基酚合用阿司匹林

E. 对乙酰氨基酚合用颠茄浸膏片

3. 下列治疗咳嗽的药物中,属于镇咳的处方药的是(　　)

    A. 可待因　　　　　　　　B. 氨溴索　　　　　　　　C. 苯丙哌林

    D. 右美沙芬　　　　　　　E. 羧甲司坦

4. 具有成瘾性的镇咳药是(　　)

    A. 可待因　　　　　　　　B. 喷托维林　　　　　　　C. 苯丙哌林

    D. 右美沙芬　　　　　　　E. 羧甲司坦

5. 具有局麻作用,需整片吞服,不可嚼碎的镇咳药是(　　)

    A. 可待因　　　　　　　　B. 喷托维林　　　　　　　C. 苯丙哌林

    D. 右美沙芬　　　　　　　E. 羧甲司坦

6. 可使痉挛的支气管松弛的镇咳药是(　　)

    A. 可待因　　　　　　　　B. 喷托维林　　　　　　　C. 苯丙哌林

    D. 右美沙芬　　　　　　　E. 羧甲司坦

7. 胸膜炎伴有胸痛的干咳患者宜选用(　　)

    A. 可待因　　　　　　　　B. 喷托维林　　　　　　　C. 苯丙哌林

    D. 右美沙芬　　　　　　　E. 羧甲司坦

8. 以下"助消化药用药指导"中,叙述不正确的是(　　)

    A. 不宜用热水送服　　　　　　　　　　B. 胰酶不宜与碳酸氢钠同服

    C. 干酵母服用过量可能发生腹泻　　　　D. 胃蛋白酶不宜与碳酸氢钠同服

    E. 不宜与抗感染药物、吸附剂同时服用

9. 双歧杆菌三联活菌胶囊治疗腹泻的主要机制是(　　)

    A. 补充正常的细菌　　　　B. 减少腹胀和腹泻　　　　C. 防止蛋白质发酵

    D. 抑制肠内腐败菌生长　　E. 维持肠道正常菌群的平衡

10. 属于处方药的抗组胺药是(　　)

    A. 阿司咪唑　　　　　　　B. 异丙嗪　　　　　　　　C. 苯海拉明

    D. 氯苯那敏　　　　　　　E. 氯雷他定

11. 可使尿色变成红色或橘红色的缓泻药是(　　)

    A. 硫酸镁　　　　　　　　B. 甘油栓　　　　　　　　C. 酚酞

    D. 乳果糖　　　　　　　　E. 比沙可啶

二、配伍选择题(B 型题)

    A. 不宜超过 1 日　　　　　B. 不宜超过 2 日　　　　　C. 不宜超过 3 日

    D. 不宜超过 5 日　　　　　E. 不宜超过 7 日

1. 解热镇痛药退热自我药疗的疗程(　　)

2. 镇咳药治疗咳嗽自我药疗的疗程(　　)

3. 抗过敏药自我药疗的疗程(　　)

4. 缓泻药自我药疗的疗程(　　)

    A. 硫酸镁　　　　　　　　B. 甘油栓　　　　　　　　C. 乳果糖

    D. 聚乙二醇　　　　　　　E. 比沙可啶

5. 急性便秘患者可使用(　　)

6. 痉挛性便秘患者可选用(　　)

7. 功能性便秘患者可选用（　　　）

    A. 洛哌丁胺　　　　　　　B. 硝苯地平　　　　　　　C. 阿昔洛韦

    D. 山莨菪碱片　　　　　　E. 氧氟沙星

8. 治疗激惹性腹泻选用（　　　）

9. 治疗病毒性腹泻可选用（　　　）

（苏　永）

项目五 问 病 荐 药

学习目标

1. 掌握感冒、痛经等常见疾病的药品推荐和用药指导。
2. 熟悉感冒、痛经等常见疾病的病因、临床表现和用药原则。
3. 了解感冒、痛经等常见疾病的健康教育。
4. 熟练掌握对有感冒、口腔溃疡等常见疾病患者的药品推荐技能。

导学情景

情景描述：

一位 15 岁的女孩因月经期剧烈腹痛到药店购买止痛药。店员小王仔细询问后得知,女孩素患痛经,本次月经来潮前因贪食冷饮,导致腹痛加剧,同时伴有呕吐和出虚汗症状。小王为女孩推荐使用氢溴酸山莨菪碱片,并详细交代了用法、用量及月经期间需要注意的事项。

学前导语：

痛经同感冒、口腔溃疡、晕动病、手足癣一样,都是临床常见疾病。其中有些疾病常反复发作,也有的迁延不愈,严重影响患者正常生活和工作。本项目将带领大家学习常见疾病的药品推荐、用药指导和健康教育。

模块一 感 冒

案例分析

案例：

小张最近升任销售部经理,精神压力很大,昨天出差回来感冒,表现为咳嗽、流清涕、鼻塞严重、晨起头痛,测得体温 38.6℃,身体乏力,提不起精神。了解到小张还要带病坚持工作后,店员小王向其推荐了美息伪麻片,并详细讲解了其白片和黑片的不同作用、用法和注意事项,最后建议小张解除精神压力,注意休息,增加饮水量。

分析：

过度疲劳和生活规律紊乱等,可使全身或呼吸道局部防御功能降低,使原存的病毒大量繁殖引发感冒。药物治疗多采用复方制剂,解除感冒引起的头痛、发热等症状,以减轻患者痛苦、缩短病程并预防并发症。同时注意休息和多饮水,促进感冒康复。

一、感冒简介

感冒是由呼吸道病毒引起的上呼吸道（主要是鼻、咽部）感染性疾病。分为普通感冒（感冒）和流行性感冒（流感）两种类型。普通感冒最为常见，发病率高，影响人群面广、量大，虽有自限性，但常常伴有并发症，如细菌感染。流行性感冒，是由流感病毒引起的急性呼吸道传染病，发病有季节性，北方常在冬季，南方多在冬春两季，主要通过飞沫传播。中医一般将感冒分为风寒型、风热型、外寒内热型和暑湿型四种类型，见表5-1。

表5-1 中医感冒分型

分型	常见症状	特点
风寒型感冒	畏寒、低热、鼻塞、流清涕、打喷嚏、咳嗽、吐稀白痰、头痛、肌肉疼痛、无汗、咽喉红肿疼痛等	多发于冬春季
风热型感冒	高热不退、头胀痛、面红目赤、咽喉肿痛、鼻流黄涕、咳嗽、痰黏或黄稠、口渴喜饮等	四时都可发生
外寒内热型感冒	发热、面红、流清涕、大便干燥、咽喉红肿疼痛等	多发于冬季
暑湿型感冒（胃肠型感冒）	发热、汗出不畅、头昏脑涨、身重倦怠、恶心、呕吐、腹泻、腹痛等	多发于夏天暑热季节

由于病毒变异性大，传播性强，极易引起暴发和流行。儿童、老年人、营养不良、免疫功能低下者为易感人群。感冒时，表现为头痛、四肢痛、乏力、全身酸痛、食欲缺乏和发热（一般不超过39℃）等全身症状，常伴有鼻咽部和下呼吸道等局部症状。初起时主要表现为鼻部症状，如鼻塞、喷嚏、流清水样鼻涕，也有咽干、咽喉肿痛等；进展期主要表现为下呼吸道症状，如声音嘶哑、咳嗽、胸痛等。

二、常用治疗感冒的药物

（一）化学类药品

感冒用药主要是针对感冒引起的头痛、发热等症状对症治疗，以减轻患者痛苦、缩短病程并预防并发症。由于感冒症状复杂多样，采用单一用药不可能缓解所有症状，一般多采用复方制剂，主要包括解热镇痛药、减轻鼻黏膜充血药、镇咳药和抗组胺药这四种成分。此外，有些复方制剂含有中枢兴奋药、菠萝蛋白酶、人工牛黄或葡萄糖酸锌。

1. 非处方药

（1）解热镇痛药：主要有阿司匹林、布洛芬和对乙酰氨基酚（扑热息痛）等，可迅速缓解感冒引起的发热、头痛、关节痛、全身肌肉酸痛等症状。

（2）减轻鼻黏膜充血药：主要有伪麻黄碱、麻黄碱等，可减轻鼻窦、鼻腔黏膜血管充血、缓解鼻塞症状。

（3）抗组胺药：主要有氯雷他定、苯海拉明、氯苯那敏（扑尔敏）等，可缓解打喷嚏、流鼻涕、流眼泪等卡他症状。

（4）镇咳药：主要有右美沙芬，可缓解咳嗽症状。

（5）菠萝蛋白酶：能够改善局部体液循环，具有抗炎、消除水肿的作用。

（6）其他：人工牛黄，有解热、镇静及协同解热镇痛药等作用。葡萄糖酸锌，可提高机体抗病毒的能力。

2. 处方药

（1）抗病毒药：常用的有利巴韦林和金刚烷胺，后者常为复方制剂中的成分之一。如暴发流感应及时使用抗病毒药如干扰素、奥司他韦和免疫增强剂胸腺肽等。

（2）中枢兴奋药：常用的有咖啡因，可加强解热镇痛药的疗效和抵消抗组胺药引起的嗜睡作用。

（3）如伴发细菌感染引起咳嗽、高热时应及时加用抗微生物药和镇咳祛痰药。

常用感冒药物复方制剂见表5-2。

表5-2　常用感冒药物复方制剂

通用名	商品名	所含组分			
		对乙酰胺基酚	伪麻黄碱	氯苯那敏	其他组分
氨咖黄敏胶囊	新速效伤风胶囊	+	/	+	盐酸金刚烷胺、人工牛黄、咖啡因
复方酚咖伪麻胶囊	力克舒	+	+	/	菠萝蛋白酶（消炎酶）、咖啡因
酚麻美敏片	泰诺感冒片	+	+	+	氢溴酸右美沙芬
复方氨酚烷胺胶囊	快克	+	+	/	盐酸金刚烷胺、人工牛黄、咖啡因
氯芬黄敏片	感冒通	/	/	+	双氯芬酸钠、人工牛黄
复方氨酚葡锌片	康必得胶囊	+	/	/	葡萄糖酸锌、板蓝根
片氨酚伪麻美芬片Ⅱ	白加黑日片	+	+	/	氢溴酸右美沙芬
氨麻苯美片	白加黑夜片	+	+	/	氢溴酸右美沙芬、盐酸苯海拉明
盐酸伪麻黄碱缓释胶囊	新康泰克	/	+	+	
复方氨酚烷胺片	感康胶囊	+	/	/	盐酸金刚烷胺、人工牛黄、咖啡因
氨酚伪麻美芬片	百服宁日片	+	+	/	氢溴酸右美沙芬
氨麻美敏片Ⅱ	百服宁夜片	+	+	+	氢溴酸右美沙芬
复方氨酚烷胺片	新速效感冒片	+	/	+	盐酸金刚烷胺、人工牛黄、咖啡因
	感冒清胶囊	+	/	+	板蓝根、穿心莲叶、盐酸吗啉胍
氨酚伪麻那敏片	银得菲	+	+	+	无
锌布片、锌布颗粒	臣功再欣	/	/	+	葡萄糖酸锌、布洛芬
特酚伪麻片	丽珠感乐	+	+	/	特非那丁
复方氨酚烷胺胶囊	轻克	+	/	+	盐酸金刚烷胺、人工牛黄、咖啡因
小儿复方胺酚烷胺颗粒	小儿新速效感冒颗粒	+	/	+	盐酸金刚烷胺、咖啡因
小儿氨酚黄那敏颗粒	护彤	+	/	+	人工牛黄
布洛芬缓释胶囊	芬必得	/	/	/	布洛芬

知识链接

白加黑片

白加黑片用于感冒,白片有效成分为对乙酰氨基酚、盐酸伪麻黄碱、氢溴酸右美沙芬;黑片有效成分为对乙酰氨基酚、盐酸伪麻黄碱、氢溴酸右美沙芬、盐酸苯海拉明。白加黑日片具有可靠的解热、镇痛、镇咳和收缩毛细血管作用;白加黑夜片除具有上述解热、镇痛、收缩毛细血管作用外,还具有抗过敏、镇静、催眠作用。

(二)中成药

根据中医辨证论治的观点对证选药,见表5-3。

表5-3 治疗感冒的中成药

感冒分型	治疗原则	可选药物
风寒型感冒	辛温解表(多发汗)、宣肺散寒	风寒感冒冲剂、正柴胡饮、九味羌活丸、通宣理肺丸、午时茶等
风热型感冒	辛凉解表、祛风清热	桑菊感冒片、芎菊上清丸、感冒清热冲剂、双黄连口服液、清热解毒口服液、热炎宁颗粒、板蓝根冲剂、银翘解毒丸、羚羊感冒片等
外寒内热型感冒	辛温解表、疏散郁热	银翘解毒丸、连花清瘟胶囊等
暑湿型感冒	解表和中、理气化湿	藿香正气软胶囊(丸剂或口服液)、四正丸等

 学以致用

工作场景:

王大伯来药店购买感冒药。自述其在两天前晨练回来后出了一身汗,因贪凉在空调下吹了十几分钟,之后开始打喷嚏、流清水样鼻涕。自行在家服用双黄连口服液,一次2支,一日3次,今早开始头痛加重、四肢酸痛、食欲缺乏、体温37.6℃。店员小王建议大伯停服双黄连口服液,并为其推荐了正柴胡饮。

知识运用:

1. 感冒中医分型。

2. 使用中成药必须辨证选药。

三、常用治疗感冒药物的用药指导

1. 合理选择药物 合理选用必要的抗感冒药。使用前要仔细阅读说明书,以了解药物组分,避免重复用药和药物过敏等不良反应。切忌盲目合用感冒药。中成药的选用要注意中医的感冒分型,根据辨证施治的原则,不同类型的感冒选用不同的中成药治疗。

2. 用法指导 ①服用感冒药治疗不得超过7天,病情仍不好转,需及时就医;②麻黄碱滴鼻剂治疗鼻黏膜肿胀不宜超过3日,久用可引起药物性鼻炎;③中成药藿香正气水在服药期间忌烟、酒,饮食宜清淡,因含乙醇(酒精)40%~50%,服药后不得驾驶机、车、船,从事高空作业、机械作业及操作精密仪器;对本品及酒精过敏者禁用,过敏体质者慎用;本品不宜长期服用,服药 3 天症状无缓解或吐泻严重者应及时去医院就诊;④心脏病、高血压、糖尿病患者感冒时慎用含有伪麻黄碱的药物。

3. 特殊人群用药注意事项　以下人群需要特别注意,应及时就医,在医生指导下用药:①伴有慢性疾病正在服用药物者,如心脏病、高血压、甲亢、青光眼、糖尿病、前列腺增生等;②体弱的老年人、婴幼儿患者,应在医生的指导下用药,切不可盲目用药,以免产生意外,如病程 3 天不愈或是症状比较严重,停药就诊;③妊娠期妇女特别是孕期前 4 周,药物对孕早期胎儿器官形成有一定的影响,最好不用药或在医师指导下用药;④从事驾车、高空作业或操作精密仪器者工作期间避免使用含有抗组胺药、中枢性镇咳药、抗胆碱药的感冒药。

四、感冒的健康教育

1. 重在预防　勤开窗通风换气,保持室内空气清新,是预防感冒最为简便、有效的办法。加强锻炼、增强体质、生活饮食规律、改善营养,避免受凉和过度劳累,有助于降低易感性,可预防感冒。

2. 防止交叉感染　养成卫生习惯,注意用手卫生,勤洗手、勤换手帕;注意感冒患者的隔离,防止交叉感染;流感季节尽量避免到一些人多的公共场所。

3. 生活指导　避免辛辣食物,要多饮水,保证营养。最好以清淡、细软的食物为主,还可以辅助一些水果蔬菜来促进食欲。不能服用人参或西洋参,否则会使症状加重。要注意休息,忌剧烈运动,防止并发心肌炎、肺炎等。

点滴积累

1. 感冒或流感后出现发热、头痛等,可选用含对乙酰氨基酚、阿司匹林、布洛芬的制剂。
2. 感冒初期有卡他症状可选用含有抗组胺药氯苯那敏的制剂或减轻鼻黏膜充血药伪麻黄碱。
3. 伴有咳嗽者,可选用含有右美沙芬的制剂。
4. 解除鼻塞症状,改善鼻腔通气性,可局部选用盐酸麻黄碱滴鼻液。

模块二　口 腔 溃 疡

案例分析

案例:

邻居王大姐找到药店工作的小李咨询治疗和预防口腔溃疡的特效药,其 15 岁的儿子,反复发作口腔溃疡 2 年,发作时溃疡面疼痛明显,平时容易动怒且睡眠质量较差。小李仔细听完王大姐的倾诉后,向王大姐推荐了外用地塞米松粘贴片和氯己定含片。为防止口腔溃疡反复发作,建议服用葡萄糖酸锌和补充多元维生素及微量元素,并配合服用养阴清热的中成药知柏地黄丸。最后又详细为其做了用药指导和降低复发率的健康教育。

分析:

口腔溃疡以外用药为主,联合用药。复发性口腔溃疡患者要防止复发。

一、口腔溃疡简介

口腔溃疡是一种常见的口腔黏膜疾病，又称"口疮"，表现为口腔黏膜的局限性溃疡损害。发作时疼痛明显，一般有自限性，10天左右可自愈。反复发作者，称为复发性口腔溃疡。

口腔溃疡的具体发病原因至今尚无定论，一般认为其发病原因与许多因素相关，如经常吸烟、喝酒、喝饮料、吃辣椒等强刺激性食物；长时间受凉、受热和身体缺水；常吃生冷、干硬、烧烤等食物；腹胀、腹泻或便秘等消化系统疾病；内分泌变化；精神紧张、睡眠状况不佳、过度疲劳、久坐电脑旁等；缺乏微量元素锌、铁、叶酸、维生素 B_{12}；菌群失调；遗传；病毒感染等。

口腔溃疡多发于唇内侧、舌尖舌缘、颊黏膜、齿龈等处。溃疡呈圆或椭圆形，境界清晰，大多数患者溃疡直径在 5mm 以下。

二、常用治疗口腔溃疡的药物

口腔溃疡用药原则为外用药为主，联合用药。《国家非处方药目录》收载的治疗口腔溃疡药物活性成分和制剂有甲硝唑、氯己定含漱剂、西地碘含片、甲硝唑口腔粘贴片、地塞米松粘贴片、甲硝唑含漱剂、碘甘油等。

（一）化学类药品

1. 非处方药

（1）补充叶酸、维生素 B_{12} 和维生素 C、多元维生素及微量元素。复发性口腔溃疡还可以配合服用葡萄糖酸锌制剂、酵母锌。

（2）地塞米松具有较强抗炎作用，可促进溃疡愈合。溃疡处可涂敷地塞米松甘油糊剂，也可使用地塞米松粘贴片每日贴敷患处。此外，可使用口腔溃疡膏、云南白药或贴敷复方四环素泼尼松膜、口腔炎喷剂。

（3）早晚刷牙后含漱 0.5% 甲硝唑含漱剂或餐后和睡前含甲硝唑口颊片、度米芬、氯己定口含片、冰硼含片。

（4）复方氯己定含漱液为抗感染药，其中所含葡萄糖酸氯己定为广谱杀菌剂；甲硝唑具有抗厌氧菌作用。

（5）西地碘含片有较强杀菌作用，适用于白色念珠菌感染性口炎、糜烂性扁平苔藓等引起的口腔溃疡。

2. 处方药 对于较大的溃疡面可用 10% 的硝酸银溶液对溃疡面进行烧灼，使其易于愈合，并用生理盐水冲洗，除去残留物，以免损伤邻近组织。

（二）中成药

1. 清热解毒、消肿止痛药 可选用冰硼咽喉散、冰硼散和兼有收敛生肌作用的口腔溃疡散、爽口托疮膜等。

2. 清热去火药 酌情选用西瓜霜含片、黄连上清片、三黄片、清火栀麦片等。

3. 养阴清热药 中医认为，复发性口腔溃疡多为肺肾阴亏，虚火上炎所为，当以养阴清热，引火归源为治，有口干症状时可服用知柏地黄丸，也可服用六味地黄丸、补中益气丸等调节人体免疫及消化功能，以减少复发。

三、常用治疗口腔溃疡药物的用药指导

1. 注意药物的不良反应 甲硝唑易致食欲减退，口腔异味、恶心、呕吐、腹泻等反应，停

药后可迅速恢复。长期应用可引起念珠菌感染;冰硼咽喉散、冰硼散有碍胎气,妊娠期妇女慎用,方中含有玄明粉,药物泌入乳汁中,易引起婴儿腹泻,哺乳期妇女不宜使用。

2. 用药禁忌 ①西地碘含片长期含服可导致舌苔染色,停药后可消退,对碘过敏者禁用;②地塞米松制剂频繁使用可使局部组织萎缩,引起继发真菌感染等,连续使用不得超过1周,口腔内有真菌感染者禁用;③氯己定偶可引起接触性皮炎,过敏者禁用。

3. 用法指导 ①含漱剂仅为含漱时使用,在口腔内停留 2~5 分钟,含漱后吐出不得咽下;②氯己定含漱剂可使牙齿着色,舌苔发黄,味觉失调,一般牙膏中含有阴离子表面活性剂,与氯己定可产生配伍禁忌,使用氯己定含漱剂后至少需要间隔 30 分钟后,才可刷牙。

四、口腔溃疡的健康教育

1. 避免诱发因素 口腔溃疡与个人体质有关,要尽量避免诱发因素,降低发生率。保持心情舒畅,坚持体育锻炼,提高机体免疫力。避免损伤口腔黏膜及辛辣性食物和局部刺激。戒除烟酒,生活起居有规律,保证充足的睡眠,避免过度疲劳。

2. 生活护理 多饮水,饮食宜清淡,多吃蔬菜水果,注意营养均衡。注意保持口腔卫生,常用淡盐水漱口。

3. 预防并发症 深大的重型复发性口腔溃疡、久治不愈的口腔溃疡应及时就医。

 点滴积累

1. 口腔溃疡用药原则为外用为主,联合用药。
2. 《国家非处方药目录》收载的治疗口腔溃疡药物活性成分和制剂有甲硝唑、氯己定含漱剂、西地碘含片、甲硝唑口腔粘贴片、地塞米松粘贴片、甲硝唑含漱剂、碘甘油等。
3. 较大的溃疡面可用 10% 的硝酸银溶液对溃疡面进行烧灼。
4. 中成药可选用具有清热解毒、消肿止痛作用的冰硼咽喉散、冰硼散和兼有收敛生肌作用的口腔溃疡散、爽口托疮膜等。也可酌情选用西瓜霜含片、黄连上清片、三黄片、清火栀麦片等清热去火药。对于复发性口腔溃疡可服用知柏地黄丸,也可服用六味地黄丸、补中益气丸等调节人体免疫及消化功能,减少复发。

模块三 痛 经

 案例分析

案例:

李某,女,46 岁,痛经半年有余,喜按喜揉,经少色淡,伴周身乏力,腰膝酸软。曾按照月经不调服用乌鸡白凤丸、归鹿补血精等药,疗效不明显。经医院检查,没有发现明显的器质性病变。

分析:

痛经患者选药应在排除器质性病变的基础上,根据痛经的病因选用药物或根据中医辨证论治的观点选用中成药。李女士所患痛经,属于气血不足,胞脉失养所致的气血亏虚型痛经。选药应从益气补血的角度,选用妇女养血丸、八珍益母丸等进行治疗和适当调养。

一、痛经简介

痛经,是妇科常见病和多发病,系指经期前后或行经期间,出现下腹部痉挛性疼痛,并有全身不适,严重影响日常生活。痛经分为原发性和继发性两种。原发性痛经虽无器质性病变,但病因尚不清楚,可能与内分泌因素、子宫位置异常、遗传因素或精神紧张、忧郁、恐惧等精神因素有关;继发性痛经则指生殖器官有明显病变者,如子宫内膜异位症、盆腔炎、肿瘤等。排除器质性病变如子宫腺肌症、子宫内膜异位症等病变后,可考虑痛经。

疼痛多在经前1~2天(未婚女性较多)或来潮后第一天开始,可放射至会阴、肛门、上腹、腰骶部或股内前侧,经期中逐渐减轻或消失。有些患者还伴有腰酸、头痛、头晕、乳胀、尿频、便秘、腹泻、失眠及倦怠乏力等全身症状,严重者可有面色苍白、出冷汗、恶心、呕吐,甚至晕厥。有时还伴有紧张、忧郁、恐惧及情绪激动等。

知识链接

痛经可提示哪些疾病?

①经期的腰痛可能是因为子宫后位或其他疾患所致;②经期发烧,下腹坠痛可能是患了盆腔炎;③正常经血呈暗红色,如果经血颜色为淡茶褐色,或气味发生变化同时体温升高和下腹痛,则可能患有子宫内膜炎;④如果痛经越来越厉害,持续时间越来越长,则可能患有子宫内膜异位症。

二、常用治疗痛经的药物

痛经治疗原则为根据痛经的病因选用药物或根据中医辨证论治的观点选用中成药。《国家非处方药目录》收载的解热镇痛药活性成分对乙酰氨基酚、布洛芬、阿司匹林、贝诺酯、萘普生均属于非甾体抗炎药,可用以缓解经期疼痛。

(一)化学类药品

1. 非处方药

(1)解热镇痛抗炎药:具有解热镇痛抗炎作用,与其抑制前列腺素(prostaglandin,PG)合成有关,其中对乙酰氨基酚(扑热息痛)镇痛作用较弱但作用缓和持久;布洛芬镇痛作用较强,比阿司匹林强,作用持久,对胃肠道的副作用较轻,易耐受。

(2)解痉止痛药:抗胆碱药氢溴酸山莨菪碱或颠茄浸膏片,可明显缓解子宫平滑肌痉挛而止痛。

(3)谷维素:具有调节自主神经功能失调及内分泌平衡障碍的作用,对神经紧张而使疼痛加剧者可口服谷维素。

2. 处方药

(1)内分泌治疗:于月经周期第21日开始,每日肌内注射黄体酮20mg,连续5天。此外,口服避孕药也可抑制排卵,达到镇痛的目的。

(2)镇痛治疗:可选用磷酸可待因片或氨酚待因片。镇痛作用强度约为吗啡的1/10,但仍强于一般解热镇痛药。

(3)解痉止痛药:可选用阿托品肌内注射。

(二)中成药

传统医学根据痛经临床表现分为寒湿凝滞、气血亏虚、气滞血瘀等证型,分别选用不同的中成药进行治疗。

1. 寒湿凝滞型痛经 患者经期小腹冷痛,得热则舒,经血量少,血色紫暗,有血块,且伴有形寒肢冷、小便清长等,治疗以散寒除湿为主。可服用痛经丸,能活血散寒,温经止痛;也可应用养血调经膏,每次将药膏加温软化后分别贴于脐腹部和腰部;或服用艾附暖宫丸、田七痛经胶囊、少腹逐瘀丸。

2. 气血亏虚型痛经 患者经期或经后下腹隐痛,经血量少而质稀,腰膝酸软,头晕眼花,心悸气短等。可选用当归丸、养荣百草丸、妇康宁片、妇女养血丸、参茸白凤丸、八珍鹿胎膏、八宝坤顺丸、八珍益母丸、养血调经膏、温经养血合剂等。

3. 气滞血瘀型痛经 患者经前或经期小腹拒按或伴有胸胁胀痛,月经量少而不畅、经血色黑有血块,血块流出后疼痛减轻,四肢欠温,大便不实等。治疗以活血化瘀为主,可选用元胡止痛片,能理气活血、止痛;妇科得生丸能解郁调经,用于肝气不舒胸满胁痛的经期不准、行经腹痛;或选益母草膏,能活血调经,用于痛经、月经量少;还可用妇女痛经丸、痛经宝颗粒、益母冲剂、复方益母草口服液、痛经口服液等。

三、常用治疗痛经药物的用药指导

1. 合理选择药物 经期轻度的腹痛是正常现象,不需要特别处理。避免滥用药物,应根据痛经的病因,辨证施治。对于重度痛经、经期伴有月经过多或有盆腔炎、子宫肌瘤者所引起的继发性痛经,应积极治疗原发病,并在医师指导下使用镇痛药。

2. 选择用药时间 痛经患者宜在经前3~7天或经期用药,缓解痛经药连续服用不宜超过5天;对月经周期不准或希望怀孕的妇女不宜在月经来潮前口服中成药,有生育要求(未避孕)者宜在经期服药;磷酸可待因片和氨酚待因片主要成分磷酸可待因为吗啡的甲基衍生物,系弱阿片类镇痛药,长期应用可引起依赖性,症状减轻即刻停药。

3. 注意药物不良反应 应用解痉药后可引起口干,皮肤潮红等不良反应,应多饮水,停药后多可缓解;长期应用镇痛药易诱发消化性溃疡和出血。

四、痛经的健康教育

1. 痛经发病规律 原发性痛经通常发生于有排卵月经,原发性痛经常在分娩后自行消失或在婚后随年龄增长逐渐消失。若从月经来潮即出现规律性痛经或25岁后发生痉挛性痛经,均应考虑有其他异常情况存在,应及时就医。

2. 饮食护理 注意饮食有节,经前及经期忌食生冷寒凉之品,以免寒凝血瘀而痛经加重;月经期饮食以烧熟、温热食品为宜,在冬季还可适当吃一点羊肉、鸡肉、桂圆等温补食品;月经期间饮食要注意饮食清淡,月经量多者,不宜食用辛辣香燥之物,以免热迫血行,出血增多。

3. 生活护理 平时加强体质锻炼,提高身体素质及免疫力;经期时要避免剧烈运动,痛经严重者应卧床休息;保持外阴清洁,衣着要保暖,防止脚部受寒,忌涉冷水和游泳;采用生姜红糖水或红枣山楂水煎服或用暖水袋热敷,对痛经有一定缓解作用。

4. 精神护理 女性经期情绪波动与心理暗示有一定关系,需解除心理障碍,保持心情愉快,避免过度劳累、紧张、恐惧、忧虑和烦恼。

点滴积累

1. 痛经患者宜在经前3~7天或经期用药。
2. 缓解经期疼痛可选用解热镇痛抗炎药、解痉止痛药、谷维素等药物,也可选用内分泌治疗,严重疼痛可选用可待因片或氨酚待因片和解痉药阿托品肌内注射。
3. 传统医学根据痛经表现分为气滞血瘀、寒湿凝滞、气血亏虚等证型,需对证选药。

模块四 手 足 癣

案例分析

案例:

王某,55岁,双侧足跖弥漫角化过度,皮肤干燥粗厚、脱屑,皮肤纹理增宽两年,且每于冬季加重,到医院就医,确诊为足癣。曾间断使用克霉唑软膏、咪康唑和酮康唑霜剂,但均未根治。今又进入冬季,因发生皲裂,微感疼痛,到药店购药。

分析:

手足癣治疗疗程较长,若未彻底根治,常迁延多年。王某所患是典型鳞屑型和角化型足癣,可采用复方苯甲酸搽剂或复方水杨酸搽剂与克霉唑软膏交替使用,涂药后封包过夜或加用尿素脂软膏。嘱患者坚持用药,好转后继续搽药至少2周以达根治目的。

一、手足癣简介

手足癣是发生于掌、指、趾间皮肤的浅部真菌感染。手癣为发生在手掌、手指外的光滑皮肤的浅部真菌感染,多继发于足癣。足癣多见于成年人,具有传染性。手足癣糜烂型往往夏季加重,秋季减轻;皲裂往往在夏季病情减轻或暂时消失,冬季则增剧。若未彻底治疗,常迁延多年,主要表现为趾间水泡、浸渍糜烂、鳞屑、角化,自觉明显瘙痒。依其皮损表现常可分为5型,见表5-4,可同时或交替出现或以某一型为主。

表5-4 手足癣常见类型及临床表现和特点

类型	临床表现	特点
间擦型/糜烂型	皮肤浸润、脱皮、皲裂、渗液,可有红色糜烂面,有臭味	夏重冬轻,足部多见,常发生于第3、4趾间,也可波及全趾,易继发感染,并发急性淋巴管炎,淋巴结炎和丹毒等
水疱型	水疱成群或散在分布,局部皮肤潮红	夏季多见,继发细菌感染时,水疱可变为脓疱
鳞屑型	损害以鳞屑为主,伴有稀疏而干燥的小水疱,局部有红斑、丘疹	夏季多见或加重
角化型	角质层增厚、粗糙、脱屑、干燥,自觉症状轻微,皮肤干燥粗厚、角化过度,皮肤纹理增宽	冬季易发,常发生于病期较长,年龄较长患者
体癣型	典型的弧状或环状的体癣改变	夏季多见或加重,常发生在手、足背部,易并发体癣

二、常用治疗手足癣的药物

手足癣的治疗原则为根据手足癣的分型及临床表现辨证选择局部用药和（或）根据病因选择全身应用抗真菌药。此外,需积极防治并发症,有化脓感染的患者,及时应用抗感染药物控制感染。

（一）化学类药品

1. 非处方药

（1）间擦型/糜烂型:可先用 0.1% 依沙吖啶溶液或 3% 硼酸溶液浸泡后涂敷含有 5%~10% 硫黄的粉剂,无明显糜烂时,足部可应用足癣粉、足光粉、枯矾粉,或局部涂敷复方水杨酸酊、复方土槿皮酊,渗出不明显时,可用 10% 水杨酸软膏按常规包扎。

（2）水疱型:可外搽复方苯甲酸搽剂、复方雷锁辛搽剂、咪康唑霜剂、克霉唑或酮康唑乳膏等,有时可用 10% 冰醋酸液浸泡。

（3）鳞屑型和角化型:可用复方苯甲酸搽剂、复方苯甲酸软膏、3% 克霉唑软膏、2% 咪康唑霜剂、酮康唑霜剂、复方水杨酸搽剂、复方十一烯酸软膏涂敷。对角化型足癣宜在 40~45℃ 温水中浸泡 15~20 分钟后,再用药涂搽;对于较厚的痂皮,涂药后可封包过夜或 1% 特比萘芬霜外用涂搽,一日 2 次;有皲裂者,可加用尿素脂软膏;皮损消退后应继续搽药至少 2 周;手癣患者手部搽药次数应适当增加,特别是洗手后加搽软膏或霜剂。

（4）其他:联苯苄唑软膏或复方聚维酮碘搽剂,涂搽患处,用于癣病疗程为 5~14 天,合并有对甲癣者,宜先用温水软化患处,修锉掉病变部位,再涂搽本品,坚持使用至新甲长出,一般需 2 个月以上。

2. 处方药 主要为抗真菌药,可服用伊曲康唑、特比萘芬,尤其适用于角化皲裂型足癣,疗程为 15 天。如有高度角化区（如足底部癣、手掌部癣）需延长治疗 15 日;特比萘芬疗程为 2~6 周。

（二）中成药

可选用具有养血润燥、化湿解毒和祛风止痒作用的湿毒清胶囊及具有清血解毒、消肿止痒作用的皮肤病血毒丸等。

三、常用治疗手足癣药物的用药指导

1. 合理用药 对有化脓感染者,遵医嘱使用抗感染药物,控制感染后再治疗足癣;在体、股癣尚未根治前,禁止应用糖皮质激素制剂,如曲安奈德乳膏、氟轻松（肤轻松）乳膏,以免加重病情;水疱型足癣外用药物疗效较好,对糜烂型足癣不提倡内服抗真菌药;口服抗真菌药依伊曲康唑、特比萘芬,尤其适用于角化皲裂型足癣。

2. 防止复发 坚持按疗程用药。不论用何种药物治疗一定要足够疗程,皮损好转后坚持用药 1~2 周,防止复发。

3. 注意药物不良反应 ①个别患者局部用克霉唑制剂可发生过敏及刺激症状,偶见引起过敏性皮炎或一过性刺激症状,如瘙痒、刺痛、红斑、水肿等;②少数患者应用联苯苄唑或复方聚维酮碘搽剂可出现局部过敏症状,如瘙痒、灼热感、红斑,极少数人出现灼痛、脱皮等;③咪康唑局部外用可引起皮疹、发红、水疱、烧灼感和其他皮肤刺激性,避免接触眼睛;摩擦部位宜用洗剂,若用乳膏涂少量后应擦匀,以免发生浸泡作用;如皮肤有糜烂面,应首先应用洗剂（不用乳膏）。

4. 特殊人群用药注意事项　妊娠期和哺乳期妇女禁用口服抗真菌药伊曲康唑和特比萘芬;对伊曲康唑、特比萘芬过敏者禁用;肝肾功能不全患者慎用。

四、手足癣的健康教育

1. 养成良好的卫生习惯　公共场所不与他人共用浴巾和鞋袜,以避免相互传染。手、足癣患者积极采取有效的治疗措施,坚持用药。保持足部干燥与清洁卫生,用物勤消毒(沸水中煮或消毒液浸泡),防止病原体附着在衣物上反复感染。

2. 注意对手、足癣的养护　外用药期间,患部皮肤尽量不洗烫,少用或不用肥皂和碱性药物,以使抗真菌药在体表停留的时间延长,巩固和提高疗效;若患者同时患有手、足癣,必须同时治疗。

3. 防止并发症　得了足癣不要搔抓,以免鳞屑飞扬,传染他人或自身其他部位,或因刺激神经末梢导致越抓越痒的恶性循环,而且容易引发再次感染而致化脓,留下瘢痕等。

 **点滴积累**

1. 手足癣常用治疗药物有:复方苯甲酸搽剂、复方苯甲酸软膏、3%克霉唑软膏、2%咪康唑霜剂、复方雷锁辛搽剂、复方十一烯酸软膏涂敷、1%特比萘芬霜、酮康唑霜剂等。有皲裂者,可加用尿素脂。
2. 抗真菌药伊曲康唑、特比萘芬,尤其适用于角化皲裂型足癣。水疱型足癣外用药物疗效较好。对糜烂型足癣不提倡内服抗真菌药。

模块五　晕　动　病

 案例分析

案例:

张女士夫妇预定了本地的港澳双飞五日游,因张女士年轻时就晕车,怕乘车、船,出发前一天特到药店咨询,问如果有这样病史的人,乘坐飞机的时候是否也会晕机,如果是的话,该用什么药进行预防。

分析:

一般情况下,晕车的人也会晕船、晕机,晕机通常发生在飞机起飞的初期。张女士在旅行前应该保持心情愉快,消除顾虑,了解一般乘机注意事项,如果有所担忧的话,可在登机前服用茶苯海明片等抗晕止吐药进行预防。

一、晕动病简介

晕动病是由汽车、轮船或飞机运动时所产生的颠簸、摇摆或旋转等任何形式的加速运动,刺激人体的前庭神经而发生的疾病。由于运输工具不同,可分别称为晕车病、晕船病、晕机病。

晕动病的发病机制尚未完全清楚,可能与前庭刺激、视觉因素和其他因素如情绪紧张、过度疲劳、身体虚弱、内耳疾病等有关。本病常在乘车、航海、飞行和其他运行数分钟至数小时后发生。初起时感觉上腹不适，继有恶心、面色苍白、出冷汗，随即有眩晕、精神抑郁、唾液分泌增多和呕吐，可伴有血压下降、精神萎靡、四肢无力及眼球震颤，严重呕吐引起失水和电解质紊乱，症状一般在停止运行或减速后数十分钟和几小时内消失或减轻，亦有持续数天后才逐渐恢复，重复运行或加速运动后，症状又可再度出现。

二、常用防治晕动病的药物

晕动病的防治原则为根据以往发病经历提前预防，服用具有防晕止吐作用的抗组胺药或抗胆碱药，也可根据中医辨证论治的观点选用中成药滋补肝肾。

（一）化学类药品

1. 非处方药 常用非处方药有茶苯海明片（乘晕宁、晕海宁）、苯海拉明片、异丙嗪片、盐酸美克洛嗪片等，其中盐酸美克洛嗪片作用较苯海拉明持久，可维持 12~24 小时，对前庭疾病引起的眩晕也有效。

2. 处方药 常用处方药有氢溴酸东莨菪碱片和东莨菪碱贴片等，贴片易在出发前一晚或出发前 5~6 小时贴在耳后皮肤上，乘车结束后取下贴片。

（二）中成药

肝肾阴虚患者，平素头晕目眩，耳鸣健忘，腰膝酸软，五心烦热，舌红，少苔，脉细弦数，在乘坐车、船或飞机时发作眩晕，恶心呕吐。宜滋补肝肾，可用杞菊地黄丸或六味地黄丸、左归丸等。

三、常用防治晕动病药物的用药指导

1. 给药时间 口服药物宜在旅行前 1~2 小时，最少 30 分钟前使用；耳贴片在出发前一晚或出发前 5~6 小时使用，耳贴片通常可维持 3 天；口服药多数只持续 6~8 小时，如行程太长，须中途再服一次药。

2. 选择药物 除了使用防治晕动病的药物外，旅途中，如有胃胀的感觉时，可服用助消化药；如有想呕吐的感觉时，可服多潘立酮或甲氧氯普胺等；精神紧张时，可服镇静药。对呕吐严重而脱水者，应到医院就诊。

3. 主要不良反应和用药禁忌 ①抗组胺药主要不良反应为头晕、乏力、嗜睡、反应迟钝、注意力不集中、共济失调等中枢抑制症状。服药期间不得驾驶机、车、船、从事高空作业、机械作业及操作精密仪器；新生儿、早产儿、青光眼、妊娠早期、哺乳期妇女、前列腺增生及对本类药物过敏者禁用。②抗胆碱药主要不良反应为口干、声哑、畏光、心悸、视物模糊、排尿困难、便秘等，如剂量过大，可引起谵妄、激动不安甚至惊厥。服药期间不得驾驶机、车、船、从事高空作业、机械作业及操作精密仪器；青光眼、前列腺增生、严重器质性心脏病、幽门狭窄及麻痹性肠梗阻者禁用。

4. 用法指导 ①药物过敏性皮试前 72 小时应停用抗组胺药，以免出现假阴性反应结果；②抗晕动病药避免与感冒药、抗组胺药（过敏药或鼻炎药）、镇静药、镇痛药、镇咳和祛痰药等合用，避免加重不良反应；③服药后宜多饮水，防止口干，抗组胺药可见胃肠道刺激症状，餐后服药可减轻胃肠道反应；④对呕吐严重而脱水者，应到医院就诊；⑤妊娠期妇女不主张使用抗组胺药，不得不用时在医师指导下用药。

四、晕动病的健康教育

1. 避免诱发因素 外出前要保持心情愉快,因为恐惧、悲伤、焦虑等都是晕动病的诱因。乘坐交通工具前不能空腹、过饱或进食大量难以消化的食物,如高蛋白、高脂肪和纤维素多的食物。

2. 预防措施 有晕动病史者可提前使用药物进行预防。

点滴积累

1. 晕动病的防治原则为提前预防服用具有防晕止吐作用的抗组胺药或抗胆碱药,也可根据中医辨证论治的观点选用中成药滋补肝肾。
2. 防治晕动病口服药物宜在旅行前1~2小时,最少30分钟前使用;耳贴片在出发前一晚或出发前5~6小时使用。耳贴片通常可维持3天;口服药多数只持续6~8小时,如行程太长,须中途再服一次药。

目标检测

一、单项选择题(A型题)

1. 以下有关伪麻黄碱使用注意事项的叙述中,错误的是(　　)
   A. 高血压患者慎用　　　　　　　　　　B. 糖尿病患者慎用
   C. 禁用于妊娠期和哺乳期妇女　　　　　D. 滴鼻剂久用可致药物性鼻炎
   E. 服用或滴药后4小时内不宜从事工作

2. 地塞米松粘贴片或甲硝唑含漱剂治疗口腔溃疡的最重要不良反应是(　　)
   A. 食欲缺乏　　　　　　　　　　　　　B. 偶见口干
   C. 使牙齿着色　　　　　　　　　　　　D. 恶心、呕吐、腹泻等
   E. 频繁或长期应用引起继发的真菌感染

3. 以下手足癣类型中,不适宜口服伊曲康唑与特比萘芬治疗的是(　　)
   A. 间擦型　　　　　　B. 糜烂型　　　　　　C. 水疱型
   D. 鳞屑型　　　　　　E. 角化皲裂型

4. 引起人类患手足癣的病原微生物大多是(　　)
   A. 放线菌　　　B. 寄生虫　　　C. 病毒　　　D. 真菌　　　E. 螺旋体

5. 防治晕动病服用抗胆碱药时应嘱咐患者(　　)
   A. 合用异丙嗪　　　　　　B. 多饮水　　　　　　C. 碱化尿液
   D. 合用苯海拉明　　　　　E. 合用茶苯海明

二、配伍选择题(B型题)

A. 抗病毒作用退热　　　B. 缓解头疼　　　C. 改善体液局部循环
D. 使鼻黏膜血管收缩　　E. 拮抗抗组胺药的嗜睡作用

1. 抗感冒药中咖啡因的作用是(　　)
2. 抗感冒药中伪麻黄碱的作用是(　　)
3. 抗感冒药中菠萝蛋白酶的作用是(　　)
   A. 不宜超过1日　　　　　B. 不宜超过2日　　　　　C. 不宜超过3日

D. 不宜超过 5 日　　　　E. 不宜超过 7 日

4. 麻黄碱滴鼻剂治疗鼻黏膜肿胀自我药疗的疗程（　　）

5. 使用地塞米松粘贴片治疗口腔溃疡的疗程（　　）

6. 解热镇痛药治疗痛经自我药疗的疗程（　　）

  A. 谷维素片　　　　　　B. 氨酚待因片　　　　　　C. 肌内注射青霉素

  D. 肌内注射黄体酮　　　E. 氢溴酸山莨菪碱片

7. 痛经的药物治疗时镇痛用（　　）

8. 痛经的药物治疗时解痉用（　　）

9. 痛经的药物治疗时调节内分泌用（　　）

  A. 酮康唑霜剂　　　　　B. 复方苯甲酸软膏　　　　C. 糖皮质激素制剂

  D. 伊曲康唑胶囊　　　　E. 联苯苄唑软膏

10. 手、足癣患者合并有体、股癣者，在体、股癣尚未根治前，禁止使用（　　）

11. 尤其适用于角化皲裂型足癣的处方药是（　　）

  A. 山莨菪碱　　　　　　B. 东莨菪碱　　　　　　C. 苯巴比妥

  D. 苯海拉明　　　　　　E. 阿托品

12. 防治晕动病的非处方药应选用（　　）

13. 防治晕动病的处方药是（　　）

  A. 1 小时　　　　　　　B. 2 小时　　　　　　　C. 3 小时

  D. 4 小时　　　　　　　E. 5 小时

14. 东莨菪碱贴片防治晕动病至少在出发前几小时用药（　　）

15. 防治晕动病时口服药物至少在出发前几小时用药（　　）

（苏　永）

项目六 用药指导

 学习目标

1. 掌握消化性溃疡、高血压、高脂血症、糖尿病等常见病常用药物的用药指导,掌握特殊人群的用药特点及注意事项、特殊人群禁用或慎用的药物种类。
2. 熟悉消化性溃疡、高血压、高脂血症、糖尿病等常见病的健康教育,熟悉特殊人群的生理病理特点。
3. 了解消化性溃疡、高血压、高脂血症、糖尿病等常见病的临床表现。
4. 熟练掌握消化性溃疡、高血压、高脂血症、糖尿病等常见病和特殊人群的用药指导;学会正确运用所学知识对药店顾客进行合理有效的健康教育。

 导学情景

情景描述:

王大妈,近1周来反复出现"肚子痛"、"吐酸水",疼痛常在两餐之间出现,曾自服莨菪浸膏片,疼痛有所缓解,但上述症状反复出现,经检查,医院确诊为胃溃疡,携医生处方来药店购药。聊天中得知王大妈患有类风湿关节炎20余年,常年服用布洛芬药片。王大妈询问如何能尽快痊愈。

学前导语:

药店经常接待一些患有消化性溃疡等常见病的顾客,他们有的携带处方来买药,有的不经医院确诊自行购买药物,他们大多需要长期服药,但其往往对自身所患疾病缺乏正确的认识,对所买的药品了解得不够全面,正确指导其用药有利于其疾病的痊愈。本项目将带领大家学会正确选择药物,做好相应疾病的用药指导,并学会对顾客进行合理的健康教育。

模块一　消化性溃疡的用药指导

 案例分析

案例:

李先生,1周来因应酬增多出现上腹痛节律性发作,疼痛多在餐后3~4小时及午夜时,进食后可缓解,来药店购买止痛药。2年前到医院诊断为十二指肠球部溃疡,幽门

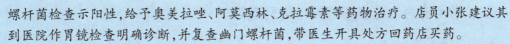

螺杆菌检查示阳性,给予奥美拉唑、阿莫西林、克拉霉素等药物治疗。店员小张建议其到医院作胃镜检查明确诊断,并复查幽门螺杆菌,带医生开具处方回药店买药。

分析:

幽门螺杆菌感染是消化性溃疡的重要病因之一,顾客到药店买药需要先明确诊断,按需按要求购买药品。

一、消化性溃疡简介

消化性溃疡主要指发生在胃和十二指肠的慢性溃疡,是一种多因素疾病,其中幽门螺杆菌(Hp)感染和服用非甾体抗炎药(NSAIDs)是已知的主要病因,吸烟、应激反应、长期精神紧张、饮食不规律是常见的发病诱因。十二指肠溃疡多见于青壮年,而胃溃疡多见于中老年。上腹痛是消化性溃疡的主要症状,胃溃疡和十二指肠溃疡的上腹痛特点不同,见表6-1。临床主要依靠胃镜和X线钡餐检查明确诊断,幽门螺杆菌检测常作为抗幽门螺杆菌治疗的依据和疗效观察指标。

表6-1 胃溃疡和十二指肠溃疡的上腹痛特点比较

		胃溃疡	十二指肠溃疡
不同点			
	疼痛部位	中上腹部或剑突下和剑突下偏左	中上腹部或中上腹部偏右
	疼痛时间	常在餐后1小时内发生,经1~2小时后缓解	常发生在两餐之间,进食后缓解,又称饥饿痛,部分出现夜间疼痛
	疼痛规律	进食-疼痛-缓解	疼痛-进食-缓解
相同点			
	慢性病程	病程可达数年,有的甚至数十年	
	周期性	呈发作-缓解周期性交替,以春秋季发作多见	
	疼痛性质	多呈钝痛、烧灼痛、胀痛或饥饿样不适,一般为轻中度持续性疼痛,可以耐受	

消化性溃疡治疗的目的是消除病因、缓解症状、愈合溃疡、防止复发和防治并发症,主要包括一般治疗、药物治疗、并发症治疗、手术治疗。消化性溃疡的一般治疗即非药物治疗,治疗措施有休息、饮食疗法、戒烟戒酒、消除焦虑和紧张等不良情绪以及避免口服吲哚美辛、布洛芬、阿司匹林、泼尼松等对胃、十二指肠黏膜有损害的药物。

 知识链接

幽门螺杆菌

自1983年澳大利亚学者Warren和Marshall从慢性胃炎患者胃黏膜中培养出幽门螺杆菌(Hp)以来,大量研究充分证明,幽门螺杆菌感染是消化性溃疡的主要病因,消化性溃疡患者幽门螺杆菌检出率显著高于普通人群。幽门螺杆菌感染改变了黏膜侵袭因素和防御因素之间的平衡。绝大多数胃溃疡患者,根除Hp后溃疡愈合加速,复发明显减少。两位学者因发现了幽门螺杆菌,并阐明了其在胃炎和消化性溃疡中的作用,于2005年被授予诺贝尔医学奖。

二、常用抗消化性溃疡药物与用药指导

(一) 常规药物

治疗消化性溃疡的常规药物包括抗酸药、抑酸药和胃黏膜保护药,见表 6-2,主要起缓解症状和促进溃疡愈合的作用,常与根除幽门螺杆菌治疗配合使用。

表 6-2　消化性溃疡的常规药物治疗

分类及常用药物	用药指导
1. 抗酸药 　碳酸氢钠 　氢氧化铝 　三硅酸镁 　铝碳酸镁	此类药物因中和胃酸而迅速缓解溃疡疼痛,常作为缓解溃疡疼痛的辅助治疗,多在餐后 1~2 小时及睡前服用。抗酸药不应与酸性食物及饮料同时服用,还应避免与牛奶同时服用,因两者可相互作用形成络合物。长期服用铝剂可致骨质疏松,为减轻不良反应常用其复方制剂
2. 抑酸药 (1) H_2 受体拮抗剂(H_2RA) 　西咪替丁 　雷尼替丁 　法莫替丁	常作为一般性溃疡活动期的首选治疗、根除幽门螺杆菌疗程结束后的后续治疗,通过阻断壁细胞的 H_2 受体而抑制胃酸分泌,作用不如 PPI 充分,多在餐中、餐后或睡前服用,若需同时服用抗酸药,这两者用药间隔应在 1 小时以上。常见不良反应有恶心、皮疹、便秘、乏力、头晕等。H_2 受体拮抗剂可增强华法林、苯妥英钠、茶碱等药物的作用,妊娠期和哺乳期妇女禁用;不宜与促胃动力药多潘立酮、西沙必利合用
(2) 胃泌素受体拮抗剂 　丙谷胺	餐前 15 分钟服用,不良反应较少,偶有口干、便秘、瘙痒、失眠、腹胀、下肢酸胀等,一般不需处理;胆囊管及胆道完全梗阻的患者禁用
(3) 胆碱受体阻断剂 　东莨菪碱 　溴丙胺太林 　哌仑西平	对胃壁细胞的 M 受体有高度亲和力而抑制胃酸分泌,宜在餐前服用,常见不良反应有轻度口干、眼睛干燥及视力调节障碍等,停药后症状即消失;妊娠期妇女、青光眼和前列腺肥大患者禁用
(4) 质子泵抑制剂(PPI) 　奥美拉唑 　兰索拉唑 　雷贝拉唑	PPI 特别适用于难治性溃疡或溃疡患者不能停用 NSAIDs 时的治疗,还是根除幽门螺杆菌治疗方案中最常用的基础药物;作用于壁细胞胃酸分泌的关键酶 H^+、K^+-ATP 酶而抑制胃酸分泌,抑酸作用比 H_2RA 更强且作用持久,是目前抑制胃酸分泌效果最强的药物;PPI 宜在早、晚餐前服用,常见不良反应有恶心、口干、腹泻、腹胀等,偶有疲乏、头晕、嗜睡的反应,故需高度集中注意力的工作者慎用,对本品过敏者、严重肾功能不全者及婴幼儿禁用
3. 胃黏膜保护药 (1) 铝剂 　硫糖铝	主要不良反应为便秘,偶有口干、恶心、皮疹等,多在餐前 1 小时及睡前嚼碎后服用,不宜与牛奶、抗酸药同服;连续用药不宜超过 8 周
(2) 前列腺素类似物 　米索前列醇	具有抑制胃酸分泌、增加胃、十二指肠黏膜的黏液及碳酸氢盐分泌和增加黏膜血流等作用,是防治非甾体抗炎药所致溃疡最有效的药物,宜在餐前半小时或临睡前服用,腹泻是常见不良反应,妊娠期妇女、青光眼、哮喘及过敏体质者禁用
(3) 促前列腺素分泌剂 　吉法酯	具有加速新陈代谢,调节肠胃功能和胃酸分泌,加强黏膜保护等作用,宜在餐前服用,偶见口干、恶心、心悸、便秘等不良反应
(4) 铋剂 　铝酸铋 　枸橼酸铋钾 　果胶铋	餐前半小时或临睡前服用,服用后粪便可变黑,因过量蓄积引起神经毒性,不宜长期服用,妊娠期和哺乳期妇女、严重肾功能不全者禁用

（二）根除幽门螺杆菌药物

根除幽门螺杆菌是针对病因的治疗之一,有可能彻底治愈溃疡病并减少复发,常选用质子泵抑制剂或胶体铋为基础加上两种抗生素类药的三联治疗方案,见表6-3,疗程7~14天。

表6-3 根除幽门螺杆菌药物

分类及常用药物	常用剂量	用药指导
质子泵抑制剂(PPI)		
奥美拉唑	40mg/d	根除幽门螺杆菌治疗三联方案时PPI或铋剂选一种,四联方案时PPI、铋剂各选一种
兰索拉唑	60mg/d	
雷贝拉唑	20mg/d	
泮托拉唑	40mg/d	
铋剂		
胶体枸橼酸铋钾	480mg/d	
果胶铋	600mg/d	
抗生素类药		
克拉霉素	0.5~1.0g/d	根除幽门螺杆菌时从中选两种抗生素类药,并配合PPI、铋剂任选一种(三联方案)或各选一种(四联方案);抗生素类药大都有恶心、呕吐、食欲缺乏等消化道不良反应,为减轻胃肠刺激应在餐后立即服用;阿莫西林用药前应作青霉素皮试,用药中要注意有无迟发性过敏反应的发生,如皮疹等
阿莫西林	1.0~2.0g/d	
甲硝唑	800mg/d	
左氧氟沙星	0.5g/d	
呋喃唑酮	0.2g/d	

 学以致用

工作场景:

张先生,吸烟10余年,平时经常在外聚餐饮酒,半月来出现上腹痛,医院诊断为胃溃疡,幽门螺杆菌(Hp)感染,医师予以开具奥美拉唑、阿莫西林、呋喃唑酮,他咨询店员为什么医生开了这么多药,店员告知其消化性溃疡的主要原因是幽门螺杆菌感染,对其根除治疗需要至少三种药物联用,并告知其三种药物的用法、用量:奥美拉唑每次20mg,早、晚餐前服用;阿莫西林每次1g、呋喃唑酮每次0.1g。均早、晚餐后服用,店员嘱其注意戒烟戒酒。

知识运用:

1. 幽门螺杆菌是消化性溃疡的主要病因。

2. 根除幽门螺杆菌治疗三联疗法药物的用法、用量及注意事项。

三、消化性溃疡的健康教育

（一）了解疾病

向患者及家属解释引起消化性溃疡的病因和诱因,病因以幽门螺杆菌感染和服用非甾体抗炎药最常见,溃疡发生是黏膜侵袭因素和防御因素失平衡的结果,胃酸在溃疡形成中起关键作用。阿司匹林、对乙酰氨基酚、保泰松、布洛芬、吲哚美辛等非甾体抗炎药及利血平、泼尼松、咖啡因等药均有胃黏膜损伤作用，对非甾体抗炎药导致的消化性溃疡应暂停用药，如必须服用，则应遵医嘱换用对胃黏膜损伤较少的非甾体抗炎药，如塞来昔布、罗非昔布，同时应加服 PPI 或胃黏膜保护剂。吸烟、应激、长期精神紧张、饮食不规律等作为常见的发病诱因，均应尽量避免。

未感染幽门螺杆菌溃疡病患者，一般按常规服用 PPI、H_2RA 等抑制胃酸分泌的药物以及胃黏膜保护药。十二指肠溃疡患者予 PPI 治疗疗程为 2~4 周，或予 H_2RA 治疗疗程为 4~6 周；胃溃疡患者予 PPI 治疗疗程为 4~6 周，或予 H_2RA 治疗疗程为 6~8 周。对合并幽门螺杆菌感染者必须联合用药治疗，常用 PPI 或胶体铋剂 + 两种抗生素类药的三联疗法，疗程为 1~2 周。在根除幽门螺杆菌疗程结束后，继续给予一个常规疗程的抗溃疡治疗是最理想的，这在有并发症或溃疡面积大的患者尤为必要。

（二）定期监测

用药期间，应注意药物的不良反应，出现不良反应应及时到医院就诊，同时应定期复查，胃镜是确诊消化性溃疡和随访复查判断消化性溃疡疗效的首选方法，多采用非侵入性的 ^{13}C 或 ^{14}C 尿素呼气试验检测幽门螺杆菌，也可通过胃镜在检查溃疡治疗效果的同时取活检作尿素酶和（或）组织学检查。

一般应在根除幽门螺杆菌治疗后至少 4 周复查幽门螺杆菌，对复查仍有幽门螺杆菌感染的患者，则常用 PPI+ 胶体铋剂 + 两种抗生素类药的四联疗法，但对于三联治疗失败改用四联疗法时，为减少耐药尽量避免应用甲硝唑。针对抗生素类药的选用提倡在治疗前作药物敏感试验，对根除治疗失败者，再次治疗前先作药敏试验，根据药敏试验结果选用对应有效的药物。

（三）饮食治疗

对消化性溃疡患者要给予富有营养、易消化、低糖、低脂肪的饮食，定时定量、少食多餐、细嚼慢咽有规律地进食，禁忌饥饱不定、暴饮暴食，避免浓茶、咖啡、浓肉汤、过酸的水果及煎炸食品，避免生、冷、硬、辛辣刺激性食物，应忌烟酒。预防幽门螺杆菌感染，首先要切断细菌传染途径，避免口 - 口传播，餐具定时消毒，饭前便后要洗手，多人共同进餐时提倡实行分食制。

（四）运动治疗

生活要有规律，工作宜劳逸结合。病变活动期或有并发症时需要绝对休息，平时保证充足的睡眠和休息。在溃疡病活动期应注意休息，工作勿过度劳累，适当锻炼，增强体质。

（五）防治并发症

指导患者能够认识并发症的表现及危害而及时就诊，避免延误病情。若出现呕血及黑便，考虑发生出血并发症；若出现恶心、呕吐，呕吐物含发酵酸性宿食，考虑发生幽门梗阻；若突发腹痛加重，腹肌紧张、板状腹等弥漫性腹膜炎表现，则考虑发生穿孔；对中年以上患者，疼痛持久而失去原来的规律性、厌食、消瘦、大便隐血试验持续阳性，则应警惕有癌变的可能。

👤➕ **边学边练**

指导消化性溃疡患者正确使用药物，说出各自不良反应和注意事项，并能针对不同患者提供对应健康教育，请见实践7，"消化性溃疡的用药指导"。

点滴积累

1. 幽门螺杆菌(Hp)感染和服用非甾体抗炎药(NSAIDs)是已知导致消化性溃疡的主要病因。
2. 治疗消化性溃疡的常规药物包括抗酸药、抑酸药和胃黏膜保护药等,根除幽门螺杆菌药物常用 PPI 或胶体铋剂 + 两种抗生素类药的三联疗法。
3. 质子泵抑制药(PPI)是目前抑制胃酸分泌最强的一类药物。

模块二　高血压的用药指导

案例分析

案例:

张大伯,患高血压,经常到药店来测血压,从闲聊中得知,他嗜烟好酒 30 余年,吸烟 20 余支 / 天,饮白酒约 6 两 / 天,间断服用北京降压 0 号(复方利血平氨苯蝶啶片),但一般头晕时服用药物,如无明显症状则不服药,今年查体时发现尿酸升高,医生嘱其改服硝苯地平缓释片(1 次 1 片,1 日 1 次),今日他拿处方来药店购药,询问服药期间应注意什么。

分析:

张大伯嗜烟好酒,吸烟和饮酒与高血压的发病密切相关,应嘱其戒烟限酒;北京降压 0 号中含有氢氯噻嗪,有导致血尿酸升高的不良反应,因此医生予以改服硝苯地平缓释片;由于平时服药不规律,应嘱其严格按照医嘱服药。

一、高血压简介

高血压是引发心血管疾病的主要病因和危险因素之一,90% 为原发性高血压,其发病与遗传和环境因素(饮食、精神应激等)有关,常伴有脂肪和糖代谢紊乱及心、脑、肾和视网膜等器官改变。大多数起病缓慢、渐进,早期多无明显症状,体检时发现血压升高;一般常见症状有头晕、头痛、心悸、失眠、耳鸣、乏力、多梦、激动等,呈轻度持续性,多数症状可自行缓解,在紧张或劳累后加重,也可出现视物模糊、鼻出血等较重症状。

知识链接

高血压的诊断和分类

国际上高血压统一标准为:在静息状态、未服用抗高血压药情况下,非同日测量 3 次血压,收缩压(Systolic Blood Pressure,SBP)≥140mmHg 和(或)舒张压(Diastolic Blood Pressure,DBP)≥90mmHg,根据血压升高水平,又进一步将高血压分为 1~3 级。

按照病因分类分为原发性高血压和继发性高血压,其中原发性高血压占 90% 以上。按照病情的急缓又分为缓进型高血压和急进型高血压,急进型高血压病情进展迅速,如不及时有效降压治疗,预后很差。

原发性高血压目前尚无根治方法,但降压治疗可明显降低脑卒中、心脑血管病死亡率与冠心病事件发生率。高血压的治疗主要包括非药物治疗和药物治疗两个方面,其中前者包括控制体重、减少钠盐摄入、补充钙和钾盐、减少脂肪摄入、戒烟限酒、适当运动等,大部分患者非药物治疗仍不能有效控制血压需配合药物治疗,此外还应顾及可能对糖代谢、脂代谢、尿酸代谢紊乱等危险因素的影响。高血压控制目标见表6-4。

表6-4 高血压控制目标

人群	控制目标
一般	<140/90mmHg
合并糖尿病或慢性肾脏病	<130/80mmHg
老年人	收缩压:140~150mmHg, 舒张压:<90mmHg 但不低于65~70mmHg

二、常用抗高血压药物与用药指导

常用抗高血压药物有利尿药、β受体阻断剂、钙通道阻滞剂、血管紧张素转化酶抑制药、血管紧张素Ⅱ受体阻断剂、α受体阻断剂等。常用口服抗高血压药见表6-5。

表6-5 常用口服抗高血压药

分类及常用药物	适应证	用药指导
1. 利尿药		
(1)噻嗪类 氢氯噻嗪 氯噻酮 吲达帕胺	充血性心力衰竭 老年高血压 单纯收缩期高血压	主要通过排钠、减少血容量、降低外周血管阻力来降压。降压起效较平稳、缓慢,持续时间相对较长。不良反应有低钾血症和血脂、血糖、血尿酸代谢紊乱等,痛风患者禁用
(2)保钾利尿剂 螺内酯 氨苯蝶啶 阿米洛利	充血性心力衰竭 心肌梗死后	可引起高血钾,不宜与血管紧张素转化酶抑制药合用,肾功能不全、高钾血症患者禁用
(3)袢利尿剂 呋塞米	肾功能不全 充血性心力衰竭	常有乏力、尿量增多、水电解质紊乱等不良反应,治疗中需要检查电解质
2. β受体阻断剂		
普萘洛尔 美托洛尔 阿替洛尔 倍他洛尔 比索洛尔	心绞痛 心肌梗死后 快速型心律失常 充血性心力衰竭 妊娠高血压	主要通过抑制β受体减弱心肌收缩力,降低血压,降压起效较迅速、强力;不良反应主要有心动过缓、乏力、四肢发冷;急性心力衰竭、支气管哮喘、病态窦房结综合征、房室传导阻滞和外周血管疾病患者禁用
3. 钙通道阻滞剂(CCB)		
硝苯地平 尼卡地平 尼群地平 非洛地平 氨氯地平 拉西地平	老年高血压 单纯收缩期高血压 周围血管疾病 心绞痛 糖尿病 妊娠高血压	通过与钙离子通道结合阻止钙离子进入细胞,使血管平滑肌松弛,血压降低,因不良反应少,宜长期应用,心力衰竭者禁用;不良反应主要有心率增快、面部潮红、头痛、下肢水肿等,尤其使用短效制剂时;维拉帕米和地尔硫草不宜在心力衰竭、窦房结功能低下或心脏传导阻滞患者中应用

续表

分类及常用药物	适应证	用药指导
维拉帕米 地尔硫䓬	心绞痛 动脉粥样硬化 室上性心动过速	
4. 血管紧张素转化酶抑制药（ACEI）		
卡托普利 依那普利 贝那普利 雷米普利 福辛普利 西拉普利	充血性心力衰竭 心肌梗死后 非糖尿病肾病 糖尿病肾病 蛋白尿	主要通过抑制周围和组织的血管紧张素转化酶,使血管紧张素Ⅱ生成减少,降压起效缓慢,限制钠盐摄入或联合使用利尿剂可使起效迅速和作用增强;不良反应主要是刺激性干咳和血管性水肿等;干咳发生率约10%~20%,可能与体内缓激肽增多有关,停用后可消失;高钾血症、妊娠期妇女和双侧肾动脉狭窄患者禁用
5. 血管紧张素Ⅱ受体阻断剂（ARB）		
氯沙坦 缬沙坦 厄贝沙坦 替米沙坦 坎地沙坦	糖尿病肾病 蛋白尿 左室肥厚	降压作用主要通过阻滞血管紧张素Ⅱ受体而阻断血管紧张素Ⅱ的水钠潴留、血管收缩与重构作用;低盐饮食或与利尿剂联合使用能明显增强疗效,多数随剂量增大降压作用增强,安全范围较大;与ACEI相比作用类似,最大优点是无刺激性干咳不良反应,宜长期应用
6. α受体阻断剂		
哌唑嗪 特拉唑嗪 多沙唑嗪	前列腺肥大 高脂血症 妊娠高血压	降压作用主要通过与α受体结合,产生抗肾上腺素作用,有较强的降压效应;可出现直立性低血压,尤其是老年人常见,严重主动脉瓣狭窄、直立性低血压患者禁用

除了上述六大类主要的抗高血压药外,一些中成药如复方罗布麻片、牛黄降压片、天麻素片、复方芦丁片、珍菊降压片、稳压胶囊等也有一定降压作用。

三、高血压的健康教育

（一）了解疾病

向患者及家属解释引起原发性高血压的生理、心理、社会因素及高血压对机体的危害,以引起高度重视,坚持长期的饮食、运动、药物治疗,将血压控制在正常水平,以减少对靶器官的进一步损害。高血压的药物治疗遵循分层治疗、小剂量开始、减少波动平稳降压、联合用药、个体化治疗、长期用药原则。

 知识链接

高血压的药物治疗原则

1. 分层治疗 全面评估患者总危险因素后,判断其属低危、中危、高危或很高危,医生据此为患者制订对应的全面治疗方案。

2. 小剂量开始 采用较小的有效剂量可以使不良反应最小,如效果不满意,可逐步增加剂量以获得最佳疗效。

3. 减少波动平稳降压 为了有效地防止靶器官损害,要求每天24小时内血压稳定于目标范围内,优先选择长效制剂。

4. 联合用药 为使降压效果增大而又不增加不良反应,在单种药治疗效果不满意时,可以采用两种或多种抗高血压药联合治疗。

5. 个体化治疗 根据患者具体情况、不同药物特点,兼顾患者经济条件及个人意愿,综合选择适合患者的抗高血压药。

6. 长期用药 高血压患者需长期服药,忌突然停药。因故漏服药物者切勿自行补加药物剂量,应及时就医遵医嘱服药。

(二)定期监测

提醒患者或患者家属注意药物的不良反应,有明显不良反应需立即停药并及时就诊。教会患者正确使用血压计定时测量血压并记录,一般成年人应将血压控制到能耐受的最大水平,一般主张血压控制目标值至少在 140/90mmHg 以下,老年人和糖尿病患者标准单独列出。定期门诊随访复查,注意有无心、脑、肾、视网膜等靶器官功能受损表现,如有病情变化要随时就医。

(三)饮食治疗

对高血压患者要给予清淡易消化低热量饮食,控制体重使体重指数(BMI)在理想范围内。①减少钠盐摄入,<6g/d,腌制品少吃或不吃;②补充钙和钾盐,多吃含钾的新鲜蔬菜水果,如香菇、芹菜、西红柿、油菜、苹果、香蕉、橘子、桃子等,多饮牛奶和摄入豆制品补充钙质;③减少脂肪摄入,以植物油为主,避免进食富含胆固醇的食物,如动物内脏、蛋黄、虾、蟹等,摄入脂肪的热量应控制在总热量的 25% 之内;④限制饮酒,每日不可超过相当于 50g 乙醇量的酒,禁饮烈性酒。

(四)运动治疗

适当活动,劳逸结合,学会自我心理平衡调整,保持乐观情绪,家属需对患者予以理解与支持。对血压较高或有并发症的患者需卧床休息,保证充足睡眠,且保持环境安静,光线柔和。适当运动可选用散步、打太极拳、慢跑、健身操等方式,避免剧烈运动。选择适当文化娱乐活动,如听轻音乐、看画报、下棋、书法、绘画等,避免脑力过度兴奋。

(五)防治并发症

长期高血压可并发心、脑、肾、视网膜等靶器官功能受损,为减少并发症的发生,应该将血压控制在理想范围内,注意减少血压波动,保持血压相对稳定,严格按照医嘱服药,不可随意增减药量或突然撤换药物,对已发生并发症者需及时到医院就诊。①对已发生过脑卒中的患者,降压治疗的目的是减少再次发生脑卒中,降压过程应该缓慢、平稳,最好不减少脑血流量,可选择 ARB、长效钙拮抗剂、ACEI、利尿药等,注意从单种药物小剂量开始,再缓慢递增剂量或联合治疗;②合并慢性肾病时血压目标为 <130/80mmHg,终末期肾脏病时常有高血压,两者病情呈恶性循环,首选 ACEI、ARB,有利于降低尿蛋白防止肾病进展,必要时加 CCB 或利尿药,血液透析患者仍需降压治疗;③合并冠心病者应尽可能选用长效制剂,减少血压波动,控制 24 小时血压,尤其清晨血压高峰,稳定型心绞痛时首选 β 受体阻断剂或长效钙通道阻滞剂;急性冠脉综合征时和心肌梗死后患者选用 ACEI、β 受体阻断剂,预防心室重构。

学以致用

工作场景：

一天，药店来了一位顾客，因其血压一直控制不理想，在150/90mmHg至170/110mmHg之间波动，向工作人员咨询现在抗高血压药有哪些，目前服用什么药效果较好。店员小王通过询问得知其工作压力很大，烟酒应酬较多，喜食偏咸及油腻食物，曾口服过多种抗高血压药，均未按医嘱系统规律服用药物，于是向其介绍常用抗高血压药种类、常用药物及不良反应，并说明抗高血压药因人而异，均需规律用药，建议其先口服曾经应用过的硝苯地平缓释片，注意观测血压，并嘱其改变生活方式，如若效果不佳，则建议其去医院进一步就诊。

知识运用：

1. 抗高血压药的种类、代表药物及不良反应。
2. 高血压的治疗原则。

边学边练

指导高血压患者正确使用抗高血压药，并能针对不同患者提供健康教育，请见实践8，"高血压的用药指导"。

点滴积累

1. 临床常用抗高血压药有利尿药、β受体阻断剂、钙通道阻滞剂、血管紧张素转化酶抑制药、血管紧张素Ⅱ受体阻断剂、α受体阻断剂等。
2. 高血压的药物治疗遵循分层治疗、小剂量开始、减少波动平稳降压、联合用药、个体化治疗、长期用药原则。
3. 各种类型的高血压治疗方案各不相同。
4. 重视高血压患者的健康教育。

模块三　高脂血症的用药指导

案例分析

案例：

某男，45岁，肥胖体型，吸烟10余年，6个月前到当地医院查体后诊断为高脂血症、脂肪肝，医生建议其先注意饮食控制和适当运动，并建议戒烟，患者述其遵医嘱注意饮食控制并增加运动锻炼，今日复查血脂较前有所降低，但仍比正常值偏高，到药店询问购买降血脂药。

分析：

患者经过饮食控制和适当运动6个月后，血脂仍较正常值偏高，建议其口服调脂药物治疗，具体给药方案应遵医嘱。

一、高脂血症简介

高脂血症是由各种原因导致的血浆中一种或几种脂质浓度超过正常范围的代谢综合征,通常是指甘油三酯(TG)和总胆固醇(TC)升高,实际上也泛指包括低密度脂蛋白胆固醇(LDL-C)升高和高密度脂蛋白胆固醇(HDL-C)降低在内的各种血脂异常,高脂血症的诊断在国际上尚无统一标准,国内多依据《中国成人血脂异常防治指南(2007)》中血脂水平分层标准,见表6-6。高脂血症的发生,主要是环境因素、遗传因素、继发于某些疾病或药物等因素共同作用的结果。患者可在相当长时间内无症状,多在查体时发现,近年来其发病率越来越高且呈低龄化趋势。虽然高脂血症早期没有什么特异的症状或不适,但它对身体的损害具有隐匿性、渐进性和全身性的特点,一旦发生心脑血管等靶器官疾病表现,其结果经常是致命性的。高脂血症主要危害是脂质在血管内皮沉积导致动脉粥样硬化,因而是很多心脑血管疾病如冠心病、心肌梗死、心脏猝死、高血压、脑出血、脑梗死的独立而重要的危险因素,而 LDL-C 增高是导致动脉粥样硬化发生发展的基本因素。

表6-6 血脂水平分层标准

	总胆固醇 (TC)	低密度脂蛋白胆固醇 (LDL-C)	高密度脂蛋白胆固醇 (HDL-C)	甘油三酯 (TG)
合适范围	<5.18mmol/L (200mg/dl)	<3.37mmol/L (130mg/dl)	≥1.04mmol/L (40mg/dl)	<1.70mmol/L (150mg/dl)
边缘升高	5.18~6.19mmol/L (200~239mg/dl)	3.37~4.12mmol/L (130~159mg/dl)		1.70~2.25mmol/L (150~199mg/dl)
升高	≥6.22mmol/L (240mg/dl)	≥4.14mmol/L (160mg/dl)	≥1.55mmol/L (60mg/dl)	≥2.26mmol/L (200mg/dl)
降低			<1.04mmol/L (40mg/dl)	

 知识链接

高脂血症的分型

世界卫生组织(WHO)制定的高脂血症分型共分6型:①Ⅰ型:甘油三酯特别高,胆固醇正常,罕见;②Ⅱa型:胆固醇显著增高,甘油三酯正常,较多见;③Ⅱb型:胆固醇显著增高,甘油三酯稍高,较多见;④Ⅲ型:胆固醇及甘油三酯均明显增高,少见;⑤Ⅳ型:甘油三酯显著增高,胆固醇正常或稍高,又称内源性高甘油三酯血症,较多见;⑥Ⅴ型:甘油三酯很高,胆固醇稍高,又称混合型高甘油三酯血症,少见。

这种分型方法对高脂血症的临床诊治有很大帮助,但最明显的缺点是过于繁杂。临床上从实用角度出发,简单地将血脂异常分为高胆固醇血症、高甘油三酯血症、混合型高脂血症和低高密度脂蛋白胆固醇血症。

积极控制高脂血症患者的血脂可显著降低其心脑血管疾病的发病率和死亡率,因此高脂血症患者必须通过各种方式来降低血脂,其中,生活方式治疗是极其重要的基础治疗,包括坚持饮食控制与有规律的运动、戒烟限酒等,对基础治疗不能控制的高脂血症则需加用调

节血脂药物治疗,对继发性高脂血症还需要积极治疗原发病。

二、常用调节血脂药物与用药指导

临床常用的调节血脂药物种类有他汀类、贝特类、烟酸类、胆酸螯合剂、胆固醇吸收抑制剂等,常用口服调脂药物见表6-7。

表6-7　常用口服调脂药物

分类及代表药物	适应证	用药指导
他汀类 辛伐他汀 洛伐他汀 普伐他汀 氟伐他汀 阿托伐他汀钙 瑞舒伐他汀 匹伐他汀	高胆固醇血症或以高胆固醇为主混合型(Ⅱa型、Ⅱb型)	竞争性抑制细胞内胆固醇合成早期过程中限速酶的活性,而发挥调脂作用;常见不良反应有头痛、失眠、腹胀、恶心、腹泻、腹痛、肝脏血清酶升高和肌病(包括肌痛、肌炎和横纹肌溶解),其中横纹肌溶解是他汀类药物最危险的不良反应,严重者可以引起死亡,因此治疗中需定期检测肝酶与肌酶
贝特类 苯扎贝特 非诺贝特 吉非罗齐	高甘油三酯血症或以高甘油三酯为主混合型,低HDL-C血症	能抑制乙酰辅酶A羧化酶,减少肝脏内甘油三酯的合成;常作为高甘油三酯血症的首选药物;常见不良反应为腹胀、恶心、腹泻、消化不良、便秘、胆石症等,少数也可出现肝脏血清酶升高和肌病,尤其与他汀类药物联用时,应用此类药时也须定期检测肝酶与肌酶;禁忌证为严重肝肾功能不全者
烟酸类 烟酸缓释剂 阿昔莫司	原发性高胆固醇血症或以高胆固醇为主混合型,高甘油三酯血症	降脂作用机制尚不十分明确,常作为运动和饮食控制的辅助治疗药物,常见不良反应有颜面潮红、高血糖、高尿酸血症、胃肠道不适、肝功能损害等,应用烟酸类药物时需定期复查血尿酸、肝酶、血糖等;禁忌证为糖尿病、消化性溃疡、高尿酸血症、慢性肝病患者
胆酸螯合剂 考来替泊 考来烯胺	高胆固醇血症	主要为碱性阴离子交换树脂,在肠道内能与胆酸呈不可逆结合,常见不良反应有胃肠不适、便秘、脂肪泻,还会影响某些药物的吸收降低疗效;此类药物的禁忌证为异常β脂蛋白血症、高甘油三酯血症和胆道完全闭塞的患者
胆固醇吸收抑制剂 依折麦布	高胆固醇血症	可有效地抑制肠道胆固醇的吸收,常见不良反应为头痛和恶心,少数可出现肝脏血清酶升高;考来烯胺可严重影响该药的吸收,必须合用时须在服考来烯胺前2小时或后4小时服此药
其他 普罗布考	高胆固醇血症	通过掺入到脂蛋白颗粒中影响脂蛋白代谢,而产生调脂作用,常见的副作用包括恶心、腹泻、消化不良、血浆尿酸浓度增高等,非常少见却最严重的不良反应是引起Q-T间期延长,因此Q-T间期延长或室性心律失常者禁用

续表

分类及代表药物	适应证	用药指导
泛硫乙胺	高胆固醇血症	有改善脂质代谢,加速脂肪酸 β 氧化的作用;不良反应较轻,主要有恶心、厌食、腹胀、腹泻等胃肠道反应及一过性肝酶升高,因此长期用药者需检测肝功能,肝功能不全者慎用
益多酯	Ⅱ～Ⅴ型高脂血症尤其是伴有高尿酸血症者	一种强效降血脂药,既能降低甘油三酯又能降低胆固醇,还能降低血尿酸;不良反应较少,有恶心、呕吐、胃部不适、瘙痒,偶有白细胞减少及肝功能损害;妊娠期妇女、急性心肌梗死患者禁用
ω-3 脂肪酸	高甘油三酯血症和以高甘油三酯为主混合型	含不饱和脂肪酸,可降低甘油三酯和升高 HDL-C,对胆固醇和 LDL-C 无影响;主要不良反应是恶心、消化不良、腹胀、便秘等消化道症状,少数可出现转氨酶或肌酸激酶轻度升高,偶见出血倾向

 学以致用

工作场景:

一天,药店来了一位顾客说要买止痛药,述 1 周来无明显诱因出现四肢肌肉酸痛,自敷膏药后疼痛无明显缓解,详细询问病史得知其 3 个月来正在服用阿托伐他汀钙调血脂治疗。店员小张向顾客说明其肌肉酸痛考虑可能为阿托伐他汀钙药物不良反应所致,建议其立即停用该药,并到医院就诊行血肌酶学检查,2 天后顾客家属来表达谢意,告知在医院诊断为横纹肌溶解,目前正在接受治疗。

知识运用:

1. 他汀类调脂药物的不良反应。

2. 服用他汀类药物期间需要定期行血肝酶学和肌酶学检查。

三、高脂血症的健康教育

(一)了解疾病

向患者及家属解释引起高脂血症的主要危害是导致动脉粥样硬化,是很多心脑血管疾病独立而重要的危险因素,应引起高度重视,坚持长期的饮食控制、增加运动、戒烟等生活方式调节,必要时配合药物治疗,将血脂控制在正常水平,以减少心脑血管并发症的发生。临床混合型血脂异常比较多见,对混合型血脂异常仅使用一种降血脂药难以使血脂水平达标,常需要联合其他作用机制不同的调脂药物。联用不同类别调脂药既可以充分发挥药物互补协同作用,提高血脂控制达标率,同时又可降低不良反应的发生率。临床多采用他汀类或贝特类药物联合其他降血脂药的治疗方案。

(二)定期监测

在药物治疗时必须提醒患者及家属注意观察药物的不良反应,并定期到医院复查血脂、肝功能、肾功能及进行肌酶学检查,治疗中有明显不适需随时到医院就诊。有冠心病、糖尿病、原发性高脂血症家族史者、40 岁以上男性及绝经期后女性应每年定期作血脂、血糖、肝功能等全面检查。

饮食与非药物治疗 3~6 个月后,应复查血脂水平,如能达到要求即继续非药物治疗并每 6~12 个月复查 1 次,如血脂水平仍高于正常的情况则需服用调脂药物治疗。药物治疗开始

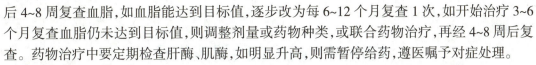

后 4~8 周复查血脂,如血脂能达到目标值,逐步改为每 6~12 个月复查 1 次,如开始治疗 3~6 个月复查血脂仍未达到目标值,则调整剂量或药物种类,或联合药物治疗,再经 4~8 周后复查。药物治疗中要定期检查肝酶、肌酶,如明显升高,则需暂停给药,遵医嘱予对症处理。

（三）饮食治疗

饮食治疗是高脂血症的基础治疗,无论是否应用调脂药物治疗,必须进行饮食治疗。合理膳食原则为低能量、低脂肪酸、低胆固醇、低糖、高纤维,要根据理想体重及劳动强度等制订总热卡量,脂肪摄入量 <30% 总热量,脂肪酸的摄入要以富含不饱和脂肪酸的植物油为主,可以多食一些富含纤维的蔬菜如蘑菇、木耳、油菜、洋葱、海带、茄子、芹菜、冬瓜等。限制饮酒,禁烈性酒。

（四）运动治疗

运动治疗也是高脂血症的基础治疗,增加有规律的体力活动,尤其是有氧运动,如步行、慢跑、游泳、骑自行车、体操等,可以有助于控制体重,使血脂水平降低。运动方式和运动量应适合患者具体情况,注意循序渐进、持之以恒,运动时运动强度不宜过大,不要超过安全最高心率（170– 年龄）。

（五）防治并发症

高脂血症的主要危害是脂质在血管内皮沉积并发动脉硬化,包括冠状动脉粥样硬化、脑动脉粥样硬化、肢体大动脉粥样硬化等,因此需要定期进行相关检查,一旦发生,除调脂治疗外,常需配合抗血小板聚集及血栓形成药、抗氧化药、抗动脉壁损伤药共同治疗,因此对高脂血症需积极防治并发症。血脂异常既是糖尿病的常见并发症,又是心血管病的独立危险因素,调脂治疗可以显著降低糖尿病患者心血管事件的发生率,因此对糖尿病合并高脂血症患者必须积极治疗,除饮食调节、运动锻炼和戒烟等治疗性生活方式干预外,还应按危险程度决定是否应用调脂药物,低度危险者根据临床考虑是否加用调脂药物治疗,中度危险、高危患者必须应用调脂药物治疗。

代谢综合征的血脂异常表现为甘油三酯水平高、HDL-C 水平低、LDL-C 增多。甘油三酯在许多非脂肪组织器官如肝脏、骨骼肌、胰腺等中沉积,从而引起肝脏及外周组织的胰岛素抵抗。防治代谢综合征的主要目标是预防临床心血管病以及 2 型糖尿病的发病,对已有心血管疾病者则要预防心血管事件再发。除调脂治疗外,还需积极通过生活方式和药物治疗控制血糖和血压,其中积极持久的生活方式治疗是达到上述目标的基础措施,如控制仍不达标,则需在启动生活方式治疗的基础上,再用调脂药物治疗。

边学边练

指导高脂血症患者正确使用调脂药物,说出各自不良反应和注意事项,并能针对不同患者提供健康教育,请见实践 9,“高脂血症的用药指导”。

点滴积累

1. 临床常用的调脂药物有他汀类、贝特类、烟酸类、胆酸螯合剂、胆固醇吸收抑制剂等。
2. 饮食治疗是高脂血症的基础治疗,无论是否应用调脂药物治疗,必须进行饮食治疗。
3. 他汀类、贝特类调脂药物用药期间要定期复查和定期检测肝酶与肌酶。
4. 重视高脂血症患者的健康教育。

模块四　糖尿病的用药指导

 案例分析

> **案例：**
>
> 　　李大娘,患糖尿病多年,是药店的常客,定期到药店购买降糖药。一天,她持医生处方购买降糖药格列齐特,在准备交款时突然感觉心慌、头晕,此时是上午 11 点左右。店员忙将大娘扶到椅子上坐下,发现大娘面色苍白、出汗、手颤。随后给大娘喝了点糖水,15 分钟后症状逐渐好转。
>
> **分析：**
>
> 　　李大娘出现了低血糖反应。低血糖反应是口服降糖药最常见的不良反应,严重时会出现休克和死亡,应注意防治。对于糖尿病顾客应积极向其宣传糖尿病预防知识,并教会其预防低血糖反应的措施,店员也应熟练掌握处理低血糖反应的方法。

一、糖尿病简介

　　糖尿病是一组由多病因引起的以慢性高血糖为特征的代谢性疾病,是由于胰岛素分泌和(或)作用缺陷所引起。长期糖、脂肪及蛋白质代谢紊乱可引起多系统损害,导致眼、肾、神经、心脏、血管等组织器官慢性进行性病变、功能减退甚至衰竭;病情严重者可发生急性严重代谢紊乱,如糖尿病酮症酸中毒、糖尿病高渗综合征。

 知识链接

> ### 糖尿病的诊断和分型
>
> 　　诊断:①糖尿病症状加随机血糖≥11.1mmol/L 或②空腹血糖≥7.0mmol/L 或③OGTT(糖耐量实验)2 小时血糖≥11.1mmol/L。
>
> 　　分型:①1 型糖尿病;②2 型糖尿病;③特殊类型糖尿病;④妊娠糖尿病

　　糖尿病的病因与发病机制复杂,至今未完全阐明。多与遗传、环境、免疫等因素有关。典型症状为三多一少症状,即多尿、多饮、多食和消瘦。此病为慢性疾病,易产生多组织器官损害。主要并发症有糖尿病视网膜病变、糖尿病肾病、糖尿病神经病变、反复感染。

　　糖尿病是需要终身治疗的疾病,治疗目的是使血糖正常化,纠正代谢紊乱,防治或减少并发症,提高生存质量。主要治疗包括糖尿病教育、饮食治疗、运动治疗、药物治疗、血糖监测以及其他心血管疾病危险因子的检测和控制。

二、常用降糖药物及用药指导

　　治疗糖尿病的药物包括胰岛素和口服降糖药。

　　1. 胰岛素　易被消化酶破坏,口服无效,采用皮下注射或静脉注射给药。皮下注射宜选用皮肤疏松部位如上臂、大腿内侧、腹部等。胰岛素需要低温保存。未开封的胰岛素应放在冰箱 4~8℃保存,正在使用的可在室温下(<28℃)使用。胰岛素用于:① 1 型糖尿病;②口服降血糖药治疗未能控制的 2 型糖尿病;③糖尿病发生严重并发症者,如酮症酸中毒及非酮症高渗性昏迷;④糖尿病合并重度感染、消耗性疾病、创伤、手术、妊娠分娩等。

常见不良反应有:①低血糖反应:轻者表现为饥饿感、出汗、心悸、焦虑不安、面色苍白、震颤等症状,重者可出现惊厥、昏迷、休克、甚至死亡;出现低血糖反应时,立刻饮食含糖类的食品或饮料,严重者应立即静脉注射 50% 葡萄糖溶液;②过敏反应:可表现为皮疹、血管神经性水肿,严重者出现过敏性休克;使用高纯度制剂或人胰岛素可减少过敏反应的发生;③胰岛素抵抗:可通过更换制剂或对剂量进行适当调整来减轻;④局部反应:皮下注射处可出现红肿、硬结、脂肪萎缩等,预防措施为经常更换注射部位。

2. 口服降糖药 分为促胰岛素分泌剂和非促胰岛素分泌剂。前者包括磺酰脲类、格列奈类、二肽基肽酶 4(DPP-4)抑制剂;后者包括双胍类、噻唑烷二酮类、α- 葡萄糖苷酶抑制药,见表 6-8。

表 6-8 常用口服降糖药及用药指导

分类及常用药物	适应证	用药指导
促胰岛素分泌剂		
1. 磺酰脲类 甲苯磺丁脲 格列本脲 格列吡嗪 格列齐特 格列美脲 格列喹酮	2 型糖尿病非肥胖者,胰岛素抵抗者加用	主要不良反应为低血糖反应和胃肠道反应;60 岁以上的老年人(易发生低血糖反应)慎用;指导服药时间为早餐前半小时或早、晚餐前半小时;告知患者服药期间饮酒或与下列几类药物合用如西咪替丁、阿司匹林、贝特类降血脂药、丙磺舒、别嘌醇等会使其血药浓度增加,从而增加了降糖作用,容易出现低血糖反应;与 β 受体阻断药合用会掩盖低血糖症状
2. 格列奈类 瑞格列奈 那格列奈	2 型糖尿病尤其以餐后血糖升高为主的 2 型糖尿病	主要不良反应为低血糖反应,用药中需要预防,通常在餐前 15 分钟内服用本药
3. 二肽基肽酶 4 抑制剂 西格列汀	2 型糖尿病	主要不良反应为低血糖反应,用药中需要预防
非促胰岛素分泌剂		
1. 双胍类 苯乙双胍 二甲双胍 丁福明	2 型糖尿病尤其是肥胖者	容易出现厌食、恶心、腹泻、口中有金属味等胃肠道反应,餐中、餐后服药可减轻不良反应;因干扰维生素 B_{12} 的代谢,可引起巨幼细胞贫血,应告知患者服药期间定期检查血象;提醒患者用药期间尽量不饮酒、禁止酗酒,否则易引起低血糖反应;提醒患者当出现不能解释的过度呼气、肌肉疼痛、嗜睡、乏力时应立即停药,及时就医
2. 噻唑烷二酮类 吡格列酮 罗格列酮 恩格列酮	2 型糖尿病尤其是伴有高血脂的患者	主要不良反应为胃肠道反应、水肿、体重增加、肝功能损害,有心力衰竭和肝病者慎用,因能损害肝脏,应该定期作肝功能检查
3. α- 葡萄糖苷酶抑制药 阿卡波糖 伏格列波糖	餐后血糖升高为主的 2 型糖尿病	主要不良反应为腹胀、排气增多或腹泻,应在进食第一口食物时服用

 边学边练

对前来购买降糖药的患者进行用药指导,详见实践10,"糖尿病的用药指导"。

三、糖尿病的健康教育

(一)了解疾病

糖尿病是一种需终身治疗的疾病,治疗目的在于控制血糖,减少、延缓并发症,提高生存质量,延长寿命。糖尿病的治疗强调早期、长期、综合治疗及治疗方法个体化原则。国际糖尿病联盟提出糖尿病的治疗包括饮食控制、运动疗法、血糖监测、药物治疗和糖尿病教育五个要点。其中药物治疗中各降糖药均为处方药,使用时严遵医嘱,不能随意自行更换药物。

(二)定期监测

治疗过程做好血糖监测,定期检查血压、血脂、肝肾功能、眼底及神经系统,发现情况及时处理。目前国际上把糖化血红蛋白 <7%,血压 <130/80mmHg 及低密度脂蛋白 <2.6mmol/L 作为糖尿病的理想控制目标。指导患者用药期间定期检测血糖,建议患者使用便携式血糖计定期进行自我血糖监测,并做好记录,发现血糖波动过大,及时到医院就医。大多数降糖药容易出现低血糖反应,表现为饥饿、心慌、头晕、出汗、震颤甚至休克,用药期间提醒患者注意是否有上述症状出现,如果出现应立刻平卧并补充葡萄糖。

(三)饮食治疗

饮食治疗是各种类型糖尿病基础治疗的首要措施,饮食治疗的原则是控制总热量和体重。减少食物中脂肪,尤其是饱和脂肪酸含量,增加食物纤维含量,使食物中碳水化合物占饮食总能量 50%~60%、脂肪占总能量的 30%、蛋白质不超过总能量的 15%,比例应合理。

在饮食治疗过程中应注意:①按时进食,能够很好地掌握进食量,有效地控制血糖和减少低血糖反应;②严格控制总热量,当出现饥饿感时,可增加含糖量比较小(含糖量 <5%)的蔬菜的摄入,如小白菜、菠菜、油菜、大白菜、卷心菜、冬瓜、黄瓜、丝瓜和西红柿等;③严格控制各种甜食,包括糖、甜点、含糖饮料等;④限烟限酒,不推荐糖尿病患者饮酒,饮酒每日不超过 1~2 份标准量(1 份标准量为:啤酒 350ml,红酒 150ml 或低度白酒 45ml,各约含酒精 15g),禁止酗酒;⑤限制进盐量,食盐 <6g/ 天;⑥控制体重,每周测量体重 1 次,增长量 >2kg 时应及时就医。

 课堂活动

列举推荐糖尿病患者的饮食,包括主食、蔬菜及饮品。

(四)运动治疗

适当的运动有利于控制体重、提高胰岛素敏感性,改善糖和血脂代谢,利于控制血压,患者应根据自身条件选择适宜的运动。一般推荐中等强度的有氧运动(如快走、打太极拳、骑车、打高尔夫球和园艺活动等),运动时间每周至少 150 分钟。当血糖 >14~16mmol/L、明显的低血糖症或血糖波动较大、有糖尿病急性代谢并发症以及各种心、肾等器官严重慢性并发症者暂不适宜运动。

运动治疗时应注意:①循序渐进,长期坚持;②主张餐后运动,并在运动时随身携带含有糖的食物或饮料,当出现饥饿感、心慌、头晕、四肢无力甚至颤抖时立刻停止运动,并适当补充糖。

（五）防治并发症

糖尿病患者感染时的危险性明显高于正常人,应避免出现外伤和感染。患者应养成良好的生活卫生习惯,保持全身和局部的清洁,尤其是口腔、皮肤、会阴部的清洁;做好足部护理包括经常足部按摩,避免足部受伤,保持足部清洁等;注射胰岛素注意皮肤消毒;发现感染及时就医。患者及家人应学会发现和观察低血糖反应、酮症酸中毒、高渗性昏迷等并发症,如果出现及时就医。避免酮症酸中毒的诱发因素如感染、胰岛素量不足、创伤和饮食不当等。高渗性昏迷常发生在感染、急性胃肠炎、胰腺炎、脑血管意外、使用糖皮质激素和利尿药等情况,应注意预防和监测。

 知识链接

糖尿病的急性并发症

1. 糖尿病酮症酸中毒 糖尿病代谢紊乱时,脂肪分解加速,在肝脏形成大量酮体,血酮体升高,发生代谢性酸中毒。表现为糖尿病症状加重,疲乏、四肢无力、极度口渴、多饮多尿。酸中毒时出现食欲减退、恶心和呕吐,常伴有头痛、嗜睡、烦躁不安、呼吸加深加快有烂苹果味。进一步发展出现血压下降,反应迟钝甚至消失,出现昏迷,血糖、血酮体明显升高,尿糖、尿酮体强阳性。

2. 高渗性非酮症糖尿病昏迷(简称高渗性昏迷) 糖尿病代谢紊乱的另一类型。表现为多尿多饮、随着失水增加而出现嗜睡、幻觉、定向障碍、偏盲、偏瘫等,严重出现昏迷。血糖、血钠及血浆渗透压明显升高,尿糖强阳性,多无酮体。

3. 感染 糖尿病患者常发生疖、痈等皮肤感染,体癣、手足癣等皮肤感染也比较常见;膀胱炎和肾盂肾炎是泌尿系最常见感染,多见于女性,易反复发作而转变为慢性;糖尿病患者肺结核发病率较正常人群明显偏高,发病后多进展较快,易形成空洞。

 点滴积累

1. 糖尿病是一种需终身治疗的疾病。糖尿病的治疗主要包括糖尿病教育、饮食治疗、运动治疗、药物治疗、血糖监测以及其他心血管疾病危险因子的监测和控制。
2. 正确选择合理应用口服降糖药是治疗糖尿病的重要方法。
3. 糖尿病的健康教育在糖尿病的治疗中起到很关键的作用。

模块五 特殊人群的用药指导

 案例分析

案例:

路边的电线杆被一货车撞歪,在处理事故的过程中得知,货车司机因为"感冒"服用了2粒氨咖黄敏胶囊。开车大约20分钟,出现睡意,而且越来越困,随后出现头晕,视线越来越模糊,一个恍惚,下意识躲避左侧车辆,就撞到路旁的电线杆上了。

分析：

临床常见的特殊人群包括妊娠期和哺乳期妇女、小儿、老年人、肝肾功能减退者和特殊职业者如驾驶员等，在使用药物时应该注意其特殊性。做到正确选择药物和正确使用药物，以避免危险事故发生。

一、小儿的合理用药

小儿的共同特点是随年龄的增长，药物的吸收、分布、生物转化和排泄功能日趋完善，因此不同阶段的小儿有不同的生理特点，对药物的反应性也不尽相同，用药注意事项也有所不同。

新生儿疾病多在医院处理，14岁以上的小儿给药与成年人相似。本节主要介绍婴幼儿和儿童的用药特点及注意事项。

 知识链接

小儿年龄分期

胎儿期是从受精卵形成至胎儿娩出前，约40周；新生儿期为出生后28天内；婴儿期指出生后1个月至1周岁；幼儿期指1周岁到3周岁；学龄前期指3周岁到女6岁、男7岁；学龄期指女6~12周岁、男7~13周岁；青春期或少年期指女11~12周岁到17~18周岁，男13~14周岁到18~20岁；儿童为14周岁以下的小儿。

（一）婴幼儿的合理用药

1. 婴幼儿的用药特点 ①胃酸分泌少，胃排空时间长，多数药物尤其是弱酸性药物吸收好；另外此期小儿皮肤角质层薄，体表面积相对大，药物透皮吸收好；使用外用药物时，应注意药物的吸收作用；②药物与血浆蛋白结合率低，药物与血浆蛋白结合的少，游离的多，容易引起药物中毒；另外磺胺药、苯妥英钠、吲哚美辛、维生素K等与血胆红素竞争血浆蛋白，出现高胆红素血症，可导致核黄疸；③肝脏功能低，酶系统发育不完善，药物代谢慢，容易引起药物中毒；④肾小球的滤过率低，药物排泄慢，所以经肾脏排泄的药物容易中毒；⑤婴幼儿主要系统的用药注意事项见表6-9。

表6-9 婴幼儿主要系统的用药注意事项

药物	用药注意事项
中枢神经系统药物	婴幼儿使用吗啡、哌替啶等药物易引起呼吸抑制等毒性反应，应禁用；婴幼儿对镇静药耐受性大，在治疗小儿惊厥时，应该注意调整剂量；氨茶碱虽然不是中枢兴奋药，但是在治疗婴幼儿哮喘时，其中枢兴奋作用明显，甚至引起惊厥
呼吸系统药物	婴幼儿咳嗽反射不健全，易出现气道阻塞，治疗呼吸系统疾病时，以祛痰消炎为主；氨茶碱使用时，容易出现中枢兴奋症状
消化系统药物	婴幼儿腹泻时，不宜过早使用止泻药，以免肠道内毒素吸收过快而加速中毒；不宜使用导泻药，以免引起严重腹泻

2. 婴幼儿的用药注意事项 ①口服给药时以糖浆剂为宜；口服混悬剂在使用前应充分

摇匀;使用滴剂如维生素 AD 滴剂绝不能在熟睡、哭闹时喂服,以免引起油脂吸入肺内引起吸入性肺炎;②因婴幼儿皮下组织和肌肉较少,局部血流量少,所以一般不作肌内和皮下注射,常选用口服和直肠给药;③严格掌握用药剂量,避免药物中毒;④禁用酚酞(尤其是早产儿)、吗啡、喹诺酮类和万古霉素类药物;慎用氨茶碱、氨基苷类、磺胺类药、氯霉素和激素类药物。

 边学边练

小儿用药剂量计算,详见实践 11,"特殊人群的用药指导与用药推荐"。

(二)儿童的合理用药

1. 儿童的用药特点 儿童器官发育日趋完善,但机体抵抗力还比较差,易患感染性疾病;新陈代谢快,药物排泄较快;骨骼、牙齿处于快速发育状态,很容易受到药物影响。对水盐代谢功能差,长期使用弱酸或弱碱性药物,容易发生代谢性酸、碱中毒。

2. 儿童的用药注意事项 ①严格掌握剂量,避免药量不足或过量中毒;肥胖儿童按体重计算给药量有可能造成过量中毒;②尽量选用口服和直肠给药;③抗酸药、健胃药、胃黏膜保护药、收敛止泻药、利胆药应在餐前 30 分钟服用;胃蛋白酶、乳酸杆菌制剂等助消化药应在餐前片刻服用;铁剂等对胃肠道有刺激作用的药物应该在餐后 15~30 分钟内服用;驱虫药应在空腹时如清晨服用;催眠药在睡前使用;④不可滥用抗微生物药和激素等药物。认真执行医嘱,仔细阅读药品说明书,注意儿童慎用或禁用的主要药物,见表 6-10。

表 6-10 儿童慎用或禁用的部分药物

药物	主要不良反应	慎用或禁用
糖皮质激素	诱发感染、骨质疏松、发育迟缓等	发热时慎用,避免滥用
雄激素	骨骼闭合过早,影响发育	慎用,避免滥用
阿司匹林	瑞氏综合征	发热时禁用,可选用对乙酰氨基酚
抗微生物药		
氨基苷类	永久性耳聋和肾损害	禁用或在血药浓度监测下使用
喹诺酮类	影响软骨、肌腱发育	禁用
四环素类	影响骨骼发育和引起牙齿黄染畸形	8 岁以下禁用
氯霉素	抑制骨髓造血	慎用,注意监测血象
万古霉素类	耳毒性、肾毒性	慎用

二、妊娠期和哺乳期妇女用药

(一)妊娠期妇女用药

1. 用药原则 权衡所用药物对妊娠期妇女疾病的治疗和对胎儿造成可能损害的利弊,尽量不用或少使用药物。当疾病危及妊娠期妇女的生命,必须使用药物时,应选用对胎儿影响小的药物,及时调整剂量和停药。

2. 妊娠各期用药特点 ①妊娠期间慎用导泻药,易引起子宫收缩而导致流产和早产;避免饮用含有咖啡因的饮料,容易引起反酸、心悸、失眠;适当补充钙剂、铁剂、叶酸和维生素,以保证胎儿的正常发育;②妊娠 3~12 周为妊娠早期,此期间胚胎、胎儿各器官高度分化,迅速发育,胎儿对药物最敏感,此期用药要特别慎重,以免造成胎儿畸形或流产;③妊娠末期服用阿司匹林可引起产后出血;④分娩时用药注意,哌替啶只能在分娩前 4 小时使用,避免影响胎儿呼吸;缩宫素要使用小剂量,避免出现子宫强直性收缩。

3. 药物对胎儿可能造成的危害

(1)畸形:妊娠早期用药最易引起胎儿畸形。如雌、雄激素和孕激素常引起胎儿性发育异常;叶酸拮抗剂(甲氨蝶呤)可引起颜面部畸形、颅骨畸形和腭裂;烷化剂如环磷酰胺可引起肢体畸形、腭裂和外耳缺损;抗癫痫药苯妥英钠可引起唇裂、腭裂和智力低下;香豆素类如华法林可引起胚胎病变、胎儿中枢发育异常和颜面畸形;丙硫氧嘧啶可引起甲状腺先天肿大等。

(2)中枢神经系统损害:镇痛药(吗啡、哌替啶)、镇静催眠药(地西泮)、麻醉药和抗组胺药等中枢抑制药能抑制胎儿神经系统发育,出现娩出的新生儿不哭、不吃、体温降低、呼吸抑制和循环障碍等。

(3)其他不良反应:氨基苷类抗生素可引起胎儿永久性耳聋;四环素类抗生素可引起胎儿骨骼发育障碍;过量维生素D可导致新生儿智力障碍、动脉狭窄和高血压;分娩前使用氯霉素可引起新生儿灰婴综合征等。

4. 妊娠期用药的注意事项　①用药时间宜短,剂量要小;②必须使用禁用或慎用药物时,最好作血药浓度监测,以便及时调整剂量;③不使用临床验证阶段的药物,以免造成危害。

绝大多数药物有致畸作用。在选用时要严格按照药品说明书和遵医嘱。妊娠期妇女禁用药物可查阅《中华人民共和国药典》妊娠期妇女禁用的药物表。

5. 对胎儿有危害的部分药物　①抗肿瘤药:甲氨蝶呤、环磷酰胺;②激素类:己烯雌酚、可的松、地塞米松;③抗微生物药:氯霉素、卡那霉素、四环素;④抗癫痫药:苯妥英钠、丙戊酸钠;⑤降血糖药:甲苯磺丁脲、氯磺丙脲;⑥抗凝药:华法林;⑦抗疟药:氯喹;⑧其他:沙利度胺、碳酸锂、丙硫氧嘧啶等。

(二)哺乳期妇女用药

1. 用药原则　权衡对自身疾病治疗的重要性和对乳儿可能造成危害的利弊,明确用药指征,尽量避免对乳儿产生危害;选用通过乳汁排泄少的药物,减少对乳儿的影响。

2. 哺乳期妇女用药的注意事项　尽量不用药,用药时间要短,用药剂量要小;选择短效药物,单剂使用;需长期用药应作血药浓度监测,避免血药浓度高峰时哺乳。注意用药和哺乳的时间间隔,根据药物半衰期调整最佳哺乳时间。一般采用哺乳后用药,最少间隔4小时。

3. 禁用药物　药物随乳汁进入乳儿体内,因乳儿血红蛋白结合率低,肝、肾功能不完善,药物更容易产生不良反应。乳儿一般每天能吸吮800~1000ml乳汁,哺乳期妇女服用的药物对乳儿的影响很大,所以哺乳期妇女应慎重用药,哺乳期妇女禁用的药物见表6-11。

表6-11　哺乳期妇女禁用药物

分类	药物
抗微生物药	喹诺酮类、磺胺类、硝基咪唑类、林可霉素、米诺环素、氯霉素、两性霉素、利巴韦林、阿苯达唑、异烟肼
心血管用药	丁咯地尔、氟桂利嗪、阿托伐他汀、洛伐他汀、普伐他汀、非诺贝特、辛伐他汀、培哚普利、西拉普利、比索洛尔、卡维地洛、厄贝沙坦
其他	苯海拉明、茶苯海明、米索前列醇、非格司亭、环孢素、激素类、抗恶性肿瘤药等

三、肝、肾功能不全患者用药

(一)肝功能不全患者用药

肝功能不全患者对药物的体内过程影响主要为:药物代谢速度减慢和程度减弱;因影响蛋白质合成而使药物血浆蛋白结合率降低;首关消除作用减弱,使血药浓度增高,药物半衰期延长,极易引起药物中毒。

1. 肝功能不全患者用药的基本原则 ①避免使用对肝脏损害明显的药物,如果必须使用,则在患者肾功能正常前提下选用对肝脏毒性小、主要经肾脏排泄的药物;②药物从小剂量用起,必要时进行血药浓度监测,做到用药个体化;③注意观察体征(黄疸、肝肿大、肝区叩疼等),定期检查肝功能,及时调整给药剂量方案。

2. 肝功能不全患者慎用的药物 肝功能不全患者应慎用对肝脏有损害的药物,见表6-12。

表6-12 肝功能不全患者慎用的药物

肝损害类型	药物
代谢性肝损害	抗癫痫药、三环类抗抑郁药、氯丙嗪、巴比妥类、口服避孕药、抗甲状腺药、免疫抑制剂(环孢素)、抗感染药(四环素)等。
实质性肝损害	对乙酰氨基酚等非甾体抗炎药、异烟肼、美托洛尔、抗真菌药、利尿药、抗癫痫药等
胆汁淤积型	异烟肼、甲氨蝶呤、苯妥英钠、四环素、琥乙红霉素、丙米嗪等
肝肉芽肿	异烟肼、抗癫痫药、别嘌醇、保泰松、雷尼替丁、肼屈嗪等
肝纤维化和硬化	甲氨蝶呤、烟酸、维生素 A 等
肝血管病变	口服避孕药
胆管病变	氟尿嘧啶

3. 肝功能不全患者的用药方案 ①由肝脏代谢,但对肝脏无明显毒性反应的药物,使用时应慎重,且须减量;②经肝脏代谢,可致肝损害的药物,避免使用;③由肝脏和肾脏两种途径消除的药物,须减量使用;④经肾脏排泄的药物,不经肝脏代谢的药物不需要调整剂量;⑤经肝脏转化才有活性产生药理作用的药物,不能使用,需要选择同类药物中不需要在肝脏转化就有药理活性的药物。

(二)肾功能不全患者用药

肾功能不全患者用药时,肾排泄的药物血浆半衰期延长,血药浓度升高,容易造成药物中毒。

1. 肾功能不全患者用药的基本原则 ①避免使用对肾脏损害明显的药物;②根据肾脏功能情况调整药物剂量,肾脏轻度、中度和重度损害时,药物剂量可分别减少到正常剂量的1/2~2/3、1/5~1/2 和 1/10~1/5,必要时进行血药浓度监测,做到用药个体化;③定期检查肾功能,及时调整给药剂量和给药间隔时间。

2. 肾功能不全患者慎用的药物 肾功能不全患者应慎用对肾有损害的药物,见表6-13。

3. 肾功能不全患者的用药方案 ①给药间隔不变,药量减少;②延长给药间隔,药物剂量不变;③给药间隔和给药剂量同时调整;④剂量调整方法按肾功能损害程度,即内生肌酐清除率或按照血药浓度监测控制在安全有效的范围内。

表 6-13　肾功能不全患者慎用的药物

肾损害类型	药物
肾小球损害	环孢素、两性霉素 B、依那普利、肼屈嗪、非甾体抗炎药等
肾小管损害	一代头孢菌素类、磺胺类药、过量的右旋糖酐 40、多黏菌素 B、苯妥英钠、两性霉素 B、氨基苷类、利尿药、丝裂霉素、甲氨蝶呤、秋水仙碱等
肾间质损害	头孢菌素、庆大霉素、普萘洛尔、四环素、非甾体抗炎药等
肾结石	维生素 D、维生素 A、维生素 C、磺胺类药、非甾体抗炎药等

四、驾驶人员的合理用药

驾驶人员有着特殊的职业特点,对于一些影响操作的药物均有可能造成巨大的人身伤害,因此指导其合理用药意义重大。

 知识链接

药驾小知识

我国《道路交通安全法》明确规定,服用国家管制的精神药品和麻醉药品不得驾驶机动车。在美国,酒后驾驶的法律条例同样适用于药后驾驶。如果警察怀疑你是在药物影响下驾驶车辆,就会要求你作血液和尿液测试,发现异常按相关规定处置。世界卫生组织(WHO)列举出了服用后可能影响安全驾驶的七大类药物,并提出在服用这些药物后禁止驾驶车辆。七类药物包括镇静催眠药、抗组胺药、镇痛药、能引起精神兴奋的药物、治疗癫痫的药物、部分抗高血压药和降血糖药。

(一)驾驶员应该慎用的药

驾驶人员服药后如因药物产生眩晕、嗜睡、幻觉、视物模糊、定向力障碍和多尿、多汗等副作用时,均可影响驾驶员的正常操作,因此驾驶人员在使用药物时应该特别注意。

1. 抗组胺药　打喷嚏、流鼻涕和鼻塞是感冒的常见症状,缓解这些症状的药物主要是抗组胺药,如氯苯那敏、苯海拉明。服用后会出现嗜睡、困倦、视物模糊、头疼,影响驾驶。含有抗组胺药成分用于治疗感冒的复方制剂有:氨咖黄敏胶囊、复方氨酚烷胺、维 C 银翘片、美息伪麻片等。除氯苯那敏外,苯海拉明、酮替芬、茶苯海明也有抗组胺作用,也会引起同样的不良反应。其他抗组胺药如氯雷他定、西替利嗪等不良反应会小一些,但也会引起轻微的头晕和嗜睡。

2. 镇咳药　可待因有镇痛镇静和镇咳作用,服用者会出现倦怠和嗜睡。同类药物喷托维林(咳必清)也有类似反应,会影响操作的敏捷性。

3. 镇痛药　吗啡、哌替啶等镇痛药均有镇痛镇静作用,会引起乏力、嗜睡和因血管扩张引起的低血压而引发头晕。

4. 镇静催眠药　地西泮、艾司唑仑、苯巴比妥等能产生明显的镇静催眠作用,产生明显的头晕、乏力和嗜睡。

5. 抗高血压药　可乐定、利血平等因中枢抑制作用会引起嗜睡;氯沙坦、硝苯地平、哌唑嗪等可因降压作用而产生直立性低血压导致头晕和心悸。

6. 降血糖药　格列齐特、格列本脲等降血糖药,使用不当引起低血糖会出现手颤、心悸、出汗、头晕等症状。

7. 保健品中含有中枢抑制作用用来改善睡眠的药物如脑白金、天麻会引起嗜睡;具有抗疲劳作用的药物如人参、西洋参等会产生烦躁不安和心悸。

驾驶员应慎用的药物见表6-14。

表6-14　驾驶员慎用的药物

不良反应	药物
嗜睡	镇静药、催眠药、抗组胺药(苯海拉明、氯苯那敏、茶苯海明等)、质子泵抑制药、抗精神病药等
视物模糊	解痉药(阿托品、东莨菪碱)、抗癫痫药(卡马西平、苯妥英钠)
头晕	扩血管药(硝酸甘油、麦角碱等)、解热镇痛药(布洛芬、双氯芬酸)、抗精神病药等
兴奋和幻觉	金刚烷胺、多巴丝肼、引起中枢兴奋的药物(右美沙芬、麻黄碱等)
定向力障碍	镇痛药(哌替啶)、抗精神病药(氯丙嗪等)、H_2受体阻断药(雷尼替丁、西咪替丁、法莫替丁)、长期服用避孕药等
多尿或多汗	利尿药、哌唑嗪、易引起低血糖反应的药物(降糖药)等

(二)预防措施

1. 开车前4小时慎用上述药物,或服药后6小时再开车。

2. 药店店员告知所买的药物是否影响驾驶,指导顾客认真阅读药品说明书,如发现有上述不良反应的药物应该慎用。

3. 对易产生嗜睡作用的药物,最好睡前半小时服用,既减少对日常生活带来的不便,又能促进睡眠。

4. 同类药物中选择对中枢抑制作用小的药物,如抗组胺药可选用氯雷他定而不选用苯海拉明。

5. 糖尿病患者注意用药后的低血糖反应。服用抗高血压药的患者注意低血压反应。

点滴积累

1. 小儿用药时注意正确计算给药剂量,常选用口服和直肠给药的给药方法,避免使用慎用和禁用药物。

2. 妊娠期和哺乳期妇女用药时应注意对胎儿和乳儿的影响,避免使用慎用和禁用药物。

3. 肝、肾功能减退的患者因其消除作用减弱,易导致药物蓄积中毒,所以应做好剂量和给药间隔的调整。避免使用损害肝、肾功能的药物。

4. 驾驶人员用药时应注意用药时间和避免使用慎用药物。

目标检测

单项选择题(A型题)

1. 下列药物中不是用于联合治疗Hp感染的药物是(　　　)
   A. 奥美拉唑　　　　　B. 胶体枸橼酸铋钾　　　　　C. 克拉霉素
   D. 阿莫西林　　　　　E. 莫沙必利

2. 防治非甾体抗炎药所致消化性溃疡首选药物是(　　　)

    A. 法莫替丁　　　　　　　　B. 硫糖铝　　　　　　　　C. 奥美拉唑

    D. 铝碳酸镁　　　　　　　　E. 米索前列醇

3. 下列药物抑制胃酸分泌效果最强的是(　　　)

    A. 雷尼替丁　　　　　　　　B. 碳酸氢钠　　　　　　　　C. 丙谷胺

    D. 奥美拉唑　　　　　　　　E. 哌仑西平

4. 首次根除幽门螺杆菌的治疗疗程为(　　　)

    A. 1~2 周　　　B. 2~4 周　　　C. 4~6 周　　　D. 2~3 周　　　E. 3~4 周

5. 消化性溃疡病因中最重要的是(　　　)

    A. 非甾体抗炎药　　　　　　B. 沙门菌感染　　　　　　　C. 幽门螺杆菌感染

    D. 自身免疫　　　　　　　　E. 以上都不是

6. 下列哪种胃黏膜保护药对幽门螺杆菌有直接杀灭作用(　　　)

    A. 枸橼酸铋钾　　　　　　　B. 米索前列醇　　　　　　　C. 硫糖铝

    D. 铝碳酸镁　　　　　　　　E. 吉法酯

7. 消化性溃疡用质子泵抑制剂治疗,其作用在壁细胞哪一环节(　　　)

    A. 组胺 H_2 受体

    B. 胃泌素受体

    C. 腺苷环化酶

    D. 泌酸终末步骤关键酶 H^+,K^+-ATP 酶

    E. 胆碱能受体

8. 西咪替丁治疗消化性溃疡的机制是(　　　)

    A. 阻断 H^+,K^+-ATP 酶　　　B. 拮抗 H_2 受体　　　　　C. 阻断胆碱受体

    D. 保护胃黏膜　　　　　　　E. 中和胃酸

9. 促进胃十二指肠黏膜的黏液及碳酸氢盐分泌和增加黏膜血流的药物是(　　　)

    A. 枸橼酸铋钾　　　　　　　B. 硫糖铝　　　　　　　　　C. 克拉霉素

    D. 丙谷胺　　　　　　　　　E. 米索前列醇

10. 对胃壁细胞的 M 受体有高度亲和力而抑制胃酸分泌的药物是(　　　)

    A. 兰索拉唑　　　B. 胶体铋　　　C. 雷尼替丁　　　D. 哌仑西平　　　E. 铝碳酸镁

11. 对合并糖尿病的高血压患者的降压目标是(　　　)

    A. <170/100mmHg　　　　　B. <160/95mmHg　　　　　C. <150/90mmHg

    D. <140/85mmHg　　　　　　E. <130/80mmHg

12. 下列属于钙通道阻滞剂氨氯地平不良反应的是(　　　)

    A. 低血钾　　　B. 高血钾　　　C. 低血钙　　　D. 心律失常　　　E. 踝部水肿

13. 下列可以引起刺激性干咳的药物是(　　　)

    A. 氢氯噻嗪　　　　　　　　B. 尼莫地平　　　　　　　　C. 氨苯蝶啶

    D. 哌唑嗪　　　　　　　　　E. 卡托普利

14. 高血压合并慢性肾功能不全蛋白尿者首选下列哪类抗高血压药(　　　)

    A. α 受体阻断剂　　　　　　　　　　　　B. β 受体阻断剂

    C. 血管紧张素Ⅱ受体阻断剂　　　　　　　D. 排钾利尿剂

    E. 保钾利尿剂

15. 下列有关高血压的说法错误的是(　　　)

A. 高血压用药物一般从小有效剂量开始

B. 平稳降压,减少波动可以降低脑血管意外发生率

C. 单种药物治疗效果不理想时可采用两种及以上的药物联合应用

D. 针对不同患者要采取个体化治疗方案

E. 在药物作用下血压控制稳定后即可逐渐减量直至停药

16. 有直立性低血压的患者禁用的抗高血压药是(　　　)

　　A. 硝苯地平　　B. 吲达帕胺　　C. 呋塞米　　　D. 哌唑嗪　　　E. 缬沙坦

17. 高血压患者合并有支气管哮喘,不宜使用下列哪种药物(　　　)

　　A. 美托洛尔　　B. 坎地沙坦　　C. 依那普利　　D. 拉西地平　　E. 氢氯噻嗪

18. 高血压患者合并有痛风,不宜使用以下哪种药物(　　　)

　　A. 硝苯地平　　B. 氢氯噻嗪　　C. 氯沙坦　　　D. 贝那普利　　E. 阿替洛尔

19. 缬沙坦的抗高血压机制是(　　　)

　　A. 抑制肾素活性　　　　　　　　　　　　B. 抑制醛固酮活性

　　C. 抑制血管紧张素转化酶活性　　　　　D. 抑制血管紧张素 I 受体

　　E. 抑制血管紧张素 II 受体

20. 下列哪项不是卡托普利的禁忌证(　　　)

　　A. 妊娠高血压　　　　　B. 高钾血症　　　　　　C. 糖尿病肾病

　　D. 双侧肾动脉狭窄　　　E. 对本药过敏者

21. 为碱性阴离子交换树脂,在肠道内能与胆酸呈不可逆结合的调脂药物是(　　　)

　　A. ω-3 脂肪酸　　　　　B. 依折麦布　　　　　　C. 考来替泊

　　D. 烟酸缓释剂　　　　　E. 阿托伐他汀钙

22. 胆道完全闭塞的患者禁忌应用的药物是(　　　)

　　A. 考来烯胺　　　　　　B. 依折麦布　　　　　　C. 普罗布考

　　D. 非诺贝特　　　　　　E. 阿托伐他汀钙

23. 伴有糖尿病或高尿酸症的患者禁用的降血脂药是(　　　)

　　A. 烟酸缓释剂　　　　　B. 吉非贝齐　　　　　　C. 辛伐他汀

　　D. 依折麦布　　　　　　E. 阿托伐他汀钙

24. 下列属于胆固醇吸收抑制剂的是(　　　)

　　A. 泛硫乙胺　　　　　　B. 依折麦布　　　　　　C. 普罗布考

　　D. 非诺贝特　　　　　　E. 洛伐他汀

25. 适用于 II ～ V 型高脂血症尤其是伴有高尿酸血症者的降血脂药是(　　　)

　　A. 辛伐他汀　　　　　　B. 益多酯　　　　　　　C. 依折麦布

　　D. 吉非罗齐　　　　　　E. 阿昔莫司

26. 他汀类药物可能出现的严重不良反应是(　　　)

　　A. 腹泻　　　　　　　　B. 腹痛　　　　　　　　C. 消化不良

　　D. 横纹肌溶解　　　　　E. 皮疹

27. 与胆酸螯合剂合用,应提前至少 2 小时服用的是(　　　)

　　A. 辛伐他汀　　　　　　B. 苯扎贝特　　　　　　C. ω-3 脂肪酸

　　D. 依折麦布　　　　　　E. 烟酸缓释剂

28. 治疗高甘油三酯血症宜首先选用下列哪种药物(　　　)

    A. 阿托伐他汀钙   B. 考来烯胺   C. 阿昔莫司

    D. 非诺贝特   E. 泛硫乙胺

29. 治疗高脂血症的基础治疗是（   ）

    A. 增加夜间休息时间   B. 戒烟、限酒   C. 应用调血脂药物治疗

    D. 应用抗血小板凝集药物   E. 采用饮食疗法配合运动疗法

30. 最严重可引起 Q-T 间期延长不良反应的药物是（   ）

    A. 洛伐他汀   B. 吉非罗齐   C. 烟酸缓释剂

    D. 普罗布考   E. 考来烯胺

31. 糖尿病的治疗不包括（   ）

    A. 饮食控制   B. 运动治疗   C. 药物治疗

    D. 手术治疗   E. 健康教育

32. 男性患者,45 岁,身高 175cm,体重 96kg,空腹血糖 7.0mmol/L。治疗时首先考虑（   ）

    A. 饮食控制   B. 磺酰脲类药物   C. 双胍类药物

    D. 胰岛素   E. 中药

33. 下列哪项不是低血糖反应症状（   ）

    A. 手颤   B. 饥饿感   C. 腹泻

    D. 心慌   E. 出汗

34. 使用哪种药物须建议患者定期作肝功能检查（   ）

    A. 罗格列酮   B. 苯乙双胍   C. 格列齐特

    D. 阿卡波糖   E. 瑞格列奈

35. 胰岛素的不良反应不包括（   ）

    A. 低血糖   B. 胰岛素抵抗   C. 过敏反应

    D. 胃肠道反应   E. 局部皮肤硬结

36. 胰岛素的使用不包括（   ）

    A. 2 型糖尿病初期   B. 妊娠糖尿病   C. 糖尿病合并严重感染

    D. 糖尿病酮症酸中毒   E. 1 型糖尿病

37. 使用双胍类降糖药的注意事项中不包括（   ）

    A. 服药期间定期检查血象   B. 尽量不饮酒、禁止酗酒

    C. 餐后服药   D. 预防低血糖反应

    E. 出现腹泻立刻停药

38. 糖尿病患者的饮食治疗中哪项是错误的（   ）

    A. 脂肪占总能量的 30%

    B. 碳水化合物占饮食总能量的 50%~60%

    C. 蛋白质要大于总能量的 15%

    D. 低盐饮食

    E. 增加食物中植物纤维含量

39. 使用磺酰脲类降糖药时为避免出现低血糖反应,慎用药物中不包括（   ）

    A. 阿司匹林   B. 西咪替丁   C. 别嘌醇   D. 普萘洛尔   E. 依那普利

40. 避免糖尿病患者出现并发症的注意事项中不包括（   ）

A. 保持全身和局部的清洁　　　　　　B. 避免出现外伤和感染
C. 出现胃肠道反应立即停药　　　　　D. 做好足部清洁和护理
E. 注意血压和体重变化

41. 小儿禁用的药物是(　　)
    A. 青霉素　　　　　B. 红霉素　　　　　C. 四环素
    D. 头孢他啶　　　　E. 阿莫西林

42. 妊娠期间避免使用何药(　　)
    A. 酚酞　　　　　　B. 氢氧化铝　　　　C. 胃蛋白酶合剂
    D. 胰岛素　　　　　E. 青霉素

43. 肾功能不全的糖尿病患者可选用的药物是(　　)
    A. 格列喹酮　　　　B. 庆大霉素　　　　C. 卡托普利
    D. 华法林　　　　　E. 氯磺丙脲

44. 下列哪种药物对肝脏功能损害轻(　　)
    A. 罗格列酮　　　　B. 苯妥英钠　　　　C. 山莨菪碱
    D. 别嘌醇　　　　　E. 琥乙红霉素

45. 驾驶员慎用的药物应该在什么时间服用(　　)
    A. 开车前2小时　　B. 开车前6小时　　C. 开车前3小时
    D. 开车前4小时　　E. 开车前5小时

46. 婴幼儿的用药特点不包括(　　)
    A. 药物吸收好　　　　　　　　　　　B. 药物的血浆蛋白结合率低
    C. 肝脏功能低　　　　　　　　　　　D. 肾小球滤过率高
    E. 药物透皮吸收好

47. 妊娠期用药注意事项不包括(　　)
    A. 妊娠期间慎用导泻药　　　　　　　B. 避免饮用含有咖啡因的饮料
    C. 适当补充钙剂、铁剂、叶酸　　　　D. 哌替啶只能在分娩前4小时使用
    E. 大剂量补充维生素D

48. 哺乳期妇女禁用的药物不包括(　　)
    A. 米诺环素　　　　B. 地塞米松　　　　C. 洛伐他汀
    D. 利巴韦林　　　　E. 硫糖铝

49. 肾功能不全的患者的用药方案不包括(　　)
    A. 缩短给药间隔,药物剂量不变　　　B. 给药间隔不变,药量减少
    C. 延长给药间隔,药物剂量不变　　　D. 给药间隔和给药剂量同时调整
    E. 按肾功能损害程度调整剂量

50. 驾驶员慎用的药物不包括(　　)
    A. 氯苯那敏　　　　B. 胃蛋白酶合剂　　C. 呋塞米
    D. 麻黄碱　　　　　E. 地西泮

(王育英　孙振龙)

项目七 药品销售

 学习目标

1. 掌握促进药品销售的技巧、药品销售的工作过程、零售药品销售票据的填写。
2. 熟悉药品售前准备。
3. 了解顾客资料的收集方法。
4. 熟练掌握销售技巧,完成非处方药的销售。

 导学情景

情景描述:

小王和小李同时来到药店从事药品销售工作。一年后,小王因销售业绩出色被评为"优秀店员",小李却因为销售业绩平平,常常遭到店长的批评。小李愤愤不平,找店长说理,店长告诉他,小王不仅注重药学专业知识的学习,还经常向同事、尤其是销售业绩好的老员工学习,琢磨、练习,总结出适合自己的销售技巧,所以销售业绩高。

学前导语:

销售就在于发现和满足客户的需要,合理的销售技巧可帮助我们完成销售目标。本项目将带领大家学习药品销售的技巧,掌握药品销售的工作过程,学会零售药品票据的填写。

模块一 销 售 技 巧

 案例分析

案例:

张大爷最近好几天都不大便了,到药店想购买治疗便秘的药物。店员小王接待了他,经过细致询问,小王不仅向张大爷推荐了外用药开塞露,帮助张大爷尽快通便,还推荐张大爷使用麻仁润肠丸和丽珠肠乐(双歧杆菌),并向张大爷解释这两种药分别能起到润肠通便和调节胃肠功能的作用,还再三叮嘱张大爷使用这些药物时的注意事项和饮食禁忌。张大爷临走时,对小王赞赏有加,不停地夸小王不仅服务周到,药学知识很丰富,还特能为顾客着想,以后要再买药,一定还来找小王。

分析：
此案例告诉我们，运用关联销售，不仅提高了顾客的购买量，还赢得了顾客的好感，实现了双赢。

一、销售促进

(一) 销售促进的概念

销售促进，简称促销，是指企业运用各种短期诱因鼓励消费者和中间商购买、经销企业产品和服务的活动，效果要求立竿见影。

销售促进是营销活动的一个关键因素。如果广告提供了购买的理由，而销售促进则提供了购买的刺激。销售促进可说服初次消费或初次使用者再来购买或消费，提高频率，以建立他们的购买或消费习惯；有效加速品牌及产品进入市场的进程，被消费者认知和接受；有效抵御和击败其他同类产品的促销活动；增加产品的销售，提升销售额。

(二) 识别顾客心理的促销方法

顾客心理是指顾客在处理与顾客有关的问题时所发生的心理活动。顾客行为是指顾客在处理与顾客有关的问题时所表现出的行为。顾客心理引起顾客行为，并规定了顾客行为的方向性和目的性。店员应通过顾客的消费行为了解顾客的心理，有的放矢地采取促销方式。识别顾客心理的促销方法见表7-1。

表7-1 识别顾客心理的促销

顾客心理	识别特征	促销方法
贪利心理	以老年人和女性居多；对药品价格敏感，爱占便宜，在购药过程中爱讨价还价或打折购买，或索要赠品；有某种药品的优惠活动时，购买欲望比较强烈	应尽可能地创设条件，让顾客感受到自己占了比预期大的便宜，增强其心理上的满足感，如增加其购药总额，再打折销售
比照心理	女性居多；喜欢"货比三家"，倾向于对不同药店的药品价格、店员服务水平等进行评价比较；希望能买到性价比较高的药品，一般是同类药品中价格较低的	注意说话分寸，不用过多地宣传药品的疗效和质量，让顾客自行比较；若顾客有疑问，应运用专业知识详细解答，同时可增加附加服务
求新心理	年轻人居多；对药品价格敏感度相对较低，不关心药品价格和规格；追求消费时尚，喜新，崇尚品牌，注重药品的外观和包装；受广告宣传和社会环境的影响较大；多属冲动型消费，易接受推荐	首先推荐新特药，介绍药品时要直奔主题，言简意赅，突出药品的新颖之处；若顾客目标明确，需确定其选购的药品对疾病的治疗是否有效
求廉心理	老年人和低收入水平者居多；对药品价格及价格的变化反应都特别敏感，喜欢选购低价、优惠价、特价、折扣价的药品	推荐同类药品中价格较低的，并耐心、细致地交代药品的服用方法和注意事项
价值心理	喜好名牌，认为品牌产品具有更大的价值，或是能显示自己的身份地位	加速达成交易，先确认患者症状与药品对证，再交代药品的用法、用量及注意事项
趋同心理	以女性居多；有较强从众心理，易受外界影响	先判断其所购药品是否对证，再建议顾客购买适合自己的药品，并耐心解释原因；要注意不轻易向孕、产妇推荐用药，应劝其就医后再用药

续表

顾客心理	识别特征	促销方法
短缺心理	倾向于购买打折优惠或有买赠活动的产品,常因"打折销售"、"数量有限"、"欲购从速"等字眼而产生强烈的购买欲望	详细介绍活动的具体细节,但不可不对证售药
偏好心理	易从经验或印象出发,对某种产品、某个厂家、某家药店或某个店员有好感,购买时就非此不可;药店最忠诚的支持者,同时影响带动其他顾客	与他们建立良好的个人关系,培养并强化顾客的这种心理,争取更多的忠实顾客

(三)促销时的顾客管理

促销的一般目的是通过向市场和顾客传播信息,以促进销售、提高业绩。因此,收集、整理和利用顾客资料并开展顾客活动非常重要,这些统称为顾客管理。

1. 顾客资料的收集　顾客资料一般应包括住址及通讯方式、户主及其配偶的出生地、毕业学校及服务单位、生活状态及信用程度、家庭人口数、家人姓名及出生年月日、家庭的嗜好及购物习惯等。收集顾客资料可通过申请会员卡、住户访问、抽奖活动券等方式进行。整理顾客资料应先确认所搜集到资料的完整性,再予以建立档案系统,一般以电脑建档为宜,多以电话号码或身份证号码作为档案编号。顾客资料应注意更新,一般以每年更新一次为宜。

2. 顾客活动　开展顾客活动主要是保持药店与顾客之间的良好关系。常以征求顾客意见、提供生活信息、恭贺问候、成立商圈顾问团、举办公益活动等方式进行。

二、关联销售

(一)关联销售的概念

关联销售是药店企业把可以提高药品功效或加快患者治疗、康复和保健的商品组合起来进行销售的一种方式。关联销售是联合用药概念的延伸,是药店专业服务的一种拓宽。其目的是为了提供给顾客治疗疾病的解决方案,实现顾客一站式购买,一次性解决顾客的需求问题。关联销售不应仅限于单纯药品的销售,还应延伸到对顾客生活方式的正确指导。

关联销售能提升治疗效果、加强顾客忠诚度,提升营业额和利润水平,提升药店的管理水平。药店店员需要对常见的疾病有较好的认识,熟知药品知识,具备娴熟的销售技能,才能做好关联销售。

(二)关联销售的原则

1. 安全为上　一方面注意关联销售的药品搭配使用不会出现副作用或影响药物本身的疗效,另一方面要注意特殊适用人群,有无过敏或禁忌。对于不适合在药店进行治疗的疾病,如不明原因的剧烈疼痛、持续高烧等,或紧急、严重病情的顾客,应劝说或护送顾客及时就医,不得私自销售毒麻药、精神药物。

2. 有效第一　店员应该把药品的疗效放在首位,同时要坚持职业道德,不能销售假冒伪劣和过期的失效药品,对顾客的健康高度负责。一般药品关联销售建议方案中应有一个属于知名品种、广告品种或者广告厂家的品种,以便获得客户的信任,为推广整个用药保健方案和下一次的销售打下良好的基础。

3. 进退有据　在安全、有效原则的前提下,关联销售方案中的商品可以有不同价位商品的替换,让顾客经济上可以承担。建议常备四套价位组合方案,即1个高价位、2个中价位和 1 个低价位,在推荐时灵活应用。当顾客不接受关联搭配时,应提供给顾客起主要治疗作用的药物,辅助治疗的药物价格不要太高,保证顾客至少购买其中一种起主要作用的药品。

4. 循序渐进　在推荐药品时要做到"先问后说、多听少说、顺势而为、关键决断";在关联销售非药品时,应掌握"营养品要多说、日化用品须多体验、医疗器械要多操作"的原则。

(三) 关联销售的方法

应尽可能关联药店销售的所有产品:如药品(西药 + 中成药 + 中药饮片)+ 保健品 + 食品 + 日用品 + 医疗器械 + 保健仪器 + 消毒用品 + 化妆品 + 计生用品。

1. 药品与药品之间的关联

(1) 内服与外用结合:这种方法几乎适合每一种病症,如针对儿童消化性腹泻可以"内服妈咪爱 + 外用丁桂儿脐贴"。

(2) 增强疗效的关联:如内服补钙类药品的同时,关联 AD 丸或 AD 滴剂,能显著促进钙的吸收,提高钙的疗效。

(3) 缓解病症与促进康复的关联:如感冒属于最常见但用药后不易马上见效的疾病,针对消费者"低热恶寒、无汗、头痛、喷嚏、鼻塞、四肢酸痛"这种风寒性感冒,可推荐"新康泰克 + 多种维生素",以提高免疫力,减少感冒发生。

2. 药品与非药品之间的关联　可向糖尿病患者推荐木糖醇,以满足患者对饮食口感的要求,还可提醒患者购买尿、血糖试纸以备家中检测使用;可向为购买儿童解热药的顾客推荐外用退热贴和电子体温表。

3. 非药品与非药品之间的关联　夏季,可以将"脱毛产品"和"护肤类产品"结合在一起推荐;将"止痒产品"和"驱蚊花露水"结合在一起推荐。

4. 畅销品牌与推荐品牌的关联　一般零售药店在产品选择时,都需要对产品一一定位,把畅销药品或品牌类药品定位为 A 类药品,这类药品可以帮助药店解决人气不足的问题,但这类药品往往毛利比较低,药店不能只销售该 A 类药品。因此,为了满足经营的需要,药店企业需要利用畅销品牌与新品或高毛利药品的功能组合,如将"康泰克 + 鱼腥草合剂"组合销售,前者是畅销品,而后者为高毛利品种。

5. 店内促销与疗程的关联　如向有较高消费能力的减肥顾客推荐减肥产品时,可将某款价位较高的减肥产品按疗程推荐,同时将当时的促销活动,如"买 4 盒送 1 盒"的消息告知顾客,吸引顾客购买。除推荐减肥药品外,还可推荐外用纤体霜和减肥保健品等;还要规劝顾客减肥期间注意补充维生素、果蔬纤维片;减肥期间脸色易变得不好看,因此,还可建议顾客购买排毒养颜品、美容护肤系列等。

 知识链接

关联销售时常用的表述语句

1. 西药起效快,中药治根本,中西搭配,标本兼治,疗效更好。

2. 外用药消炎止痒祛痛见效快,口服药去病根,可以让您更快更好地恢复健康。

3. 药疗、食疗、理疗三者结合,标本兼治,非常适合您现在的病情。

4. 美丽因健康而持久,健康因美丽而更有意义,建议您同时使用这种产品,可以让您变得更加美丽健康。

6. 收银台上的关联　是店内关联销售的最后一关,负责收银的店员要适时推荐产品。如对外伤患者,推荐酒精棉球、纱布等,或找钱时适当推荐一些实用的小商品。

三、达成销售目标

主要通过提高药店的客单价、提高药店顾客的满意度和提高药店顾客的忠诚度来达成销售目标。

(一) 提高药店的客单价

客单价是指每一位顾客平均购买的商品金额。

$$客单价 = 销售额 \div 顾客数$$

$$利润 = 客流量 \times 购买率 \times 客单价 \times 毛利率(不计成本因素)$$

因而,提高了客单价,就能提高药店的盈利水平。药店销售通常可通过联合用药、疗程用药提高客单价。

1. 实施联合用药　联合用药可增强药物的疗效,如治疗水肿性疾病时,氢氯噻嗪和氨苯蝶啶联用,增强了利尿作用;联合用药还可减轻药物的不良反应,如治疗风湿性关节炎时,阿司匹林常与碳酸氢钠或复方氢氧化铝联用,减少对消化道的刺激。

店员应掌握一些常见慢性病的常规联合用药。如治疗幽门螺杆菌引起的消化性溃疡有两种三联疗法:质子泵抑制剂(PPI)加2种抗生素,或者以铋剂加2种抗生素联合治疗。另外,有些药物具有协同效应,店员也应熟悉其原理,推荐这些药物组合,如感冒药加上维生素 C、感冒伴严重感染时要加上适当的抗生素等。

2. 强调疗程用药　治疗某些疾病时需按疗程用药才能有效治愈,尤其是一些中成药。

(二) 提高药店顾客的满意度

顾客满意度是指顾客事后可感知的效果与事前的最低期望之间的一种差异函数。

$$顾客满意度 = 感知效果 - 期望值$$

药店通常通过提高顾客的感知效果、降低顾客期望值来提高顾客满意度。顾客满意度既发生在顾客与店员接触时的服务提供和接受过程中,如服务质量、产品价格、药店环境以及个人因素的感知等;也发生在顾客用药之后,如患者的症状是否减轻或治愈,尤其是用药后的感受更为重要。药店店员只要坚持对证售药,提高药学服务水平,就能实现顾客用药后的满意感受。

(三) 提高药店顾客的忠诚度

顾客忠诚度是指由于受质量、价格、服务等诸多因素的影响,顾客对某一企业的产品或服务产生感情,形成偏爱并长期重复购买该企业产品或服务的行为程度。

 知识链接

顾客忠诚度

调查研究表明,顾客选择到哪家药店购买药品,往往选择的不是药品本身,因为药店经营的药品种类基本是相似的,顾客选择时考虑的首要因素更多在于药店品牌及其品牌所代表的服务。因为现代意义的品牌已经变成了一种体验,若这种体验是正面的,那么顾客就会成为药店忠实的顾客。"品牌药店"满足了顾客的情感需求,是顾客的精神寄托。

顾客的忠诚度可以提升药店的销售额,扩大药店品牌的影响力,减少营销费用。提高顾客忠诚度的方法有"激发顾客的购买冲动"、"使顾客参与购买决策"、"先推销关怀服务再推销产品"、"与顾客建立伙伴关系"、"关心顾客家人健康"和"提供便利的措施"等,具体内容见表7-2。

表7-2 提高顾客忠诚度的方法

方法	做法
激发顾客的购买冲动	通过向顾客传播一些他们原本不知道的医药专业知识,可以让顾客得到更深层次上的心理满足,由服务的满意转化为对药店或者店员的信任、放心购药,专业药店的形象在顾客心目中逐渐形成,自然也就提高了顾客忠诚度;如在销售罗红霉素时,药店店员可重点提示其是否有过敏史,讲解服药的注意事项等,指导顾客安全、合理地用药
使顾客参与购买决策	主动询问顾客的购买需求,采用引导的方式向顾客推介药品的属性,达到顾客预期期望值,顾客就会产生满足感,从而乐于重复光顾药店;另外,在购买行为中,药店营业员可以向顾客提供同类药品在市场上的销售情况和价格行情,比较说明自己所在药店的优势,让顾客意识到在此家药店购买最合适
先推销关怀服务再推销产品	提供关怀服务,可以提高顾客的购买欲望,如对于患皮肤病顾客,药店店员可用简单的话语进行问候,除了推介药品外,还可提醒顾客注意饮食和衣着等方面,使顾客感受到温馨的关怀
与顾客建立伙伴关系	要认真倾听、回应、认可顾客的想法,用专业的医药知识为顾客提供建议,指导顾客用药,在交易过程中与其成为伙伴,增强其信任感
关心顾客家人健康	在为顾客提供药品和服务的同时,适时地关心顾客家人的健康,会让顾客对店员产生好印象,进而对药店产生好感,顾客满意于产品之外的服务,进而提高了顾客的忠诚度,如对患感冒的顾客,药店店员可询问其家里是否有老年人和儿童,针对感冒的不同时期,提醒顾客注意事项,这时顾客往往愿意主动购买一些预防的保健药品
提供便利的措施	社区药店应充分考虑其便利性,可在药店提供中药材的代煎、送药到家服务,定期或不定期地提供义诊,对一些医疗设备进行有偿的租用等都可以有效提升顾客的忠诚度

药店营业员销售技巧有很多,但最核心的销售技巧应该是顾客至上,只有真正为顾客考虑的销售人员才能取得销售的长久胜利,也只有熟练运用到销售过程的销售技巧,才是拥有真正属于自己的销售技巧。

点滴积累

1. 识别顾客心理有利于选择适当方法促销。
2. 收集顾客资料可通过申请会员卡、住户访问、抽奖活动券等方式进行。
3. 关联销售应尽可能关联药店销售的所有产品。
4. 药店销售通常可通过联合用药、疗程用药提高客单价。
5. 药店通常通过提高顾客的感知效果、降低顾客期望值来提高顾客满意度。
6. 学会提高药店顾客忠诚度的方法可以提升药店的销售额,扩大药店品牌的影响力,减少营销费用。

模块二 药品销售

 案例分析

案例：

张大妈到药店买治疗白内障的谷胱甘肽滴眼液,店员小王接待了她,经过细致询问,小王还向张大妈推荐了杞菊地黄丸。张大妈拿着销售清单去交款,收银员小李礼貌地告知张大妈应交钱数,在收到钱后,小李又大声说出所收钱数,接着验钞、数钱后,才将钱放进收款箱,找钱时又一边说出金额,一边把钱和销售清单交给了张大妈,还告知张大妈哪张销售清单是给小王的,哪张是张大妈自己留着的。当张大妈拿着收据找到小王时,小王又当着张大妈的面清点了药品才把药品交给了张大妈,还耐心细致地向张大妈说明了这些药物的不良反应、用法用量和饮食禁忌,最后小王热情地送张大妈出门时,还提醒张大妈别忘了拿药。

分析：

店员按非处方药的销售过程完成药品的销售。

一、药品售前准备

店员在销售前应做好准备,销售方面的准备主要包括五个方面。

1. 备齐药品 营业员营业前要检查柜台,查看药品是否齐全,及时补齐缺货;对于需要拆包、开箱的药品,要事先拆开包装;要及时挑出残损和近效期的药品。要使药品处于良好的待售状态。

2. 查验标签 在整理药品的同时,营业员还应逐个检查标价签,要做到货价相符,标签齐全,货签对位。若有药品变价,要及时调整标价,标签要与药品的货号、品名、产地、规格、单位和单价等相符。

3. 熟悉价格 营业员要对药品的价格了然于心。对于可以讲价的药店,营业员尤其需要弄清价格,牢记底价,以免忙中出错。只有营业员能够准确地脱口而出药品的价格时,顾客才会有信任感;否则,营业员吞吞吐吐,甚至还要查找,顾客就会心生疑虑,甚至打消购买的念头。

4. 准备售货用具 药店中必备的计算器、笔、发票等用具一定要提前准备齐全,不能临时再去寻找。同时,也应备齐各种宣传材料,将产品的介绍材料置于顾客易于拿到的地方,便于查询。

5. 整理环境 药店开门之前,营业员要做好药店的清洁卫生,保持药店明亮,空气清新,物品放置有序,通道畅通无阻,让顾客一进门就有种整洁舒适的感觉。

二、药品销售实施

药品的销售实施主要包括非处方药的销售、处方药的销售、拆零药品的销售、临时缺货药品的销售和销售后工作。

（一）非处方药的销售

1. 了解疾病，推荐药品　根据顾客主诉的相关症状，初步判断所得疾患类型，如五官科疾病、消化系统疾病、呼吸系统疾病等，推荐药品，进行关联销售。对于一些药店不能擅自处理的疾患，应劝说患者去医院就诊。

2. 计价收费　在收款时，营业员务必要做到"三唱一复"，以免出现差错。

（1）唱价：让顾客知道药品的价格。

（2）唱收：收到货款后，大声说出金额来。当面验钞、数钱后，将钱放进收款箱。

（3）唱付：找钱时，要把数目告知顾客。将余额交给顾客时，要再确认一遍。

（4）复核：确认所付药品与所进货款是否相符。

另外，由于收银员每天接触顾客最多，所以顾客一般认为收银员最清楚什么产品好卖，什么产品最受欢迎，而且认为收银员没有利益相关，对收银员的推荐易于接受，收银员如果能在适当的时候帮助店员恰到好处地促销，会收到意想不到的效果。

3. 包装发药　店员在为顾客进行药品包装时，还应询问顾客是否还需要别的药品。包装药品时要注意：①包装前要特别注意检查药品有无脏污破损；②包装时要快捷稳妥，不得拖沓；③包装力求牢固、安全、整齐、美观。

发药时，要注意当面核对药单和药品实物，将药品双手递给顾客（液体药品要注意上下方向）。

4. 必要提示　药品成交后，顾客离开前，药店营业员需要向顾客进行必要的叮嘱：①告诉顾客药名、剂量、使用方法、最佳服用时间等；②若用药一段时间后，症状仍未见好转，应劝其及时去医院就诊；③提示顾客用药后可能出现的副作用，对患者进行健康教育；④销售近效期药品应当向顾客告知有效期。

5. 送客　微笑着向顾客表示感谢，并请其对药品的质量放心，祝愿顾客早日康复。若是伤残人士，应将其扶送到门外。另外，要注意留心顾客是否有遗留的物品，及时提醒和送还。

若由于一些原因未能交易成功，店员也应热情对待顾客。否则，顾客会认为该店只为推销药品，而不考虑顾客的利益，其结果往往不只是失去一次销售机会，而是失去一位顾客。总之，店员应使顾客体验到真心实意地为顾客服务，从而给顾客留下美好印象。

课堂活动

练习非处方药的销售过程，见实践12，"药品销售"。

（二）处方药的销售

1. 审查处方

（1）审核人员：执业药师或依法经过资格认定的药学技术人员。

（2）审核内容：审方包括"处方规范审核"和"用药安全审核"。①处方规范审核：审核处方内容是否完整、书写是否规范、字迹是否清晰、有无执业医师或执业助理医师签章、有无医疗机构盖章、涂改处是否有执业医师或执业助理医师盖章等；②用药安全审核：审核药品名称是否正确、用药剂量是否正确、是否重复用药、有无超过极量（如需超量者，必须经过医生再次签字方可调配，尤其要注意儿童、老年人、妊娠期和哺乳期妇女的用药剂量问题）、用药方法是否正确（给药途径、间隔时间、注射速度、患者肝肾功能状态、过敏史、病情等）、处方中有无配伍禁忌的药品、药物的相互作用和不良反应（药效的增强、协同、拮抗、减弱作用，副作用及毒性）。

（3）审核结果：处方无误，须执业药师签字。对处方所列药品，执业药师不得擅自更改或者代用。处方不合格，应退还给顾客，尤其是有配伍禁忌或超剂量的处方应当让顾客找处方医师更正或重新签字，再来药店购买药品。

2. 划价收费　店员依据执业药师签字后的处方划价，按实际零售价计价收费，开具凭证。

3. 调配处方　按处方调配，应严格按照调配规程操作。调配时要仔细检查，核对药品标签上的名称、规格、用法、用量等，防止差错。调配的药品必须完全与处方相符。配方人需在处方上签字。

（1）仔细读方，谨防药名混淆：相似相近的药品名称很多，若不谨慎读方，极易发生差错事故。如利舍平（利血平）与利血生（利可君）、异丙嗪与异丙胺、地巴唑与他巴唑（甲巯咪唑）、优降宁（帕吉林）与优降糖（格列本脲）、心得安（普萘洛尔）与心得平（氧烯洛尔）、心痛定（硝苯地平）与心痛平（美普地尔）、肝乐（二异丙胺）与肝泰乐（葡醛内酯）、胃复康（贝那替秦）与胃复安（甲氧氯普胺）等。

 知识链接

处方中易混淆的中文药名对照表

处方药名	相似药名
阿拉明（间羟胺，抗休克的血管活性药）	可拉明（尼可刹米，中枢神经兴奋药）
安妥明（氯贝丁酯，调节血脂药）	安妥碘（普罗碘铵，眼科用药）
消心痛（硝酸异山梨酯，抗心绞痛药）	消炎痛（吲哚美辛，非甾体抗炎药）
止血芳酸（氨甲苯酸，止血药）	止血环酸（氨甲环酸，止血药）
异丙嗪（抗组胺药）	氯丙嗪（抗精神病药）
潘生丁（双嘧达莫，抗心绞痛药）	潘特生（泛硫乙胺，调节血脂药）
乙酰胺（氨乙酰胺中毒解毒药）	乙琥胺（抗癫痫药）
氟尿嘧啶（抗肿瘤药）	氟胞嘧啶（抗真菌药）
阿糖腺苷（抗病毒药）	阿糖胞苷（抗肿瘤药）
舒必利（抗精神病药）	泰必利（硫必利，抗精神病药）
克林霉素（林可霉素类抗生素）	克拉霉素（大环内酯类抗生素）
普鲁卡因（局麻药）	普鲁卡因胺（抗心律失常药）

（2）严守规程，实行"三看三对一取药"，见表7-3。

表7-3　三看三对一取药

取药时间	看所取药品的项目	对照项目
取药前	标签药名	处方药名
取药时	名称	药品性状
取药后	包装	所配药品

取药完毕，用于贮放药品的容器或其他包装应及时放回原定位置。处方中各种药品配齐后，要亲自核对一遍。调配取药时，应按处方自上而下逐个进行；自核自对时，则应自下而上比对。

（3）标注要明确易懂：在调配时，调配使用的投药包装要标注患者姓名、药品名称、发药日期、用法、用量及用药注意事项等。尤其是用法与用量及用药注意事项的标注，应明确易懂，提醒患者注意。

4. 包装标识　于分装袋或分装容器上贴上或写上药名、规格、用法、用量、有效期及注意事项，指导患者合理用药，增强患者依从性。

5. 麻醉处方登记　应当按照麻醉药品品种、规格对其消耗量进行专册登记，登记内容包括发药日期、患者姓名、用药数量。

6. 核对　仔细核对所取药品的名称、规格、用法、用量、患者姓名、年龄、性别等，避免差错。复核无误后由执业药师签字。

（1）核对药品：由于包装的小型化，在调配后，绝大多数药品仍保持着原有的性状，核对者应熟悉各药品的基本性状特征，并根据其特征，与处方药品对照，看是否一致。若有疑问，应找出原装药品进行比较，如片剂的颜色、气味、薄厚；针剂的容器形状、内容物颜色及包装上的标签等。若发现错配情况，要及时处理。

（2）核对规格与数量：药品的规格与处方所开数量有直接关系。在处方总量一定时，规格越小，数量越多；反之，数量就越少。所以，应明确各药品的具体规格。同时，药品的数量还应联系其计量单位进行核对，不仅要核对实际调配数与处方开写数是否一致，还要核对处方总量是否超出有关规定，尤其是特殊药品更要注意。

（3）核对用法、用量及有关注意事项：应在投药包装上反映出处方中每种药品的用法与用量及有关注意事项，尤其是社会药房患者及门诊患者的用药，务必书写清晰、正确。核对人员应逐个检查处方中每一品种，防止漏写、错写以及字迹不清或用词不明确的情况。

7. 发药、礼貌道别　发药时应口齿清晰，详细交代用法、用量、间隔时间、不良反应和注意事项，耐心回答顾客的询问。亲切自然地送别顾客，用语简单，语气委婉，如"祝您早日康复"、"您走好"、"请带好随身物品"等。

课堂活动

练习处方药的销售过程，见实践12，"药品销售"。

（三）拆零药品的销售

拆零药品是指销售药品最小单元的包装上，不能明确注明药品名称、规格、用法、用量、有效期等内容的药品。拆零药品应专门存放于拆零柜台，拆零销售期间，保留原包装和说明书。药品拆零柜台应配有必备的拆零工具，并保持拆零工具的清洁卫生。

1. 人员　企业指定专人负责药品的拆零销售工作。拆零销售人员需经法定资格认证。

2. 拆零操作

（1）药品拆零前：应检查拆零药品的包装及外观质量，凡发现质量可疑及外观形状不合格的药品，不得拆零销售。

（2）药品拆零销售时：应在符合卫生条件的拆零场所进行操作（拆零的工作台及工具保持清洁、卫生，防止交叉污染）。将拆零药品放入专用的拆零药品包装，注明药品名称、规格、数量、用法、用量、批号、有效期及药店名称，核对无误后方可交给顾客，详细说明用法、用量、注意事项、不良反应。

（3）拆零后的药品：应相对集中存放于拆零专柜，不得与其他药品混放，并保留原包装及标签。拆零后的药品不能保持原包装的，必须放入拆零药袋，加贴拆零标签，写明药品名称、规格、数量、用法、用量、批号、有效期及药店名称。

3. 拆零记录 拆零药品要做好拆零记录。拆零记录内容包括:药品通用名称、规格、批号、生产厂家、有效期、拆零数量、销售数量、拆零销售起止期、分拆及复核人员等。

(四)临时缺货药品的销售

当顾客要购买柜台(可能)缺货的药品时,营业员可按如下规范操作。

1. 查找药品 应规范查找,确认无货时,可向顾客答复该药品缺货并推介其他同类药品。

2. 记录联系方式 若顾客坚持购买所需的药品,应对顾客说"对不起,您要的药品暂时缺货,请留下您的联系电话,货一到我们会立即通知您"或"我们会在 × 天内给您答复",或将药店的电话号码告诉顾客,请顾客打电话询问。同时,应在《顾客购求药品登记本》上记录下顾客所需购药品的情况、顾客姓名和联系电话等信息。不可对顾客说"不清楚,您过几天再来看看"等不负责任的话。

3. 落实货源 可请采购员尽快联系厂商,尽快送货。根据采购部的意见尽快回复顾客,将落实情况记录在《顾客购求药品登记本》上。

4. 答复顾客 到货后或在约定时间内通知顾客;暂时无法落实货源的,也应答复顾客,并继续落实检查;无法落实的,应及时向柜台负责人或门店经理反映;本班次无法落实的,应在交接班记录本上登记,移交下一班继续落实。第一个接待顾客的营业员应进行跟踪,以便尽快为顾客解决问题。

(五)销售后工作

1. 登记并保存处方 零售药店必须保存处方 2 年备查。

2. 归位整理 经顾客挑选后,货架上的商品易发生错位、凌乱现象,营业员应将其放回原位;若有顾客试用设备,应及时将其恢复初始状态;若有杂物垃圾,应做好清洁工作。

3. 理货和补货 理货,即整理药品。售药完成后,要及时理货和补货。理货要避开销售高峰期进行。理货要按照"从左到右、从上到下"的顺序,按"端架→堆头→货架"的先后顺序将货品进行整理并摆放于适宜的位置。理货药品的先后顺序一般是"促销药品→主力药品→易混乱药品→一般药品"。补货可分为定时补货和不定时补货,以补满货架、端架或促销区为原则。

三、票据填制

《药品流通监督管理办法》规定,药品零售企业销售药品时,应当开具标明药品名称、生产厂商、数量、价格、批号等内容的销售凭证。

(一)开票操作流程

1. 对于处方药,要由执业药师审核处方或抄写处方,无医师开具的处方不得销售处方药。

2. 柜台营业员开出销售清单,当日销售清单共分顾客、营业员和收银员三联。销售清单样式见表7-4。

3. 顾客持销售清单到收银台缴款。

4. 收银员收款后在销售清单的第一、二联盖"现金收讫章",收款台自留第三联,将其余两联交回给顾客。

5. 顾客将两联销售清单带回柜台,营业员验看收款章,确认已经付款后,凭销售清单发货并审核,将药品交于顾客。

表7-4 某医药有限公司销售凭据

销售单位：　　　　　　　　　　　　　　　　　　　　　　　　年　　月　　日

商品名称	商品规格	生产企业	批号	有效期至	单位	数量	单价/元	金额/元
金额合计/元			金额合计大写					

营业员：　　　　　　　　　　　　　　　　　　　　　　　　收银员：

6. 顾客凭销售清单换取正式发票。

7. 营业员填制"进销存日报表"。

（二）填制票据的要求

1. 填制票据的一般要求，见表7-5。

表7-5 填制票据的一般要求

各项要求	具体内容
编号要求	应按票据的连续编号依次使用，不得漏号或跳号
书写要求	（1）用蓝黑墨水或黑墨水填写，禁止使用铅笔；按规定需书写红字的，可用红墨水；若要复写的，可使用圆珠笔 （2）属于套写的票据，一定要写透，以防下面模糊；严禁在应复写的地方不复写或分开复写，前后内容不一致
填制内容要求	（1）按照票据已有的项目逐项填写，不得随意增减应填内容 （2）接受票据单位的名称须按名称全称填写清楚 （3）填制票据的日期须同办理业务的时间保持一致，且年、月、日各项要齐全
签名盖章要求	（1）从个人单位取得的票据，必须有填制人员的签名或盖章；从外单位取得的票据须盖有填制单位的公章 （2）自制票据必须有经办单位领导或者其指定的人员签名或盖公章 （3）对外开出的票据，必须加盖本单位公章
处理错误票据要求	（1）票据填制出现错误，不得涂改或挖补，应由开出单位重开或者按规定方法更正 （2）一式几联的发票收据，必须用双面复写纸套写，并连续编号，作废时应加盖"作废"戳记，连同存根一起保存，不得撕毁

2. 填制支票的要求 支票的有效期为10天，日期首尾算一天，节假日顺延。支票正面不能有涂改痕迹，否则本支票作废；出票日期必须写大写数字：零、壹、贰、叁、肆、伍、陆、柒、捌、玖、拾。

（1）月份的填写要求，见表7-6。

（2）日期的填写要求，见表7-7。

课堂活动

练习填写销售清单，见实践12，"药品销售"。

表7-6 1月～12月的书写要求

月份	书写
1月～2月	零壹月～零贰月
3月～9月	(零)叁月～(零)玖月
10月～12月	壹拾月～壹拾贰月

表7-7 1日～31日的书写要求

日期	书写
1日～9日	零壹日～零玖日
10日～19日	壹拾日～壹拾玖日
20日～29日	贰拾日～贰拾玖日
30日～31日	叁拾日～叁拾壹日

（3）收款人的填写要求，见表7-8。

表7-8 收款人的填写要求

收款人	要求
现金支票	
单位	写收款单位名称；现金支票背面"被背书人"栏内加盖收款单位的财务专用章和法人章
个人	写收款人个人姓名；现金支票背面不盖任何章，但要填上收款人的身份证号码和发证机关名称
转账支票	
	写对方单位名称；转账支票背面本单位不盖章；收款单位取得转账支票后，在支票背面"被背书人"栏内加盖收款单位的财务专用章和法人章，填写好银行进账单后连同该支票交给收款单位的开户银行委托银行收款

（4）金额的填写：支票金额数字的填写分大写和小写两种。填写大写金额时，如果金额到元或角，后面必须加"整（正）"字；如果金额到分位则可不加"整（正）"字，见表7-9。

表7-9 支票金额的写法

金额	大写写法
321.00元	叁佰贰拾壹元整（正）
423.70元	肆佰贰拾叁元柒角整（正）
896.05元	捌佰玖拾陆元零五分
2890.17元	贰仟捌佰玖拾元零壹角柒分或贰仟捌佰玖拾元壹角柒分
87 654.32元	捌万柒仟陆百伍拾肆元叁角贰分

课堂活动

练习支票金额的写法。

3. 填制发票的要求　见表 7-10。

表 7-10　某省商品销售统一发票

客户名称：　　　　　　　　　　　　　　　　　　　　　　　年　　月　　日

品名	规格	单位	数量	单价	金额							
					十	万	千	百	十	元	角	分
小写金额合计												
（大写）　　　　　　万　仟　佰　拾　　元　角　分												

开票人：　　　　　　　　　　收款人：　　　　　　　　　　企业名称（盖章）

　　销售经营中所用的发票有商业零售发票及增值税专用发票,均为国家法定票据。商业零售发票是店员给顾客开具的正式报销凭据。商业发票一式三联,第一联为存根联,第二联为发票联,第三联为记账联。发票填写要求主要有:①填写客户名称,填写时必须写全称,不能简写,零售发票不得开企业抬头;②开票日期必须是经济业务活动发生的实际日期,要做到当天开取;③销售药品名称应逐项如实填写,不得虚开或改变内容,一些药品不仅要写明通用名,还要填写商品名;④规格、数量、计量单位和单价必须按标准如实填写;⑤金额数字的大写和小写需规范填写,大写金额前应写"⊗"符号封顶,小写金额前应写"￥"符号封顶;⑥全部联次一次填开,上下票的内容和金额一致,发票联加盖财务章或发票专用章;⑦将发票第二联递交顾客,发票第一联自己留存,发票第三联交会计记账。

 课堂活动

　　练习填写发票,见实践12,"药品销售"。

四、销售记录

（一）填写处方药的销售记录,见表 7-11。

表 7-11　处方药销售记录表

　　　　　　　　　　　　　　　　　　　　　　　年度　　　第　　　页

销售日期	姓名	年龄	身份证号	药品通用名称	规格	单位	生产厂商	产品批号	有效期	销售数量	销售人员

（二）填写药品拆零销售记录，见表7-12。

表7-12 药品拆零销售记录表

编号：

通用名称		商品名称		规格	
生产企业		有效期至		拆零数量	
批号		起始日期		销完日期	

销售日期	销售数量	剩余数量	质量状况	经办人	销售日期	销售数量	剩余数量	质量状况	经办人

（三）填写"药品经销存日报表"，见表7-13。

表7-13 药品经销存日报表

年 月 日

通用名称	商品名称	规格	生产日期	剂型	生产企业	购货企业	有效期至	批准文号	生产批号	昨日结存	今日进货	退货或调出	今日销货	今日结存	进货累计	销货累计

项目	昨日结存	增加金额	减少金额	今日结存	传票编号	
现金					自	号
银行存款					凭证	张

负责人：　　　　　　　　　　　　　　　　　　　填表人：

 点滴积累

1. 药品销售的售前操作规程包括备齐药品、查验标签、熟悉价格、准备售货用具和整理环境五个方面。
2. 药品销售操作规程包括：①非处方药的零售过程；②处方药的零售过程；③拆零药品的销售过程；④临时缺货药品的销售过程。
3. 票据书写方法主要包括填制各种销售清单、发票和支票的书写。
4. 药品销售的售后操作规程为登记并保存处方、归位整理、理货和补货；拆零药品要做好拆零记录。

目标检测

单项选择题(A 型题)

1. 营业员凭( )发货并审核,将药品交于顾客
   A. 销售清单　　　　　　B. 发票　　　　　　C. 发票和销售清单
   D. 货款　　　　　　　　E. 以上都不对

2. 理货药品的先后顺序一般是( )
   A. 促销药品→易混乱药品→主力药品→一般药品
   B. 促销药品→主力药品→一般药品→易混乱药品
   C. 一般药品→主力药品→易混乱药品→促销药品
   D. 促销药品→主力药品→易混乱药品→一般药品
   E. 以上都不对

3. 理货是按( )顺序,将货品进行整理并摆放于适宜的位置
   A. 从右到左、从上到下　　B. 从左到右、从上到下　　C. 从左到右、从下到上
   D. 从右到左、从下到上　　E. 以上都不对

4. 当日销售清单共分( )
   A. 1 联　　　B. 2 联　　　C. 3 联　　　D. 4 联　　　E. 6 联

5. 支票的有效期为( )天,日期首尾算一天,节假日顺延
   A. 3 天　　　B. 5 天　　　C. 7 天　　　D. 10 天　　　E. 15 天

6. 根据关联销售的进退有据原则,建议常备四套价位组合方案,即( )
   A. 2 个高价位、1 个中价位和 1 个低价位
   B. 1 个高价位、1 个中价位和 2 个低价位
   C. 1 个高价位、2 个中价位和 1 个低价位
   D. 2 个中价位和 2 个低价位
   E. 2 个高价位和 2 个低价位

7. 处方药调配取药时,应按处方( )逐个进行;自核自对时,则应( )比对
   A. 自上而下、自下而上　　B. 自上而下、自上而下　　C. 自下而上、自上而下
   D. 自下而上、自下而上　　E. 以上都不对

8. 零售药店必须保存处方( )年备查。
   A. 1 年　　　B. 2 年　　　C. 3 年　　　D. 4 年　　　E. 5 年

9. 收银员收款后在销售清单的第( )联盖"现金收讫章"
   A. 一、二、三联　　　　B. 二、三联　　　　C. 一、三联
   D. 一、二联　　　　　　E. 以上都不对

10. 下列关于填制票据的一般要求,说法不正确的是( )
    A. 应按票据的连续编号依次使用,不得漏号或跳号
    B. 一式几联的发票收据,作废时应加盖"作废"戳记,连同存根一起撕毁
    C. 填制票据的日期须同办理业务的时间保持一致,且年、月、日各项要齐全
    D. 按照票据已有的项目逐项填写,不得随意增减应填内容
    E. 一式几联的发票收据,作废时应加盖"作废"戳记,连同存根一起保存,不得撕毁

11. 销售促进,简称促销,是指( )

A. 药店企业把可以提高药品功效或加快患者治疗、康复和保健的商品组合起来进行销售的一种方式

B. 顾客事后可感知的效果与事前的最低期望之间的一种差异函数

C. 企业运用各种短期诱因鼓励消费者和中间商购买、经销企业产品和服务的促销活动,效果要求立竿见影

D. 由于受质量、价格、服务等诸多因素的影响,顾客对某一企业的产品或服务产生感情,形成偏爱并长期重复购买该企业产品或服务的行为程度

E. 以上都不对

12. "消费时尚,喜新,崇尚品牌,注重药品的外观和包装"属于顾客的(　　)

A. 偏好心理　　　　　　　B. 求新心理　　　　　　　C. 比照心理

D. 价值心理　　　　　　　E. 趋同心理

13. 顾客资料应注意更新,一般以(　　)更新一次为宜

A. 1年　　　　B. 2年　　　　C. 3年　　　　D. 随时　　　　E. 从不

14. (　　)不能达成销售目标

A. 提高药店的客单价　　　　　　　　　B. 提高药店顾客的满意度

C. 提高药店顾客的忠诚度　　　　　　　D. 降低药店的客单价

E. 以上都不对

15. 药品的规格与处方所开数量的关系为在处方总量一定时(　　)

A. 规格越小,数量越少

B. 规格越小,数量越多

C. 规格越多,数量越多

D. 药品的规格与处方所开数量没有关系

E. 以上都不对

16. 关于拆零药品说法不正确的是(　　)

A. 拆零药品是指销售药品最小单元的包装上,不能明确注明药品名称、规格、用法、用量、有效期等内容的药品

B. 拆零药品应专门存放于拆零柜台

C. 拆零销售期间,可不用保留原包装和说明书

D. 药品拆零柜台应配有必备的拆零工具,并保持拆零工具的清洁卫生

E. 拆零药品要做好拆零记录

17. 在收取货款时复核的目的是确认(　　)

A. 所付药品与所进货款是否相符　　　　B. 所付药品价格是否正确

C. 顾客所付货款是否正确　　　　　　　D. 是否已找给顾客货款余额

E. 以上都不对

18. 如发现药品临时缺货时要及时通知给(　　)以落实货源

A. 业务人员　　　　　　　B. 运输人员　　　　　　　C. 仓储人员

D. 采购人员　　　　　　　E. 店长

19. 当顾客所需药品暂时缺货时,营业员应在《顾客购求药品登记本》上记录下(　　)等信息

A. 顾客姓名、药品名称和所需数量

B. 顾客姓名、所患疾病、联系电话

C. 顾客所需购药品的情况、顾客姓名和联系电话

D. 顾客姓名、性别和联系电话

E. 顾客性别、家庭住址和联系电话

20. 关于"三唱一复"的"唱付"是指(   )

A. 让顾客知道药品的价格

B. 找钱时,要把数目告知顾客。将余额交给顾客时,要再确认一遍

C. 收到货款后,大声说出金额来

D. 当面验钞、数钱后,将钱放进收款箱

E. 以上都不对

（林 超）

项目八 售后服务

学习目标

1. 掌握处理顾客异议的原则,退换药品的处理、投诉的处理及药品不良反应的报告范围。
2. 熟悉药品不良反应的相关概念。
3. 了解药品不良反应报告表的填写。
4. 熟练掌握处理客户异议、投诉及退换药品的方法;学会处理药店中发生的突发事件,能分析客户动机、消除客户不满心理,学会自我情绪控制,提供积极有效的服务。

导学情景

情景描述:

一天,一位四十多岁的男顾客拿着一瓶药来到药店,大呼:"你们卖的是什么药啊?我爱人服用后整天晕呼呼地睡觉,你们给我赔钱!"实习生小张吓了一跳,怎么办呢?请你帮小张想想办法,应如何处理这个问题。

学前导语:

售后服务是药品零售药店营业工作中的重要环节。作为店员,不但要有良好的药学专业知识,而且应该学会正确处理顾客提出的投诉、退药、异议等,确保不流失顾客。如遇到不良反应报告事件时,也能正确处理。本项目将带领大家学习处理顾客异议、投诉及药品不良反应事件。

模块一　处理顾客异议与投诉

案例分析

案例:

小张在介绍某感冒药给顾客王阿姨时,王阿姨说:"听你这么说,这个感冒清胶囊对我的病很管用。但这牌子我没听过,价格比其他感冒药要便宜,会不会有质量问题?"小张说:"王阿姨,您多虑了,我们的药是绝对没问题的。""卖花都会赞花香的!""阿姨,你买不买?不买就别捣乱。""你什么态度?我要投诉你!"

分析：

顾客对产品的质量、价格提出异议是常有的事,如处理不当,不但流失顾客,还会引起顾客反感,甚至引起投诉,严重影响药店声誉。

一、顾客异议的处理

顾客异议指向顾客介绍药品过程中,顾客对药品产生怀疑、否定和拒绝购买的想法。正确处理顾客异议,可纠正顾客的错误观点,有助于成功售出产品。

 知识链接

顾客产生异议的表现

1. 找借口　如我已经买过这个产品,没有效果;太贵了,不买了。

2. 有偏见　由于顾客的经历、观念等原因,对店铺、产品或销售人员产生偏见,形成不理智的反对意见。如"听说有人在你这里买过假药,你说的信不过"。

3. 反问或出言不逊　反问或刁难、恶言相对。表现在不断追问,甚至语言粗鲁、态度恶劣。

4. 沉默　顾客有异议,但又不直接说,而是边看产品边摇头,或欲言又止,或者只说一半就不说。

顾客产生异议是常有的事,只有顾客对该产品产生注意和兴趣,才会对它产生疑虑,进而表现出否定的态度。顾客的异议既是成交障碍,也是成交信号,销售人员对顾客的异议加以合理的解释和引导,有利于产品销售。

(一)顾客异议的产生

1. **顾客异议产生的原因**　顾客对产品产生异议的原因有很多:①顾客方面的原因包括顾客的自我保护,对产品不了解,缺乏足够的购买力,购买习惯,对产品或药店有成见,决策权有限;②产品方面的原因包括产品的质量、价格、品牌及包装;③店员服务方面的原因。

2. **顾客异议类型**　按顾客异议内容不同可以分成不同类型:①需求障碍,指客户提出不需要产品的异议,如"我们已经买过这种药品";②价格障碍,指客户因产品价格太高而提出异议,如"药价这么高,我们买不起";③药品信誉障碍,是指客户在产品的质量、规格、品牌等方面提出的异议,如"这种药的质量能行吗? 我以前可没用过啊";④服务障碍,客户以送货不及时,服务不周到、不理想等为理由而提出的异议,如"你药店说可以免费量血压,我来这么多次就没试过";⑤店员及所代表的药店形象障碍,店员自身的素质不高或其所代表的药店社会形象不好;⑥竞争障碍,顾客已经使用其他药店的同类产品,因此拒绝购买。

(二)顾客异议处理原则

药店店员应能够妥善处理各种顾客异议。一旦出现顾客异议,店员应多从自身找原因,遵守顾客异议处理原则。

1. **顾客第一**　一般情况下,顾客的需求决定顾客的购买,想赢得顾客,就必须认真地倾听顾客的需求,用顾客的需求来说服诱导顾客购买产品。

2. 互惠互利 应对异议时,应时刻想着通过交易达到双赢的目的。促成交易是店员的工作,即使交易不成,与顾客交个朋友,交流信息和感受,也是很好的结果,对今后的销售有帮助。

3. 正确解释 在处理异议时,既要使对方接受意见,又不伤害感情、使对方难堪,不要与顾客争辩。但应注意,不应一味地顺从顾客或不敢否定顾客的异议,正面表述与顾客不同的意见也会收到理想效果。店员应时刻提醒自己:争论解决不了问题,避免非理智处理问题。

(三)顾客异议处理策略

处理顾客异议,除了坚持处理原则,还应该学会运用以下策略。

1. 主动出击 店员应预想到顾客在购买产品过程中会提出的问题。如果店员能在顾客提出问题前,以产品的优点或特点形式来跟顾客讲述,可以避免让顾客产生异议,节省销售时间,让顾客对该产品产生坚定的信心,有利于销售产品。

2. 立即回答 避免疑虑或否定。如果顾客提出的问题比较简单,如产品质量、产品价格、有效期、售后服务等,店员应立即回答。立即回答能体现店员对顾客的重视,改善沟通,拉近与顾客的距离,避免其他异议。

3. 推迟答复 当店员无法立即给予满意答复时,应推迟答复。不及时的答复比考虑不周全的回答危害性要小得多。

(四)常见顾客异议及其处理方法

在药店销售过程中,常见的顾客异议有价格异议、质量异议、服务异议。

1. 价格异议 是指顾客购买商品前的预期价格与商品价格相差较大而提出的异议。

(1)价格异议产生的原因:如顾客将该商品与同类产品比较,认为价格相差较远;顾客根据自身的收入与支付能力来评价,认为该产品价格已经超出他能承受的支付能力之外;顾客的心理定势,认为产品开价高,要讨价还价再成交,不然就觉得吃亏了;顾客对产品的质量、品牌等不满意,就说"价格太贵了,不买了"。

(2)价格异议的处理方法:强化价值观,弱化价格意识,讲述产品的制造工艺、吸收利用、疗效、质量、售后服务、品牌信誉等,让顾客明白该产品物有所值;强化自身优势,当顾客用同类产品进行比较而提出价格异议时,可以进一步对比同类产品,把该产品的优点突出地显示出来;解释相对价格,通过数字等方法来告诉顾客,表面上看到价格贵的不一定真的贵,见表8-1。

表8-1 药品价格成本对比表

药名	价格	单价	服用方法	每天成本	疗程	治病成本
A 胃药	15元/瓶/15片	1元/片	3次/天,2片/次	6元	5天	30元
B 胃药	30元/瓶/15片	2元/片	1次/天,2片/次	4元	5天	20元

2. 质量异议 指顾客对产品质量方面提出异议或怀疑。

(1)质量异议产生的原因:生产厂家或产品曾经出现过质量问题;顾客对新药缺乏了解,对其质量提出怀疑;药品副作用大,顾客难以接受;心理定势,对于价格便宜的产品,认为"便宜没好货"。

(2)质量异议的处理方法:正面回答问题,否则加重顾客的怀疑;用证据来证明产品的质量,例如出示药品质量检验合格证、质检报告书、药品批准文号、药品说明书、获奖证明等;介绍他人体会,如讲述使用过该药品的顾客感受,最好是以名人或有影响力的人为例子。

3. 服务异议　是指顾客对药店的服务态度、质量、内容等方面提出不满。

(1)服务异议产生的原因:药店中的某些店员服务态度不好,致使药店形成不良口碑;药店承诺提供的服务,顾客没有享受到;药店的公关宣传工作不到位,致使药店未树立良好的企业形象。

(2)服务异议的处理方法:引导店员树立服务意识;用行动证明服务质量;服务不周时,诚恳道歉;加大药店公关宣传活动工作力度,让药店在民众中形成"健康、诚信、专业"的形象。

二、退换药品的处理

(一)退换药品的相关知识

1. GSP 规定,除药品质量原因外,药品一经售出,不得退换。所以只有在药品质量有问题的情况下,药店是必须退换药品的,否则,药店可以不退换药品。

2. 药店可退换药品的情况

(1)质量问题:购买后当场拆封发现有质量问题的,如散剂结块、片剂裂片、溶液渗漏或变色、中药发霉等,必须无条件退换。售出后才发现质量问题,符合以下各项条件,可确认为本店售出的药品,应给予退换:顾客持有本店购物小票,且购物时间不超过 3 天;药品品名、规格、生产厂家、厂址、外盒包装、批号、批准文号等与本店存货或电脑记录一致;或有其他途径证明是本店售出药品存在质量问题。

(2)非质量问题退换:非质量问题药品一般情况下不给予退换,但为了维护顾客的忠诚度,在不损害公司利益的前提下,在一定程度上可以给予退换。

3. 不可退换药品情况　下列情况之一者,原则上不予办理退货:无法证实为本店销售的药品;药品无质量问题,且存在包装已拆封和包装已损坏等不完整情况;药品临近服用完,发现效果不佳者。

(二)退换药品处理程序

1. 倾听致歉　无论什么情况,接待人员应先向顾客致歉:"您好!我是这里的负责人,不好意思,让您多跑一趟,请问您有什么问题?"。退换货处理应在安静方便的地点,尽量避开卖场或客流多的地方。以诚恳和蔼的态度认真听取顾客要求退换的原因。

2. 检查记录　确认药品是否为本店所销售,仔细检查要求退换的药品包装、批号、外观质量、购货小票。把退货情况登记在售后服务记录或者销货退回记录表上。

3. 处理　征求顾客意见,看是否同意以货换货或者退货。协商妥当后办理退换货手续,开出红票,顾客签名。退回的药品进行质量检查,合格者继续销售,不合格者放入不合格区,登记后进一步处理。

4. 通报　将药品退换情况、处理结果向相关部门和员工通报,在日后工作中加以改进。

(三)退换药品处理注意事项

1. 在不损害药店利益的前提下,尽可能满足顾客需求。

2. 在处理问题时态度须温和有礼、细心周到、耐心认真,不得顶撞顾客。

3. 如遇到恶意捣乱的顾客,请其离开,否则立即报警。

学以致用

> **工作场景：**
> 晚上八点，一位三十出头的男性顾客拿着一瓶钙片来到药店，他气冲冲地走进来大声说："你们卖的什么是药？我孩子吃了一瓶了，可一点效果都没有。你们给我退货，不然我见人就说你们卖假药！"
>
> **知识运用：**
> 1. 按照退换药品处理程序进行操作。
> 2. 不可"以硬碰硬"，态度要温和，认真核实事情，按"理"处理。

三、顾客投诉及其处理

（一）顾客投诉

顾客投诉是指顾客在购买产品过程或购买后对药店提供的产品、服务等感到不满意，进而提出投诉的行为。顾客投诉是我们第二次表现的机会，如果处理得当，就能赢得顾客的信任。顾客抱怨或投诉的类型及主要表现见表8-2。

表8-2　顾客抱怨或投诉的类型及主要表现

顾客抱怨或投诉的类型	主要表现
关于商品	价格、质量、缺配件、过期、标示不明、缺货
关于收银	员工态度差，收银作业不当，因零钱不够而少找钱，让顾客等候结账时间过长，遗漏顾客的商品，收银时出现秩序混乱，收错钱等问题
关于服务	洗手间设置不当，没有通讯设施，购物车不足，抽奖及赠品作业不公平，店员以落后、粗暴、冷落方式对待顾客，未履行承诺，用不当的语言方式与顾客沟通，回答顾客问题不满意，服务项目过少，取消了原有的服务项目
关于安全	意外事件的发生，顾客的意外伤害，员工作业所造成的伤害
关于环境	卫生状况差，广播声音大，播放音乐不当，堵塞交通，无残疾人通道

（二）顾客投诉处理原则

1. 处理顾客投诉工作原则　尽量避开营业场所；在处理顾客的不满与抱怨时，能站在顾客的立场为对方设想，使顾客在情绪上受到尊重；就事论事，保持心情平静，以自信的态度认知自己的角色；认真听取投诉，确定顾客目前的情绪，找出问题症结所在；按已有政策酌情处理，处理时力求方案既能使顾客满意，又能符合公司、国家的政策；超出权限范围内的，要及时上报，并告知顾客解决的日期。

2. 处理顾客投诉交谈原则　保持1米以内距离，诚恳地看着顾客；了解顾客的兴趣及其关心的问题；插入轻松的话题缓和紧张情绪；在适当时候详细询问事实；关注顾客的反应，如顾客反感，立即停止话题；准备好劝说的理由。

（三）处理顾客投诉的工作程序

1. 倾听　要保持平静的心态，以事论事，心平气和地接待顾客，用温和的态度引导顾客说出事由。诚恳地倾听顾客诉说，表现出对顾客的信任，让顾客把内心的不满情绪发泄出来，避免争辩。

2. 表态　客观地站在顾客的立场来回应顾客的问题,对顾客所受到的伤害表示同情。诚心地向顾客致歉,无论顾客提出的意见是否正确。

3. 记录分析　无论顾客是通过电话、书信或上门投诉,都要认真填写好"顾客投诉处理记录表",见表8-3,并向顾客复述一次,请顾客确认。确定事情的责任归属,详细分析该投诉的严重程度,了解顾客的需要,抓住顾客投诉的重点。

表8-3　顾客投诉处理记录

顾客姓名		电话	
地址			
投诉事由(意见或建议)			
处理意见			
顾客态度			
接待人		日期	

4. 处理　提出解决问题的方案,同时让顾客知道店方为解决该问题所付出的诚心和努力。与顾客讨论,找到适当的方法来满足顾客的要求。在双方都同意的情况下应立即执行方案。如不能立即解决,应告知顾客原因,并约定时间再作处理,把经办人的姓名电话告知顾客,以便事后跟踪。

5. 检讨　对投诉事件进行检讨,将处理过程记录在案。找出投诉原因,改正错误,通过各种方式向员工通报该投诉的原因、处理结果及改进方法。

(四)顾客投诉处理注意事项

1. 情绪　克制个人情绪,沉着操控,用毅力和素质来操控或减轻不良心情的宣泄。宽宏大度,克己让人,能从第三者的角度保持冷静。

2. 角色　意识到自己不是代表个人,而是代表药店。每一个言行举止都要为药店的形象负责。

3. 回应　动作、回应要迅速。顾客认为商品有问题,一般会比较着急,怕不能得到解决,这时应快速反应,记下他的问题,及时查询问题发生的原因,尽快帮助顾客解决问题。

4. 诚意　诚意是对待顾客的最佳方案,切实从顾客利益出发找到解决问题的方法,尽可能地满足顾客的期望。

5. 友好　绝不与顾客为敌,尽可能恢复顾客对药店的依赖感。

 点滴积累

1. 在销售过程中运用顾客第一、互惠互利、正确解释的原则处理顾客的异议。
2. 接待退换药品的顾客按"倾听致歉 - 检查记录 - 处理 - 通报"的程序处理。
3. 接待投诉的顾客按"倾听 - 表态 - 记录分析 - 处理 - 检讨"的程序处理。
4. 在处理顾客退药与顾客投诉时要做到态度温和有礼、细心周到、耐心认真,严禁顶撞顾客;能克制个人情绪;尊重顾客,认真倾听。

模块二 药品不良反应报告

案例分析

案例：

因肩关节疼痛，张某前往某药店购买药品。在购药过程中张某称其有蛔虫，店员介绍由某制药厂生产的批号为990303每片25mg的左旋咪唑12片，嘱咐张某分两晚服完。张某服该药后，于同月20日开始出现步态不稳、头昏、意识不清等症状。经某市某医院诊断，张某为左旋咪唑所致脱髓鞘性脑病并住院治疗。经医院治疗后，张某病情明显好转，于次月16日出院。出院时张某基本能站立、行走、大小便自控，但智力出现障碍，计算能力、记忆力、双眼视力等明显下降。之后，张某继续到门诊治疗。28日，经某医学院附属医院医学鉴定，张某所患疾病是左旋咪唑引起的变应性脱髓鞘性脑病，临床诊断成立，两者之间存在因果关系，张某为治疗此病共花去医药费合计人民币58719.40元，综合评定为伤残四级。

分析：

在本案中，经调查，左旋咪唑是某药厂按规定生产、销售合格的产品，张某按店员嘱咐服药，发生如此不幸，该事件应界定为药品不良反应事件，药店与药厂都应该承担相应责任，药店必须向上一级报告该不良反应。

一、药品不良反应

药品不良反应（ADR）是指合格药品在正常用法用量下出现的与用药目的无关或意外的有害反应。新的药品不良反应是指药品说明书中未载明的不良反应。药品严重不良反应是指因使用药品而引起以下损害情形之一的反应：引起死亡；致癌、致畸、致出生缺陷；对生命有危险并能够导致人体永久损伤；导致住院或住院时间延长。药品不良反应报告和监测是指药品不良反应的发现、报告、评价和控制的过程。药品不良事件（ADE）是指药品治疗过程中出现的不良临床事件，但该事件不一定与药物有因果关系。

构成药品不良反应的四个条件：合格药品、正常用法用量下出现、与用药目的无关的或意外的反应、是有害的反应。

药品不良反应危害极大，20世纪国外发生的重大要害事件见表8-4。

表8-4　20世纪国外发生的重大药害事件

年代	地区	药物	用途	毒性表现	受害人数
1890~1950	欧洲、亚洲、美国	氯化亚汞	通便、驱虫、牙粉	汞中毒	死亡儿童>585人
1900~1949	欧洲、美国	蛋白银	消毒、抗炎		银质沉着症>100人
1930~1960	各国	醋酸铊	治疗头癣（脱发用）	铊中毒	半数死亡（>10 000人）

续表

年代	地区	药物	用途	毒性表现	受害人数
1922~1970	各国	氨基比林	退热、止痛	粒细胞缺乏	死亡 >2082 人
1940	各国	金硫代硫酸钠	治类风湿、哮喘	肝、肾、骨髓损害	约 1/3 用药者
1935~1937	欧洲、美国	二硝基酚	减肥	白内障	近万人失明,死亡 9 人
1937	美国	磺胺酏剂	抗菌消炎	二甘醇致肝、肾损害	358 人中毒,107 人死亡
1953	欧洲、美国、加拿大	非那西丁	止痛退热	肾损害、溶血	肾病 >2000 人,死亡 500 人
1954	法国	二磺二乙基锡	治疗疥、粉刺	神经毒性、脑炎、失明	中毒 270 人,死亡 110 人
1956	美国	三苯乙醇	治高脂血症	白内障、阳痿、脱发	>1000 人,占 1%
1956~1961	欧美、日本	沙利度胺	治妊娠反应	海豹样畸胎	>10 000 人,死亡 5000 人
1967	欧洲	阿米雷司	减肥	肺动脉高压	70% 用药者
1960	英国、美国、澳大利亚	异丙肾上腺素气雾剂	止喘	严重心律失常、心衰	死亡 3500 人
1963~1972	日本	氯碘羟喹	治肠炎	脊髓变性、失明	中毒 >7856 人,病死率 5%
1933~1972	美国	己烯雌酚	保胎 (先兆流产)	阴道腺癌（女）	>300 人
1968~1979	美国	普萘洛尔	抗心律失常	角膜、心包、腹膜损害	>2257 人
累计（1890~1980）	16 种				死亡 22 000 人伤残 11 000 人

二、药品不良反应的分类

（一）按药品不良反应临床表现分类

表 8-5 按药品不良反应临床表现分类

类型	特征	举例
副作用	药物在治疗剂量内所产生的某些与防治疾病无关的作用	阿司匹林用于解热镇痛时引起胃黏膜损伤
毒性反应	给药剂量过大或用药时间过长引起的,对人体造成功能性损害,有些药停用后可以恢复,有些会造成不可逆损害	链霉素会发生急性毒性反应、慢性毒性反应、耳鸣和耳聋等
变态反应	过敏反应,只有特异体质的患者才会出现,与药物的剂量无关	青霉素可引起药疹、药物热和过敏性休克
继发反应	不是药物本身的效应,而是其主要作用的间接后果	长期使用环丙沙星可引起由耐药菌或酵母样真菌导致的二重感染

续表

类型	特征	举例
致畸作用	作用于妊娠母体,导致胎儿先天性畸形	沙利度胺致"海豹肢"或肢体发育缺陷
致癌作用	有些药物长期服用后,引起机体器官、组织、细胞过度增殖,而形成良性或恶性肿瘤	己烯雌酚易致阴道癌
药物依赖性	反复用药后引起人体心理上和(或)生理上对药物的依赖状态	吗啡停药出现戒断症状

(二)按药理作用的关系分型

可分为 A 型、B 型和 C 型,见表 8-6。

表 8-6　药品不良反应按药理作用关系分型

类型	概念	特点
A 型	量变型异常,药物的药理作用增强所致,可以预测,常与剂量有关,停药或减量症状减轻或消失,发生率高,死亡率低	①常见;②与剂量相关;③时间关系明确;④可重复性;⑤上市前可发现
B 型	质变型异常,与正常药理作用完全无关的异常反应,难以观测,常规毒理学筛选不能发现,发生率低,死亡率高	①罕见;②非预期;③较严重;④时间关系明确
C 型	迟现型异常,长期用药后出现,潜伏期长,没有明确的时间关系,难以预测	①背景发生率高;②非特异性(药物);③没有明确的时间关系;④潜伏期长;⑤不可重现;⑥机制未明

(三)按照药品不良反应程度分类

一般分为轻度、中度、重度三级。

1. 轻度不良反应　轻微的反应或疾病,症状不发展,一般不需要治疗。
2. 中度不良反应　指症状明显,重要器官或系统功能有中度损害。
3. 重度不良反应　指重要器官或系统功能有严重损害,缩短或危及生命。

课堂活动

不良反应分类

请说出下列药物的不良反应分类:

1. 阿司匹林、吲哚美辛、保泰松、氟芬那酸、乙醇、呋塞米、甲苯磺丁脲、利血平、维生素 D 等可诱发十二指肠溃疡,导致出血,甚至可引起穿孔。

2. 麻黄碱在治疗支气管哮喘时,也兴奋中枢神经系统,引起失眠,可同时给予巴比妥类药物,以对抗其兴奋中枢的作用。

3. 长期应用广谱抗生素后,由于改变了肠道内正常存在的菌群,敏感细菌被消灭,不敏感的细菌或真菌则大量繁殖,外来细菌也乘虚而入,从而引起二重感染,导致肠炎或继发性感染。

提示:请按照临床表现、药理作用进行分类。

（四）不良反应评价标准

不良反应评价标准见表 8-7。

表 8-7　不良反应评价标准

序号	内容	选择（是 / 否）
1	用药与不良反应 / 事件的出现有无合理的时间关系	
2	反应是否符合该药已知的不良反应类型	
3	停药或减量后，反应是否消失或减轻	
4	再次使用可疑药品是否再次出现同样反应 / 事件	
5	反应 / 事件是否可用并用药的作用、患者病情的进展、其他治疗的影响来解释	
关联性评价		
	前四个选项都选择"是"	肯定
	前四个选项中有 3 个选择"是"	很可能
	前四个选项中有 2 个选择"是"	可能

三、药品不良反应报告范围

上市 5 年内的药品和列为国家重点监测的药品，报告该药品引起所有可疑不良反应。上市 5 年以上的药品，主要报告该药品引起的严重、罕见或新的不良反应。

四、药品不良反应报告的内容

（一）我国药品不良反应的报告方式

1. 书面报告　对发现的药品不良反应，按要求填写《药品不良反应 / 事件报告表》或《药品群体不良反应 / 事件报告表》《药品不良反应 / 事件定期汇总表》，并向上级药品不良反应监测中心传送。

2. 电子报告　进入国家药品不良反应监测中心网站，输入组织机构代码号和密码后，填写电子版的《药品不良反应 / 事件报告表》，在线录入方式分为输入和选择两类。如新的、严重、一般：根据报告的性质，在相应的位置选择即可；部门：将光标移至相应位置，录入填写人所在部门就行。表格依次填写完毕，确认无误后点击提交，即可完成报告。

（二）《药品不良反应 / 事件报告表》的填写要求

《药品不良反应报告和监测管理办法》要求，《药品不良反应 / 事件报告表》的填报内容应真实、完整、准确，见表 8-8。

1.《药品不良反应 / 事件报告表》是药品安全性监测工作的重要档案资料，手工报表需要长期保存，因此务必用钢笔书写，填写内容、签署意见（包括有关人员的签字）字迹要清楚，不得用报告表中未规定的符号、代号、不通用的缩写形式和花体式签名。其中选择项画"√"，叙述项应准确、完整、简明，不得有缺漏项。

2. 每一个患者填写一张报告表。

3. 个人报告建议由专业人员填写，可以是诊治医务人员、生产企业、经营企业专职人员及专业监测机构人员。

4. 尽可能详细地填写报告表中所要求的项目。有些内容无法获得时，填写"不详"。

表8-8　药品不良反应/事件报告表

首次报告□　　　　跟踪报告□　　　　　　　　　　　　　　　　编码：_____

报告类型：新的□　严重□　一般□　　　　　　报告单位类别：医疗机构□　经营企业□　生产企业□

个人□　其他□_____

患者姓名：	性别：男□女□	出生日期：　年　月　日 或年龄：	民族：	体重（kg）：	联系方式：

原患疾病：	医院名称： 病历号/门诊号：	既往药品不良反应/事件： 有□_____无□　不详□ 家族药品不良反应/事件： 有□_____无□　不详□

相关重要信息：吸烟史□　饮酒史□　妊娠期□　肝病史□　肾病史□　过敏史□_____

其他□_____

药品	批准文号	商品名称	通用名称（含剂型）	生产厂家	生产批号	用法用量（次剂量、途径、日次数）	用药起止时间	用药原因
怀疑药品								
并用药品								

不良反应/事件名称：	不良反应/事件发生时间：　年　月　日

不良反应/事件过程描述（包括症状、体征、临床检验等）及处理情况（可附页）：

不良反应/事件的结果：痊愈□　　好转□　　未好转□　　不详□　　有后遗症□　表现：_____

　　　　　　　　　死亡□　　直接死因：_____　　　　　死亡时间：　年　月　日

停药或减量后,反应/事件是否消失或减轻？　　　　　是□　否□　不明□　未停药或未减量□

再次使用可疑药品后是否再次出现同样反应/事件？　　是□　否□　不明□　未再使用□

对原患疾病的影响：不明显□　病程延长□　病情加重□　导致后遗症□　导致死亡□

关联性评价	报告人评价：肯定□　很可能□　可能□　可能无关□　待评价□　无法评价□ 签名：
	报告单位评价：肯定□　很可能□　可能□　可能无关□　待评价□　无法评价□ 签名：

报告人信息	联系电话：	职业：医生□　药师□　护士□　其他□_____
	电子邮箱：	签名：

报告单位信息	单位名称：	联系人：	电话：	报告日期：　年　月　日

生产企业请填写信息来源	医疗机构□　经营企业□　个人□　文献报道□　上市后研究□　其他□_____

备注	

5. 对于报告表中的描述性内容,如果报告表提供的空间不够,可另附 A4 白纸说明,并将"附件"写在一张纸的顶部。所有的附件应按顺序标明页码。附件中必须指出继续描述的项目名称。

6. 填表补充说明

(1)新的药品不良反应:是指药品说明书中未载明的不良反应。说明书中已有描述,但不良反应发生的性质、程度、后果或者频率与说明书描述不一致或者更严重的,按照新的药品不良反应处理。

(2)报告时限:新的、严重的药品不良反应应于发现或者获知之日起 15 日内报告,其中死亡病例须立即报告,其他药品不良反应 30 日内报告。有随访信息的,应当及时报告。

(3)怀疑药品:是指患者使用的怀疑与不良反应发生有关的药品。

(4)并用药品:指发生此药品不良反应时患者除怀疑药品外的其他用药情况,包括患者自行购买的药品或中草药等。

(5)用法用量:包括每次用药剂量、给药途径、每日给药次数,例如:5mg,口服,每日 2 次。

(6)报告的处理:所有的报告将会录入数据库,专业人员会分析药品和不良反应 / 事件之间的关系。根据药品风险的普遍性或者严重程度,决定是否需要采取相关措施,如在药品说明书中加入警示信息,更新药品如何安全使用的信息等。在极少数情况下,当认为药品的风险大于效益时,药品也会撤市。

(三)药品不良反应报告程序

1. 药品不良反应监测报告实行逐级、定期报告制度。必要时可以越级报告。

2. 药品生产经营企业和医疗预防保健机构必须严格监测本单位生产、经营、使用药品的不良反应发生情况,如果发现有可疑的不良反应,须进行详细记录、调查,并按要求填写不良反应报告表。同时及时向所在省、自治区、直辖市药品不良反应监测专业机构集中报告。

3. 个人发现药品引起的新的或严重的不良反应,可直接向所在省、自治区、直辖市药品不良反应监测中心或食品药品监督管理局报告。

4. 对新的或严重的药品不良反应病例需用有效方式快速报告,必要时可以越级报告,最迟不超过 15 个工作日,见图 8-1。

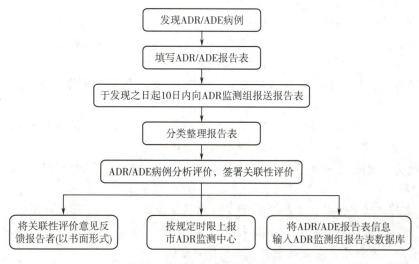

图 8-1 一般的 ADR/ADE 报告流程

点滴积累

1. 药品不良反应(ADR)是指合格药品在正常用法用量下出现的与用药目的无关或意外的有害反应。新的药品不良反应是指药品说明书中未载明的不良反应。药品严重不良反应是指因使用药品而引起损害情形之一的反应:引起死亡;致癌、致畸、致出生缺陷;对生命有危险并能够导致人体永久损伤;导致住院或住院时间延长。药品不良反应报告和监测是指药品不良反应的发现、报告、评价和控制的过程。药品不良事件(ADE)是指药品治疗过程中出现的不良临床事件。

2. 药品不良反应可按临床表现分类分为副作用、毒性反应、变态反应、继发反应、致畸作用、致癌作用、药物依赖性;按药理作用的关系分类分为 A 型、B 型和 C 型;按照不良反应程度分类分为轻度、中度、重度三级。

3. 药品不良反应报告范围:上市 5 年内的药品和列为国家重点监测的药品,报告该药品引起所有可疑不良反应;上市 5 年以上的药品,主要报告该药品引起的严重、罕见或新的不良反应。

 目标检测

一、单项选择题(A 型题)

1. 顾客提出需求方面的异议时,他一般会说(　　)
   A. 你的药品档次太高　　　B. 我对你们的药品不了解　　C. 我已经有了
   D. 我下次再买　　　　　　E. 药品效果不好

2. 顾客说:"这个产品的设计太古板了"。这种异议属于(　　)
   A. 价格异议　　　　　　　B. 商品异议　　　　　　　C. 服务异议
   D. 竞争者的异议　　　　　E. 需求异议

3. 顾客说:"这种电子血压计还可以,但坏了没有地方修。"这种异议是(　　)
   A. 价格异议　　　　　　　B. 商品异议　　　　　　　C. 服务异议
   D. 竞争者的异议　　　　　E. 需求异议

4. 以下不属于顾客投诉处理注意事项的是(　　)
   A. 情绪　　　　　　　　　B. 角色　　　　　　　　　C. 回应
   D. 诚意　　　　　　　　　E. 顾客地位

5. 当顾客说:"我只愿意到商店购买你们的产品,而不愿意接受你们推销人员上门销售",这种异议是(　　)
   A. 产品质量异议　　　　　B. 需求方面的异议　　　　C. 推销人员异议
   D. 服务异议　　　　　　　E. 竞争者的异议

6. 推销员:"抱歉,您提的要求我需要请示经理后再给您回复。"推销员这种处理顾客异议的时机把握是(　　)
   A. 立即处理顾客异议　　　B. 预先处理顾客异议　　　C. 延时处理顾客异议
   D. 不答复顾客异议　　　　E. 打发顾客

7. 主管全国药品不良反应报告和监测工作的是(　　)
   A. 国家卫生和计划生育委员会　　　　　　B. 国家食品药品监督管理总局

C. 国家药品不良反应监测中心　　　　D. 国家药品不良反应监测信息网

E. 省级食品药品监督管理局

8. 国家对药品不良反应实行的是（　　　）

A. 逐级报告制度

B. 定期报告制度

C. 严重的、罕见的药品不良反应须随时报告

D. 严重的、罕见的药品不良反应必要时可以越级报告

E. 逐级、定期报告制度、严重或罕见的药品不良反应须随时报告，必要时可以越级报告

9. 易发生药品不良反应的是（　　　）

A. 老年人、妇女、儿童　　　　　　　　B. 有肝脏、肾脏等方面疾病的人

C. 有神经系统、心血管系统等方面疾病　　D. 妊娠期妇女

E. 以上所有

10. 一份有效的《药品不良反应/事件报告表》的基本内容不需要包括（　　　）

A. 患者基本信息资料的完整性，如年龄、性别、简单病史（含过敏史）、是否妊娠等情况

B. 完整、准确被怀疑药物信息，如药品的名称、用药剂量、给药时间和合并用药情况，静脉用药的给药速度以及药品批号

C. 患者的病史记录

D. 对 ADR 的描述，包括发生时严重性与关联性评价

E. 以上都是

11. 药品不良反应是指（　　　）

A. 药品引起的三致反应

B. 合格药品在正常用法用量下出现的与用药目的无关的或意外的有害反应

C. 由于超剂量或错误用药导致的有害反应

D. 药品在正常用法用量下出现的有害反应

E. 以上都是

12. 属于处理顾客异议的原则（　　　）

A. 顾客第一　　　　　　　B. 互惠互利　　　　　　　C. 正确解释

D. 以上都是　　　　　　　E. 以上都不是

13. 接待退换药品的顾客处理程序是（　　　）

A. 倾听致歉 - 检查记录 - 处理 - 通报

B. 倾听致歉 - 处理 - 通报 - 检查记录

C. 检查记录 - 处理 - 倾听致歉 - 通报

D. 倾听致歉 - 处理 - 检查记录 - 通报

E. 处理 - 倾听致歉 - 通报 - 检查记录

14. 接待投诉顾客处理的程序是（　　　）

A. 表态 - 倾听 - 记录分析 - 处理 - 检讨

B. 倾听 - 表态 - 记录分析 - 处理 - 检讨

C. 记录分析 - 处理 - 表态 - 倾听 - 检讨

D. 倾听 - 表态 - 记录分析 - 检讨 - 处理

E. 倾听 - 表态 - 处理 - 记录分析 - 检讨

15. 以下不属于在处理顾客退药与顾客投诉时要做到的（　　　）

A. 态度温和有礼　　　　　　　　　　　B. 细心周到

C. 耐心认真、严禁顶撞顾客　　　　　　D. 能克制个人情绪

E. 见招拆招

16. 不属于药品严重不良反应的是（　　　）

A. 引起死亡

B. 致癌、致畸、致出生缺陷

C. 对生命有危险并能够致人体永久的或显著的伤残

D. 对器官功能产生永久损伤

E. 常见的嗜睡、呕吐、头晕

17. 上市 5 年以上的药品,主要报告药品引起的（　　　）

A. 药品不良反应　　　　　　　　　　　B. 严重、罕见的药品不良反应

C. 可疑不良反应　　　　　　　　　　　D. 禁忌证

E. 监测统计资料

18. 对严重或罕见的药品不良反应须随时报告,必要时可以（　　　）

A. 药品不良反应　　　　B. 报告制度　　　　C. 越级报告

D. 监测管理制度　　　　E. 监测统计资料

二、配伍选择题（B 型题）

A. 10 日　　　　B. 15 日　　　　C. 20 日　　　　D. 25 日　　　　E. 及时

1. 新的和严重的 ADR 的报告时限是（　　　）

2. 发生死亡病例的 ADR 的报告时限是（　　　）

（李小燕）

项目九　药品盘点与门店核算

学习目标

1. 掌握药品盘点的方法与技巧。
2. 熟悉药品盘点的工作流程。
3. 了解药品盘点的意义和门店相关指标的核算。
4. 熟练掌握药品盘点方法,学会应用门店核算技术了解药品的销售动态,提高经营分析的能力。

导学情景

情景描述:

　　王老板新开了一家药店,聘请的员工都是自己的亲戚朋友,基于"疑人不用,用人不疑"的考虑,开业半年从未进行过药品盘点。后来在药监部门的例行检查中,发现诸多票货不符、批号混乱、药品丢失等现象。王老板百思不得其解,员工都是最信任的人,工作也比较认真负责,店堂也安装有摄像监控,为何药品数量会有那么大的出入呢?

学前导语:

　　药品盘点和门店核算是药品经营企业用于控制药品、资金动态,了解营业状况,及时调整经营方式的重要依据,同时也是企业执行 GSP 工作质量的重要标杆,不可因主观想法选择性执行。本项目将带领大家学习药品盘点和门店核算相关知识和技能。

模块一　药 品 盘 点

案例分析

案例:

　　小王被刘经理提拔任用为药店的乙班带班班长。药店季度末进行盘点时,刘经理发现贵重药品"鹿茸"重量损失超过 5%,通过核算货值 3000 多元。电脑显示,小王销售 21 次,其他 6 名员工共销售 32 次。刘经理怀疑是员工称量操作差错所致,为避免今后再出现类似情况,经理让小王对药店再次进行盘点处理。经过此次事情之后,小王加倍努力工作,提高了工作责任心和态度,在他的带领下,该店业绩上去了,误差率也很小了,于是不久就晋升为店长了。

分析:
　　药店盘点非常重要,它能反映出本店的盈亏情况,是药店改变经营方式的主要依据,同时也能反映出员工工作质量和态度,案例中"鹿茸"的损失与小王的工作态度有关系。

　　药品盘点就是定期或不定期地对店内的药品进行全部或部分的清点,以确实掌握该期间内的经营业绩和存在问题,并加以改善,加强管理。一个药店,每天都有很多的药品购进卖出,加上品种、批号繁多,顾客流密集,极易导致库存混乱,单凭每天的营业报表,无法准确判断盈亏情况,通过药品盘点可达到确切掌握库存量,准确反映公司财务状况,掌握损耗并加强药品安全、库存管理,为药店经营决策提供真实有效数据。

一、药品盘点的目的

　　药品的盘点需投入大量的人力、物力和时间,同时也带来一些负面影响,但它却是一种非常重要的工作,通过盘点可以达到:①明确在本盘点周期内的亏盈状况;②准确库存金额统计,及时恢复药品的电脑库存数据;③了解店内损耗情况,以便在下一个运营周期加强管理,控制损耗;④发掘并清除滞销品、近效期药品,整理环境,清除死角。

二、药品盘点的原则

　　1. 真实　盘点所有的点数、资料必须是真实的,严禁人为修改,不允许作弊或弄虚作假。药店根据需要组织员工进行药品盘点和对盘点产生各种情况的原因进行分析,合理掌握库存,减少药品积压,防止近效期药品的出现。

　　2. 准确　资料的输入、陈列的核查、盘点的点数应准确无误。参加盘点人员按"见货盘货"的原则,细心、认真负责地对商品进行交叉清点,杜绝多盘、漏盘等盘错现象。

　　3. 完整　盘点的流程必须完整。

　　4. 清楚　所有资料、人员的书写、商品的整理都必须清楚。

　　5. 团队精神　盘点是药店员工共同参加的运营过程,有利于团队协作精神的形成。

三、药品盘点流程

　　药店盘点操作一般分为以下几个步骤进行,见图 9-1。

(一) 盘点前准备

　　药店在进行实物盘点前,店长及店员应熟练掌握盘点流程和方法。将所有单据和药品分类摆好,破损药品在记录之后须指定丢弃或退货,清理所有药品并保持清洁完好,查看货架底下是否有遗漏药品,空箱或纸箱必须另外存放以避免错误。

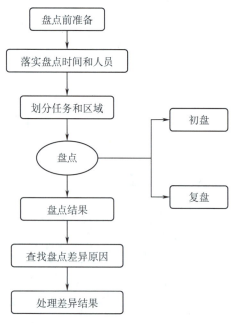

图 9-1　药品盘点流程

1. 环境整理 盘点前,对门店所有杂物进行清理,比如药品空盒、宣传堆头、储物柜等,避免药品遗落;对盘点工具进行整理准备,如剪刀、计算器、纸笔等;对卫生死角进行清除,确保一切环境都有利于盘点的顺利进行。

2. 单据整理 为了保证所有数据盘点的准确性,药品在盘点前应将相关单据整理好。如进货单、商品内部调拨单、商品调价单、销货单、退货单、净销货收入汇总(分免税和含税两种)、报废品单、赠品单据及前期盘点单等。然后仔细检查本店电脑系统中有无已经配送到店但还没有入库的单据;有无退换货单而未执行的单据;检查有无调回、退回总部或调拨到其他分店而没有做出库处理的单据。同时了解总部是否已经作了相对应的操作,如未操作,应及时进行出库入库等数据输入。药品内部调拨单示例见表9-1。

表9-1 药品内部调拨单

调出单位:中山路店　　　　　调入单位:北京路店　　　　　2014 年 10 月 5 日

序号	药品名称	规格型号	单位	数量	单价(元)	金额(含税)	备注
1	山楂丸	10 丸 / 盒	盒	5	12	60	北京店缺货
合计							

调出部门经办人:　　　　　　　　　　　　　　　　调进部门经办人:

3. 药品整理 必须对本店的所有药品进行清查,陈列整齐,不能留出死角,确保药品架位的唯一性。及时清查是否有过期、损坏的药品,如有,执行报损报废等处理。

（二）落实盘点时间和人员

1. 选择盘点时间 盘点时间的选择应符合两个原则,一是尽量避免影响营业,二是选择药品库存相对稳定的时段。一般盘点时间设定为月末下班后或者晚上顾客较少的时间段。

2. 安排盘点人员 盘点当天应该合理安排值班班次,尽可能让全部员工参与盘点,指定负责人,每个盘点小组有初盘人和复盘人,并且有监督盘点的财务人员在场。

（三）划分任务和区域

根据药店实际情况,合理划分区域,分配任务,比如将处方药和非处方药、中药安排不同人员盘点,也可按照药店面积划分任务。

（四）盘点

1. 已经熟悉的工作人员盘点操作不需要培训,但是对于新员工或者实习生则需要盘点前的培训。内容如下:①盘点前要进行盘点模拟培训,讲解注意事项,务必使失误降至最低;②模拟培训按实际盘点步骤进行讲解;③盘点人员进行逐一操作演习;④各部门主管须进行标准操作示范;⑤盘点工具:盘点表、小张自粘贴纸、红蓝圆珠笔等。

2. 盘点方法 常见的盘点方法见表9-2。

3. 盘点的内容 盘点内容一般包括数量盘点、重量盘点、货与账核对、账与账核对。操作过程包括初盘、复盘和抽盘。

表9-2 盘点方法分类

盘点方法分类		盘点内容
按方法	复式平行盘点	一人负责点实货,另一人负责在盘点表上填写数字并结出金额
	按实地盘点	按商品存放的位置、地点的顺序进行盘点
	按账盘点	按盘点表上所列商品的顺序进行实物清点
	全面盘点	将店内所有存货区域进行盘点,一般一年2~3次
	区域盘点	对店内不同区域进行盘点,一般是对贵重药品采取部分区域盘点或抽盘
按时间	营业中盘点	盘点时门店仍然对外营业
	营业前(后)盘点	门店在关门前(后)盘点,大多数药店一般停业后晚间加班盘点,不影响营业
	停业盘点	正常的营业时间内停业一段时间来盘点
	定期盘点	每次盘点间隔时间一致(如年、季、月、交接班)的盘点

(1)初盘:先由初盘人对所有药品进行盘点,见货盘货,或者根据盘点表的顺序,查清每个品种的规格、批号、数量等,由复盘人如实登记。盘点要求做到:先点仓库、冷冻库、再点卖场;盘点货架或冷冻柜时,依序由左而右,由上而下操作;每一货架或冷冻柜均视为独立单位,使用单独的盘点表。若盘点表不足,则继续使用下一张;盘点时最好复式平行盘点;盘点表上的数字填写要清楚,不可潦草让人混淆;数字一旦写错,要涂改彻底,切勿感觉像是弄虚作假;清点时,一定要按最小单位清点,不够一个单位的忽略不计,同时取出放入待处理品堆放处;盘点时,顺便查看药品的有效期,过期药品应随即取下放入待处理区;店长要掌握盘点进度,调度机动人员支援,巡视各盘点区域,找出死角及易漏盘区域;对无法查知药品编号或售价的药品,就立即取下,稍后追查归属;盘点注意大分类和小分类,注明该分类药品所在的货架位置。

(2)复盘:由复盘人对药品展开盘点,要先检查盘点与实际是否一致,是否有遗漏区域;和初盘人一样,核对每个品种的规格、批号、数量等,并如实登记差异情况。

(3)抽盘:对某些贵重或特殊药品,有必要进行加盘或者抽盘。抽盘应做到:对整个区域的盘点视同复盘点;抽盘点药品要选择卖场内的死角,或体积小、单价高、量多的商品;抽盘点用红色盘点表,注明为抽盘点;抽盘点是对初盘点和复盘点无差异商品的抽验。

药店药品盘点表见表9-3。

表9-3 药店药品盘点表

门店名称: 货架号: 盘点单号:

序号	药品名称	规格	单位	初盘数量	销售价(元)	金额(元)	复盘	抽盘	备注
合计									

初盘人: 复盘: 抽盘: 盘点时间:

学以致用

工作场景：

小李在药店的一次月末例行盘点时，要求搭档小张将盘点表上的库存报知小李，小李再根据库存复核药品数量与电脑系统数据核对便可知结果，并且说这种方法又快又好，避免无聊繁琐，可以早点结束，也不会出什么问题。可是小张坚持要小李先盘实际库存，因为这是药店盘点制度的规定，也可以避免盘错的发生。

知识运用：

1. 盘点原则。
2. 盘点有其重要性和合理性，应规范操作，认真对待。

(五) 盘点结果和分析处理

1. 形成盘点结果　根据原始盘点表，统计出盘盈、盘亏情况，并计算金额形成盘点结果。

 知识链接

盘盈、盘亏

盘盈盘亏简单讲就是实物与账面的差异。盘点实物存数或价值大于账面存数或价值，就是盘盈；盘点实物存数或价值小于账面存数或价值就是盘亏。

2. 查找盘点差异原因　盘盈的原因一般有：存在未执行入库的进货单据；调配药品时少配或者错配了相似药品；收银时多收或错收了其他相似药品价格等。盘亏的原因一般有：错盘、漏盘；计算错误；偷窃，员工或者顾客有偷窃行为；收货错误或空收货结果账多物少；存在未执行出库的退货单据、报损报废单据等；调配药品时多配或者错配了相似药品；收银时少收或者错收了其他相似药品等。

3. 处理差异结果　根据盘点结果和原因，药店可采用多种方式进行修正，或及时采取措施避免差错的再次发生，常用方法有平账、奖惩等。

(1) 平账：药品在盘点结束后，将有效的盘点表录入电脑，系统自动核对差异，电脑自动核对出盘点差异情况，没有差异，上交店长。如果盘点结果与系统不符，应进行复盘、复算，然后填写实存账存差异表，并调查差异原因。盘点人员在差异表上签字，一经确认，不得更

表9-4　实存账存差异表

门店名称：　　　　　　　　　　　　　　　　　　　　　　　　　年　　月　　日

序号	药品名称	规格	单位	实存		账存		对比结果				备注原因
								盘盈		盘亏		
				数量	金额(元)	数量	金额(元)	数量	金额(元)	数量	金额(元)	

盘点人：　　　　　　　　对账人：　　　　　　　　主管(经理)：

137

改。无编码的药品无法录入系统的,手工汇总。不论盈亏,在查找出原因后,都应该及时进行库存数据修正,以免差异增大,亦方便下一周期的盘点。

(2)奖惩:药品盘点盈亏的多少,可以衡量药店工作人员的工作能力和工作态度,故而对表现好的,应进行表彰和奖励;反之,除相关责任人要进行赔偿以外,还必须加以处罚。

(3)其他:针对可能出现的其他原因,采取相应措施。如针对失窃,可加强防盗,升级监控设备;如果是系统出错,则应及时维护系统稳定等。

四、药品盘点注意事项

1. 盘点小组成员关闭移动电话,禁止大声交谈;每盘点完一个柜组,即关闭该各库或柜台,除复盘需要,任何人不得随意进出。同一品种最好一起陈列摆放,如同时陈列在不同货架,必须相互知晓,不能多盘、漏盘。

2. 特别留意不同规格药品和不同的计量单位、包装规格,一般应安装最小包装规格计量。

3. 在盘点过程中发现的近效期、过期、污损和滞销等非正常药品,应同时清理出来,单独存放,以作处理。

4. 在盘点时,盘点人不能以任何方式预知盘点表上的库存数据,以免带着先入为主的思想,无意或有意隐瞒实际库存。

点滴积累

1. 药品盘点的目的是获取本店经营的盈亏信息,以便及时调整经营方法和决策。
2. 药品盘点的流程包括盘点前准备、落实盘点时间和人员、划分任务和区域、盘点、结果和分析处理等。

模块二 药品门店核算

案例分析

案例:

某药品经营企业有60家连锁门店,在新医改形式下,盈利参差不齐,该公司老总发现当前形势下处于病态运作,部门设置不完善、制度流程职责不明确、营销严重不合理,特别是财务管控,漏洞百出,没有费用考核、财务审计,更没有盈亏状况分析,严重影响了企业发展。该公司老总立即改变思路,从别的医药公司重金请来运营核算高手,从每一家门店的进销存、地理位置、门店员工业务熟悉程度等进行调查分析,总结出经验,更新营业方法和手段,药店才有起色。

分析:

药品门店核算是企业内部管理和经济效益最直接的反映。如何做好门店核算工作至关重要,该案例可以看出,药品门店核算起到了关键性作用。

一、药品门店核算的概念和重要性

1. 门店核算的概念　门店核算是通过记账、算账、对药品流通过程中的人、财、物的消耗和经济成果进行对比分析，达到以最少的人力、物力消耗，做最大的经营业务活动，并取得相应的资金积累。药品零售企业几乎每天都要结算，尤其是药品连锁销售企业。

2. 门店核算的重要性　药品企业通过经济核算，有利于企业按照市场经济规律而发展；有利于保证药品流通，合理利用人力、物力、财力，节约费用开支；有利于发现企业经营中的不完善或者薄弱环节，加强经营管理，提高经济效益；有利于绩效分配，使企业责、权、利明确，调动企业班组、职能部门的积极性；有利于企业按正确的经济方向积极开展市场竞争。

二、药品门店核算方法

药品销售企业在经营过程中，需要对各类开销进行核算，包括门店租金、人员管理费、药品成本价、销售额、水电费、税费、装修费、交通费等。如果在某些环节出现误差，将直接影响经营利益。一般药店的费用可以分为固定成本和可变成本。

1. 固定成本与可变成本　固定成本即固定费用，即短期内不随企业的变化而变化的费用，包括设备费用如装潢、经营设备折旧、租金、保险费等；维持费用如水电费、消耗品费、事务费、工杂费等。可变成本即可变费用，是指产品成本中随销量变动而变动的费用，如奖金、营业税额等。

2. 营业额估算　对于开店之后第一个年度的营业额，可以依照市场调查、药店位置条件、经营能力与同行之间的比较而加以估算。第二年以后则可根据宏观经济情况和居民的消费支出情况，结合商店的年度增长情况予以估算。若中途有改扩建计划时，在对营业额的估算时要将其考虑在内。

核算毛利时，很多工作人员往往在经营过程中对某个产品单独计算，比如某供货商配送某生产厂家的板蓝根颗粒，进货价是 7.8 元 / 袋，售货价是 15.6 元 / 袋，如果该店进货 1 件（50 袋），那么该单品的毛利为（15.6-7.8）×50=390 元；另一种方法叫估算法：即对本店每个月营业额按照进货的点数（利润百分比）进行核算，按照药品利润点乘以月营业额，就等于该月的毛利润，如某药店本月销售 60 000 元营业额，本店一般利润点是 45%，那么该店的毛利为：60 000×45%=27 000 元。

一般的药品零售企业几乎都用"药品进销差价"来进行核算。因为药品的零售金额一般是固定的，所以采购成本与零售价之间的差额可记入"药品进销差价"，药品的销售成本用以下公式计算：

$$药品销售成本 = 本月药品销售总额 \times (1 - 药品进销差价率)$$

$$药品进销差价率 = \frac{原库存药品进销差价 + 本期购入药品进销差价}{原库存药品售价 + 本期购入药品售价} \times 100\%$$

$$本期销售药品应分摊的药品进销差价 = 本期药品销售收入 \times 药品进销差价率$$

$$本期销售药品的成本 = 本期药品销售收入 - 本期已销售药品应分摊的药品进销差价$$

$$期末结存药品的成本 = \frac{期初库存药品的}{进价成本} + \frac{本期购进药品的}{进价成本} - \frac{本期销售药品的}{成本}$$

【例 9-1】某药店 2013 年 7 月原库存药品的进价成本为 10 万元，售价总额为 11 万元，

本月购进该商品的进价成本为 7.5 万元,售价总额为 9 万元,本月销售收入为 12 万元。有关计算如下:

$$药品进销差价率 = \frac{(11-10)+(9-7.5)}{11+9} \times 100\% = 12.5\%$$

$$已销药品应分摊的商品进销差价 = 12 \times 12.5\% = 1.5(万元)$$

$$期末结存药品的成本 = 10+7.5-10.5 = 7(万元)$$

3. 门店相关计算

利润就是营业收入减去一切开支费用。药品销售企业在经营的一定时期内,企业营业收入的金额大于全部支出的金额称之为盈利;反之,称之为亏损。计算利润时的相关概念及公式如下:

$$进货折扣率 = \frac{原价格 - 折后价格}{原价格}$$

毛利润:销售收入与销售成本的差值称之为毛利润。

毛利率:销售毛利与销售额的百分比称之为毛利率。

销售扣率:指药品实际进价与零售价或者批发价之比,直观地反映药品销售的毛利水平。

销售税金:是按国家法律规定的纳税所实现的税款,具有法令性。零售企业交纳的销售税金包括国税(增值税)和地税两部分,是按药品的销售收入计算的。

$$毛利 = 药品销售收入 - 药品销售成本$$

$$毛利率 = \frac{毛利}{药品销售额} \times 100\%$$

$$销售扣率 = \frac{进价}{批发价} \times 100\%$$

$$销售税金 = 销售收入 \times 税率$$

【例 9-2】某药店 10 月份销售额为 10.5 万元,销售成本为 8.8 万元,试计算药店本月实际毛利及毛利率。

解:
$$毛利 = 10.5-8.8 = 1.7(万元)$$

$$毛利率 = \frac{1.7}{10.5} \times 100\% = 16.2\%$$

【例 9-3】某药店上季度销售额为 594 000 元,核定毛利率为 20%,费用率为 10%,税率为 4.92%,计算药店上季度营业利润。

解:
$$毛利 = 594\,000 \times 20\% = 118\,800(元)$$

$$费用 = 594\,000 \times 10\% = 59\,400(元)$$

$$税金 = 594\,000 \times 4.92\% = 29\,224.8(元)$$

$$营业利润 = 118\,800 - 59\,400 - 29\,224.8 = 30\,175.2(元)$$

 知识链接

国税、地税及税点

国税是国家税务系统,与"地税"对称,是一个国家实行分税制的产物。中国每年财政收入的 90% 以上来自税收,其地位和作用越来越重要。

国税、地税,是针对税务机关来说的。国税,即国家税务局,负责中央税、中央地方共享税的征收管理;地税,地方税务局,负责地方政府固定收入的税种、共享税中的个人所得税、部分企业所得税的征收管理,以及教育费附加、社保费的征收。

税点,起税点的简称,又称"征税起点"或"起征点",是指税法规定对征税对象开始征税的起点数额。征税对象的数额达到起征点的就全部数额征税,未达到起征点的不征税。

零售药店一般会对门店的客流量、进店率、客单量、成交率做出统计,以便就经营分析。

表9-5 客流量等概念

名称	概念
客流量	是指单位时间内经过店铺门口的顾客的数量
进店率	指单位时间内进入店铺的顾客数量占经过店铺门口的顾客数量的比例
客单量	指顾客进店购买药品的量
成交率	指单位时间内店铺里达成交易的顾客数量占进店顾客数量的比例

三、销售差错率指标的核算

门店在药品销售过程中会发生长款和短款现象。长款是指实收销货款多于应收销货款;短款是指实收货款少于应收销货款。

表9-6 长、短款报告单

应收金额		长、短款	原因
实收金额			
柜组意见			
审批意见			

财务负责人: 审核人: 报告人:

在进行药品核算时首先应严控长款、短款差错率的出现,如果出现,应分别核算,不得相互抵消,如果长款、短款之和与销售的万分率超过差错率指标,则应该及时查找原因,并做出相关处理。其计算公式为:

$$差错率 = \frac{长款 + 短款}{药品销售额} \times 10\,000\,‰$$

差错率是指门店在经营过程中发生的长、短款额所占药品销售额比例的最高限额。

【例9-4】某药店参茸品柜台本月销售额为24万元,其中参类物品发生长款750元,海马补肾类物品发生短款150元,石斛补品发生短款380元,求门店销售差错率。

解: $$差错率 = \frac{750+150+380}{240\,000} \times 10\,000\,‰ = 5.3\,‰$$

对整个核算过程中所记录的工作资料按照对账和结账两部分进行分类收集归档。对账为了确保柜组账册记录和核算资料的真实可靠,门店要认真执行对账、清账制度。对账的目的就是把账簿上所反映的资料进行内部核对(柜组内部)、内外核对(柜组之间),做到账证相符(账簿与凭证)、账账相符(总账与所属明细账)、账物相符(账面数与实物数),现金账要天天核对现金与账面余额是否相符。在对账中发现差错和疑问,应及时查明原因,加以更正与处理。供应商结算应付账款前首先要与采购部门进行对账,采购部门或门店应查对退货、票到货未到、短缺、质量拒收等供应商送货差错,检查是否有冲红,确定应结算货款,然后与财务账核对,确认应付款,最后由企业负责人决定付款。结账为了总结门店某一时期(月、季、年度)的经营业务实绩,必须按期进行结账。所谓结账就是把一定时期内所发生的经济业务全部登记入账后,结算出各账户本期发生额和期末余额,结束本期账簿记录。结账的基本要求:确保账簿记录完整性;门店核实全部柜组库存商品,并计算总余额;按规定支付供应商应付账款,并按规定方法做好结账记录。

 知识链接

冲　红

非正常入库形式,用负数抵消叫冲红。冲红后再按照正确的方法记录凭证。比如某些药品的退库(现场已经领用,但因某些原因退库),盘点时一般要求将多余药品退库,终止使用。一般都要填写红色的退单以冲销原来的全部金额或多计的金额。

 点滴积累

1. 门店核算是通过记账、算账、对药品流通过程中的人、财、物的消耗和经济成果进行对比分析,达到以最少的人力、物力消耗,做最大的经营业务活动,并取得相应的资金积累。
2. 长短款就是盘存的款项比账面数字的多或少。长款是指实收销货款多于应收销货款;短款是指实收货款少于应收销货款。
3. 利润就是营业收入减去一切开支费用。

 目标检测

一、单项选择题(A 型题)

1. 在何种情况下需要填写"药品实存账存差异表"(　　　)
   A. 盘点时药品送货单未到门店　　　　B. 平账时实物与电脑有误差
   C. 药品进销存单填写有误　　　　　　D. 门店内药品积压太多
   E. 赠送品积压太多

2. 盘点的目的说法错误的是(　　　)
   A. 了解药店在一定时间段内的亏盈状况
   B. 掌握药品的存放位置,缺货状况
   C. 了解药店的员工的收入情况,及时调整工资
   D. 及时发现滞销品、临近效期药品并作清除处理
   E. 了解员工工作情况

3. 盘点前的准备哪项不要求(　　　)
   A. 环境整理　　　　　　B. 药品整理　　　　　　C. 单据整理

D. 顾客接待　　　　　　　　E. 打印盘点表

4. 根据盘点时间安排,药品经营企业常采纳的方法是(　　)

A. 营业中盘点　　　　B. 营业前(后)盘点　　　　C. 放假盘点

D. 员工抽空　　　　E. 批量进货

5. 盘点的顺序较为可取的方法是(　　)

A. 沿货架从左到右,从上而下　　　　B. 沿货架从左到右,从下而上

C. 沿货架从右到左,从上而下　　　　D. 沿货架从右到左,从下而上

E. 以上方法都不对

6. 下列哪种药品有必要进行加盘或者抽盘(　　)

A. 处方药　　　　　　　　B. 中药

C. 数量繁多的普通药物　　　　D. 公司搞活动的赠品

E. 贵重药

7. 由二人为一组,平行盘点,互相核对复查的方法称(　　)

A. 复式平行盘点法　　　　B. 实盘点　　　　C. 按账盘点

D. 全面盘点　　　　E. 以上都对

8. 下列不是盘亏的原因是(　　)

A. 错盘、漏盘　　　　　　　　B. 计算错误

C. 存在偷窃行为　　　　D. 收货错误或空收货结果账多物少

E. 药品质量规格不合格

9. 毛利率是销售毛利除以(　　)

A. 销售额　　　　B. 销售成本　　　　C. 药品流通费用额

D. 费用率　　　　E. 员工工资

10. 为了确保门店账册记录和核算资料的真实可靠,门店要认真执行对账(　　)

A. 审查　　　　B. 审核　　　　C. 监督

D. 清账　　　　E. 抽查

11. 近效期药品的效期为(　　)

A. 1年以内　　　　B. 2年以内　　　　C. 6个月以内

D. 8个月以内　　　　E. 10个月以内

12. 以下为可变成本的是(　　)

A. 租金　　　　B. 保险费　　　　C. 水电费

D. 营业税额　　　　E. 以上都不是

13. 利润是指(　　)

A. 销售额　　　　　　　　B. 营业收入减去一切开支费用

C. 销售额减去佣租　　　　D. 销售额减去购货成本

E. 员工工资 + 店租

14. 营业费用率(　　)

A. (药品成本额 / 药品销售额)×100%

B. (药品税务额 / 药品销售额)×100%

C. (药品流通费用额 / 药品销售额)×100%

D. (药品毛利额 / 药品销售额)×100%

E. A、B 都对

15. 客单量是指( )

    A. 是指单位时间内经过店铺门口的顾客的数量

    B. 指单位时间内进入店铺的顾客数量占经过店铺门口的顾客数量的比例

    C. 指顾客进店购买药品的量

    D. 指单位时间内店铺里达成交易的顾客数量占进店顾客数量的比例

    E. 以上都不是

二、计算题

1. 某药品批发企业已购进一批药品,已知进价为 10 000 元,销售价为 12 000 元,求这批药品的毛利及毛利率。

2. 某药店 1 月份销售额为 23 万元,销售成本为 19.5 万元,试计算药店本月实际毛利及毛利率。

3. 某药店第三季度销售额为 65 000 元,核定毛利率为 15%,费用率为 11%,税率为 4%,计算药店第三季度营业利润。

4. 某药店 A 柜台本月销售额为 12 万元,其中 B 类药品发生长款 500 元,C 类药品发生短款 100 元,D 类药品发生短款 380 元,求门店销售差错率。

(黄礼建)

实践部分

实践 1　认识零售药店、药品和处方

任务一　认识零售药店

一、任务描述

地点:零售药店。

任务:调查药店的选址、人员配备、布局等特点。

二、任务分析

1. 通过参观药店,了解其选址特点及开办流程。
2. 调查人员配备情况,明确药店人员配备要求。
3. 观察药店内布局。

三、任务流程

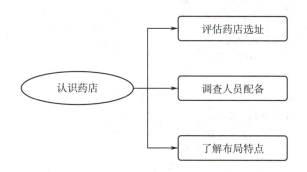

四、相关知识

1. **药店的选址**　原国家药品监督管理局颁布的《零售药店设置暂行规定》要求,药店的设置应遵循"合理布局、方便群众购药"的原则,科学的选址方法是经过认真调研预测,综合市场潜力、消费水平、地域环境和成本等多种因素,定量、定性综合起来评估,多方案选择,确定最佳地点。实践表 1-1 为某零售药店选址评估表。

2. **药店的人员配备**　根据《药品经营质量管理规范》,零售药店按照相关法律法规和实际需要应配备企业负责人、驻店药师、质量负责人和营业员等药学技术人员。

实践表 1-1　某零售药店选址评估表

填表人：　　　　　　　　　　　　　填表日期：
店铺地址：　　　　　　　　　　　　店铺面积：　　　平方米

| 项目 | 内容 | 4 | 3 | 2 | 1 | 加权 | 得分 |
		A	B	C	D		
1	店铺位置 A. 商业中心街铺　B. 中高档专业服装市场内 C. 综合购物中心内　D. 写字楼商铺／社区商铺					5	
2	商圈主要消费年龄层（岁） A. 18~35　B. 各年龄层　C. 25~35　D. 18~25					4	
3	周边店铺类型 A. 女装　B. 综合　C. 男装／鞋／童装　D. 餐饮					4	
4	行人流通量（营业时间内平均每小时流通人数） A. 1200 人以上　B. 600~1200 人 C. 60~600 人　D. 60 人以下					5	
5	交通情况（车流、停车） A. 非常好　B. 好　C. 普通　D. 短期内不佳					2	
6	建筑物外观 A. 非常醒目　B. 尚佳　C. 普通　D. 较陈旧					2	
7	店铺面积 A. 60 平方米以上　B. 40~60 平方米 C. 30~40 平方米　D. 30 平方米以下					4	
8	店面位置 A. 正面宽 6 米以上　B. 正面宽 4 米以上 C. 正面宽 3~4 米　D. 正面宽 3 米以下					3	
9	营业时间（商圈平均营业时间） A. 12 小时以上　B. 10~12 小时 C. 8~10 小时　D. 8 小时以下					3	
10	预估营业额（年） A. 120 万以上　B. 90 万 ~120 万 C. 60 万 ~90 万　D. 30 万 ~60 万					5	
	合计						
等级	□ A 级 112~148　　□ B 级 81~111　　□ C 级 50~80　　□ D 级 50 以下						

　　填写方法：根据店铺实际情况填写，在 A/B/C/D 其中一项打勾，A/B/C/D 对应的分数乘以该项内容对应的加权分数为得分，所有项次得分相加为该店铺的位置环境综合分数。

　　3. 药店的店内布局　零售药店的布局一般分为：非处方药（OTC）、处方药、消毒类、计生类、保健品、医疗器械、药妆柜台、中草药。药品 OTC（处方）柜台又按药品种类分小的柜台窗口：解热镇痛药、抗炎药、去火药、滋补药、儿童用药；按药品用途又可以细分：感冒药、胃肠用药、耳鼻喉用药、眼科用药、妇科用药、心脑血管用药、镇静止痛药、外用药。药品的布局除了根据药品分类外，还可根据消费人群把销量多、重点推广的药品摆在显眼的柜台。

五、任务实施与评价

每组 6~8 人,选派 1 名同学任组长,组织组内同学参观零售药店,通过参观、访谈、调查等方法进行。完成认识药店调查表(实践表 1-2)。教师根据学生表现给予评价。

实践表 1-2　认识药店调查表

药店名称:	参观日期:　　年　　月　　日

选址特点(参照实践表 1-1 分析)

人员配备
企业负责人＿＿＿＿＿＿人,驻店药师＿＿＿＿＿＿人,质量负责人＿＿＿＿＿＿人,营业员＿＿＿＿＿＿人,其他人员＿＿＿＿＿＿人。

店内布局图(简要绘制)

综合评价	优	良	合格

任务二　认 识 药 品

一、任务描述

地点:模拟药店。

任务:认识药品,检查药品的批号,阅读药品说明书。

二、任务分析

1. 通过药品摆放的布局,了解药品分类的依据。

2. 观察药品,学会查看其包装、标签,学会假药、劣药的初步鉴别。

3. 阅读药品说明书,学会通过说明书了解药品的用途、不良反应及用药注意事项。

三、任务流程

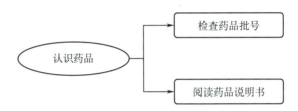

四、相关知识

1. 药品的名称与分类　药品一般有三种名称,即通用名、商品名和化学名。我国《处方药与非处方药分类管理办法》(试行),将药物分为处方药和非处方药两大类。我国还实行基本药物管理制度。我国《药品管理法》规定,国家对麻醉药品、精神药品、医疗用毒性药品和放射性药品实行特殊管理,以保证其合法、合理使用,正确发挥其防治疾病的作用。

2. 药品的剂型与外观质量检查　药品的常用剂型有很多,根据其形态可分为液体剂型、固体剂型、半固体剂型。根据给药途径的不同,可将药品分为经胃肠道给药剂型和非经胃肠道给药剂型,其中经胃肠道给药常用剂型有散剂、片剂、颗粒剂、胶囊剂、溶液剂、乳剂、混悬剂等,非经胃肠道给药剂型主要有注射剂、喷雾剂、洗剂、软膏剂、滴眼剂、贴膜剂、栓剂等。药品外观质量检查,是指通过人的视觉、触觉、听觉、嗅觉等感官试验,对药品的外观形状、包装、容器、标签进行检查,来判定药品的质量优劣。

3. 药品的说明书与标签　我国《药品说明书和标签管理规定》指出,药品说明书和标签由国家食品药品监督管理总局予以核准。药品的标签分为内标签和外标签。药品标签中的有效期应当按照年、月、日的顺序标注。

4. 假劣药品的鉴别　《中华人民共和国药品管理法》规定,有下列情形之一的为假药:药品所含成分与国家药品标准规定的成分不符的,以非药品冒充药品或者以他种药品冒充此种药品的;药品成分的含量不符合国家药品标准的为劣药,包括:未标明有效期或更改有效期的,不注明或更改生产批号的,超过有效期的,直接接触药品的包装材料和容器未经批准的,擅自添加着色剂、防腐剂、香料、矫味剂及辅料等其他不符合药品标准规定的。

五、任务实施与评价

1. 药品准备　准备各类、不同剂型常用药品,收集不同类别的假、劣药。

2. 分组实施　每组 6~8 人,每人一种药品,查看包装、药品名、说明书、标签等项目,完成认识药品任务表(实践表 1-3)。教师根据学生表现给予评价。

实践表 1-3　认识药品任务表

药品名称			
药品分类			
药品剂型与外观			
药品生产日期			
药品有效期			
药品服用注意事项			
综合评价	优	良	合格

任务三　认 识 处 方

一、任务描述

地点:模拟药店。
任务:认识处方,阅读处方。

二、任务分析

1. 学会处方的分类,认识其结构。
2. 熟练掌握阅读处方的技能。

三、相关知识

1. 处方的分类　《处方管理办法》规定,处方由各医疗机构按规定的格式统一印制,其中必须包括机构名称、处方编号、患者资料、药品金额等 10 多个项目。麻醉药品处方、急诊处方、儿科处方、普通处方的印刷用纸应分别为淡红色、淡黄色、淡绿色和白色,并在处方右上角以文字注明。麻醉药品、精神药品、医疗毒性药品等特殊管理药品的处方、急诊处方当日有效。

2. 处方的结构　处方由前记、正文和后记三部分构成。

3. 处方的常用外文缩写　见前文。

四、任务实施与评价

1. 处方准备　收集零售药店、医院药房各类处方。

2. 分组实施　每组 6~8 人,每人一张处方,熟练掌握阅读处方的技能,完成阅读处方任务表(实践表 1-4)。教师根据学生表现给予评价。

实践表 1-4　阅读处方任务表

处方类型			
药物名称与用法			
处方调配注意事项			
综合评价	优	良	合格

(石少婷)

实践 2 药品的验收

一、任务描述

地点：模拟药店仓库。

任务：对新进的药品进行验收。

二、任务分析

1. 能运用药品验收的工作程序和方法进行药品验收。

2. 能正确运用知识对药品供货商资质、药品优劣质量做出判断。

3. 对不同的药品选用不同的验收方式进行验收。

三、任务流程

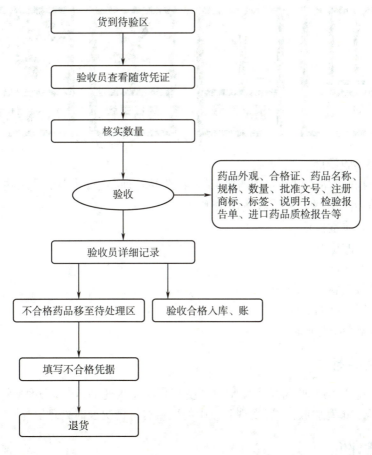

四、相关知识

（一）药品的储运标记

按储运标记要求工作，做到验收不损坏药品。

（二）药品验收要点

1. 验收依据《中华人民共和国药典》、《进口药品管理办法》、《中华人民共和国药品管理法》及其实施条例等相关药品验收法律法规。

2. 进行外观质量检查

3. 药品包装的检查

4. 相关证明文件的验收

5. 药品的数量验收

6. 质量可疑药品的处理

7. 填写药品《验收记录》

五、任务实施

每组 6~8 人，严格按照药品质量验收制度与程序验收药品，审查书面凭证，进行外观目检，按照有关规定填写验收记录，发现验收中的质量可疑情况及时处理。

六、质量评价

完成药品验收任务表（实践表 2-1），教师根据学生表现进行评价。

实践表 2-1　药品验收任务表

验收项目	验收要点	评价		
		优	良	合格
包装标识				
验收方式				
产品的数量、质量验收				
产品的质量				
不合格药品处理				
证明文件				
填写验收记录				
综合评价				

七、案例分析

案例 1

请对以下不同种类的药品进行不同内容的药品验收,可以按小组分任务并完成验收工作。

（1）验收从某药业采购回的抗感冒药,抗病毒口服液、白加黑；

（2）验收从某制药厂采购回的首营品种:丙戊酸钠片和丙戊酸钠糖浆；

（3）验收生物制品双歧杆菌；

（4）验收采购的抗菌消炎药氨苄西林（该药为进口药品）；

（5）验收特殊管理药品地西泮；

（6）验收危险品硫酸。

案例 2

2004 年 6 月 9 日,根据厂方代表的举报,烟台市药品监督管理局对某药品商场从非法渠道购进并销售假药"和胃整肠丸"的有关情况进行查处。现场检查发现,该药品商柜台内存放有标示泰国李万山药厂生产的"和胃整肠丸"3 盒,货值金额 102 元,当事人现场不能提

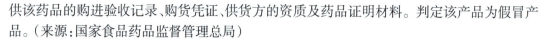

供该药品的购进验收记录、购货凭证、供货方的资质及药品证明材料。判定该产品为假冒产品。(来源:国家食品药品监督管理总局)

问题:1. 什么是假药?

2. 验收药品时应该注意哪些问题?

案例3

2008年,某市药监分局执法人员在检查时发现,某药店陈列的标示为"西安杨森制药有限公司"生产的西比灵胶囊(盐酸氟桂利嗪胶囊),国药准字H10930003,批号041125856,说明书存在折叠痕迹不明显、文字有修改痕迹、裁切不整齐、字迹印刷不清晰等疑点;同时,又发现标示为"西安杨森制药有限公司"生产的吗丁啉(多潘立酮)片,国药准字H10910003,批号031118060,说明书存在折叠痕迹不明显、标点符号错用、纸质较薄等疑点。经与某市食品药品监督管理局协查核实,上述两种药品均系假冒。

问题:1. 验收过程中,如何能发现有问题的药品?

2. 如发现假药应如何处理?

(李小燕)

实践3　药品的分类与陈列

一、任务描述

地点:模拟药店。

任务:把验收好的药品分类摆上货架。

二、任务分析

1. 能把产品按药品与非药品、处方药与非处方药分类;按内服药与外用药分类;按药品功效进行分类。

2. 能按药品陈列要求进行摆放药品。

3. 要求陈列效果能促进药品的销售,会写POP广告。

三、任务流程

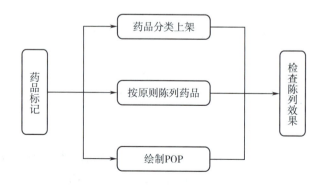

四、相关知识

（一）药店常见产品的批准文号（实践表 3-1）

实践表 3-1　药店常见产品的批准文号

产品类型	产品的批准文号格式	意义
药品	国药准（试）字＋1 位字母＋8 位数字如：国药准字 H11020001	其中"药"代表是药品，"准"字代表国家批准生产的药品，"试"代表国家批准试生产的药品。字母包括 H、Z、S、B、T、F、J，分别代表药品不同类别：H 代表化学药品，Z 代表中成药，S 代表生物制品，B 代表保健药品，T 代表体外化学诊断试剂，F 代表药用辅料，J 代表进口分包装药品；8 位数字的第 1、2 位代表原批准文号的来源，第 3、4 位代表换发批准文号之年的公元年号的后两位数字，但来源于卫生部和国家药品监管部门的批准文号仍使用原文号年号的后两位数字；第 5、6、7、8 位为批准文号的顺序号
保健食品	国食健字 +1 位字母 +4 位年代号 +4 位顺序号如：国食健字 G20140262	字母 G 代表国产保健食品，字母 J 代表进口保健食品
医疗器械注册证号	X（X）1（食）药监械（X2）字 XXXX3 第 X4XX5XXXX6 号如：国（食）药监械（准）字 2012 第 3151474 号（国内 2012 年准注册生产的一次性使用无菌注射器注册号）	X（X）1 为注册审批部门所在地的简称；X2 为注册形式（准、进、许），"准"字适用于境内医疗器械，"进"字适用于境外医疗器械，"许"字适用于台湾、香港、澳门地区的医疗器械；XXXX3 为批准注册年份；X4 为产品管理类别；XX5 为产品品种编码；XXXX6 为注册流水号

（二）药品标记

1. 能按药品包装上的标记：非处方药、外用药、麻醉药品、毒性药品、放射性药品进行分类。

2. 在药品包装上找出相应的标记，把产品按药品与非药品、处方药与非处方药、内服药与外用药、药品功效进行分类。

（三）药店药品的分类管理

按照 GSP 的规定，药品零售企业经营药品要求分类管理。

1. 药品与非药品要分开存列。（挂非药品区绿牌）

2. 处方药与非处方药要分开陈列。（挂处方药区绿牌和非处方药区绿牌）

3.（在处方药与非处方药这两大块中再分）口服药与外用药要分开，注射剂要分开。以上药品分类陈列以后还要按剂型或用途分柜或分层存放。（各柜台用绿色及时贴标示如：抗菌消炎药、消化系统药、妇科用药、儿科用药等等）

4. 易串味药要有专用柜台。（用绿色及时贴标明：易串味柜）

5. 拆零药品要集中放于拆零专柜或抽屉（用绿色及时贴标明拆零专柜）并保留原包装的标签。

6. 危险品不能陈列,必须陈列时应该用空包装。

7. 中药饮片装斗前应做质量复核,不得错斗、串斗、防止混药、饮片斗钱应写正名正字。(挂绿色牌:中药饮片区)

8. 需要冷藏或阴凉处储存的药品要陈放在 2~10℃的冰柜里。

9. 还要在一个比较隐蔽的角落设不合格药品柜。(贴红色不合格药品柜及时贴)。

10. 大型零售企业,验收药品时很难一次完成,应该设一处待验区,挂黄色牌。小型零售企业一般一次就验收完毕,一般不设待验区。

(四)药品陈列的原则

按药品陈列原则进行陈列。

(五)POP 制作

POP 广告制作要求色彩明艳、图案美丽、广告语有创意。POP 内容包括标题、副标题、说明文、装饰等。

1. 标题　是 POP 的重心,字体一定要清晰醒目,颜色鲜艳,字数不要过多(3~8 个字),使用艳丽的颜色,除视觉引导外,还应注意利益引导和情感引导,字体可使用不同大小突出主题,一般位于版面左边靠上的位置。

2. 副标题　充分说明 POP 主标题内容。副标题要比主标题小,颜色不要过于靓丽,字号比主题小。

3. 说明文　对内容、目的进行说明的文案。陈述内容应控制在三项以内,最具魅力的信息应写在前面,吸引读者往下阅读。重点字眼可以用颜色或大小变化来突出。

4. 装饰　文字修饰可使字体更美观,边框可加强版面整体感,插图可使 POP 更生动(可手绘或剪贴)。

五、任务实施

每 6~8 人为一组,每小组陈列一个商品货架并为该商品货架设计一张 POP 广告。操作完毕,小组之间相互进行评分。

1. 药品货架归类　维 C 银翘片、咽炎片、小儿止咳糖浆、血压计、退热贴、氯霉素滴眼液、阿莫西林、脑络通、硝酸咪康唑乳膏(达克宁)、氧氟沙星、硝苯地平、氨酚伪麻美芬片(日夜百服宁)、酚麻美敏混悬液(泰诺)、曲安奈德益康唑乳膏(派瑞松)、苯磺酸氨氯地平片(络活喜)、拉西地平片(司乐平)、板蓝根、辛伐他汀、阿奇霉素、氨苄西林、美息伪麻片(白加黑)、复方利血平片(复方降压片)、非诺贝特、复方二十碳五烯酸、月见草油丸、复方利血平氨苯蝶啶片(北京降压 0 号)、阿莫西林、黄连上清片、卡托普利、吲达帕胺(寿比山)、诺氟沙星、罗布麻、牛黄解毒片、复方醋酸地塞米松乳膏(皮炎平)、曲咪新乳膏(皮康霜)、复方氨酚烷胺胶囊(快克)、左氧氟沙星、氟轻松。

2. 请你为药店设计节日陈列,并制作相应的 POP 广告。

3. 对保健品货柜进行陈列比赛,看谁的陈列既符合要求,又美观。

六、质量评价

完成药品分类任务表(实践表 3-2),教师根据学生表现给予评价。

实践表 3-2　药品分类任务表

分类标准	药品名称	评价		
		优	良	合格
药品与非药品				
处方药与非处方药				
内服与外用药				
药品按功效				
整齐美观				
易见易取				
满陈列				
POP				
综合评价				

七、案例分析

案例 1

春季春暖花开时,也是花粉过敏患者最痛苦的时刻,此时,某药店以"抗过敏"为主题进行陈列。如预防过敏性鼻炎的凝胶、口罩,消毒清洁用的湿纸巾,抗组胺类药氯雷他定、盐酸西替利嗪,外用鼻喷剂,缓解鼻塞症状、帮助入睡的通气鼻贴等商品进行集中陈列展示。同时以感冒相关的商品进行主题陈列。该药店在"三八"妇女节到来之前,又以女性营养素及补品,如"VE、VC、葡萄籽、番茄红素、补血养颜"等产品作为陈列主题。而到了夏季,则以"防晒、保护皮肤"及"瘦身减肥"、"安然度夏"等主题组织产品进行集中陈列;到了秋季,不仅有"腹泻"主题陈列,还有"抗过敏主题"等;到了冬季,主题陈列则以"冬令进补"、"心脑血管疾病预防"等冬季高发疾病为主。经过努力,该药店的销售营业额同比去年增加很多。

问题:1. 你认为该药店的销售营业额同比去年增加很多的原因是什么?

　　　2. 请你为模拟药店设计一个节日陈列。

案例 2

药店进来一位 30 岁左右的男性顾客。

顾客:有没有退热贴卖?

店员(赶紧上前接待):有的,您跟我来!

店员(带着顾客走向退热贴货架,边走边介绍):有 2 种退热贴,一种是单贴装,一种是 3 贴装,核算下来,3 贴装比较划算,建议您购买 3 贴装的退热贴。

顾客点头答应,拿着 3 贴装的退热贴走到收银台结账,一个交易过程结束。

问题:1. 该货架是使用了什么陈列原则?

　　　2. 你认为这样的陈列对于销售有什么帮助?

案例 3

一位阿姨在药店门口排队等待结账,无意中发现收银台旁陈列着缓解鼻塞的通气鼻贴,想到这两晚睡觉时鼻子不通,睡不好,于是顺手拿了一包结账去了。

问题:1. 收银台陈列对药品销售有何影响?

　　　2. 试列举收银台可以陈列哪些产品有利于销售?

案例 4

某街道两边共有 5 家药店在营业,其中一家营业不理想,就请了药店行业专家来查看。一进入药店,所能看到之处全是大盒的保健食品,货架之间的通道只有半米,货架上产品摆放凹凸不平,有些货架是空的。因为该街道离纸厂很近,尽管店员每天清洁,但产品盒上仍有一层灰尘。

问题:1. 你认为该药店营业不理想的原因有哪些?

2. 如果你是该专家,你会给药店什么建议?

(李小燕)

实践 4　药店顾客接待

一、任务描述

地点:模拟药店药品柜台。

任务:接待服务不同顾客。

二、任务分析

1. 通过初步接触,了解顾客购买意愿。

2. 明确顾客基本情况,推荐适合药品。

3. 按照药店顾客接待步骤进行。

三、任务流程

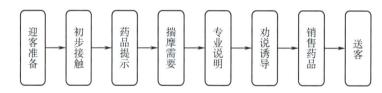

迎客准备 → 初步接触 → 药品提示 → 揣摩需要 → 专业说明 → 劝说诱导 → 销售药品 → 送客

四、相关知识

1. 药店人员基本礼仪　包括药学技术人员的仪容仪表、服饰、形体仪态、语言和岗位规范等基本内容。拥有良好的药学服务礼仪是药学技术人员必备的职业素质之一。

2. 药品基本知识　能够熟练掌握并为顾客讲解所售药品的相关基本知识。

3. 药店顾客接待规范　具备接待顾客的基本能力,并能掌握不同年龄顾客的接待技巧。

五、任务实施

每组 6~8 人,2 人一小组,进行角色扮演,其他人观摩、评价,结束后再由其他小组两人依次进行。

六、质量评价

完成药店顾客接待任务表(实践表 4-1),教师根据学生表现进行评价。

实践表 4-1　药店顾客接待任务表

步骤	要点记录	评价		
		优	良	合格
迎客准备				
初步接触				
药品提示				
揣摩需要				
专业说明				
劝说诱导				
销售药品				
送客				
综合评价				

七、案例分析

案例 1

一个顾客正在挑选感冒药。

店员(热情地):先生,这种感冒药与其他的感冒药不同,它是一种中药冲剂,而且药效持久,相信您用了会满意的!

顾客:嗯,不过我想它服用起来有些不方便……

店员(急忙):不会的,您可能觉得服用有些不方便,但用过的人都说疗效很好,这一点您大可放心。

顾客(瞟了一眼):是吗? 但我还觉得有些麻烦,本来我今天也没打算买,我看还是改天再说吧(扭头就走)。

问题:1. 店员在接待顾客时有什么不妥?

　　　2. 若你是这个店员,你该怎样接待这位顾客?

案例 2

一位年轻女性顾客来到药店,经店员询问得知她要为小孩买一种复合维生素,顾客对药品作用表示存在顾虑,因为她听朋友说有的用了之后效果不明显,店员告知合理补充维生素对孩子身体健康肯定有好处,只是用药时间长一点效果才比较明显,并为其推荐一种顾客普遍评价较好的药打消其疑虑,顾客又提出感觉药品价钱偏贵,店员为其解释根据用法用量折算每天花费一两元钱,却能为孩子健康保驾护航,这样的花费挺划算的,最后顾客满意并购药离开。

问题:1. 该店员接待顾客用了哪些接待技巧? 假如你是值班店员你会如何接待该顾客?

　　　2. 完善对话情景,进行小组演练。

案例 3

顾客李某,男,14 岁,中学生,因进食生冷食物 2 小时前出现腹泻,水样便,自服家庭备用的PPA(吡哌酸)片,效果不佳,急来药店咨询。店员告知其吡哌酸18岁以下人群不宜服用,责怪其服药前不详细阅读药品说明书,并告诉其到医院就诊后持处方再回来购买药品,李某不理解为何不能直接买药,店员并向其解释根据他的情况需服用抗生素,抗生素类药为处方药,必须出具医生处方后药店才可以出售,李某嫌麻烦直接离开。

问题:1. 顾客存在不合理用药和需要用处方药情况,假如你是店员会如何接待顾客?

2. 完善对话情景,进行小组演练。

(孙振龙)

实践5 咳嗽的药品推荐

一、任务描述

地点:模拟药店。

任务:接待自行购买咳嗽药的顾客,合理推荐镇咳药,为其进行用药指导和健康教育。

二、任务分析

1. 能熟练运用所学知识,为不同的咳嗽患者推荐合理有效的治疗药物。

2. 能正确指导咳嗽患者用药及进行有益的健康教育。

三、任务流程

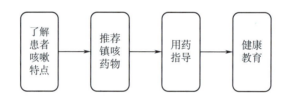

四、相关知识

1. 基础知识 引起咳嗽的病因、临床表现、咳嗽的常用药物治疗原则、用药注意事项及健康教育。

2. 法律法规 处方药必须凭执业医师或执业助理医师处方才可调配、购买和使用。

五、任务实施

角色扮演,情景对话。要求每组6~8人,2人一小组,进行情景模拟,角色分别为药店店员和患者。

六、质量评价

完成治疗咳嗽的药品推荐任务表(实践表5-1),教师根据学生表现进行评价。

实践表 5-1　治疗咳嗽的药品推荐任务表

步骤	要点记录	评价		
		优	良	合格
了解咳嗽特点				
推荐药品				
用药指导				
健康教育				
综合评价				

七、案例分析

案例 1

一位顾客伴随着咳嗽声走进店里⋯⋯

店员:请问您是需要咳嗽药吗?

顾客:是的,我咳嗽得很厉害,都好几天了,唉!睡觉也睡不好。

店员:咳嗽前你是不是得过感冒了?

顾客:是的,感冒都没彻底好就又开始咳嗽,还越咳越严重了。

店员:你咳嗽时有痰吗?

顾客:有的,很多,特别早上起床的时候。

店员:容易咳出吗? 是黄颜色的痰吗?

顾客:不太容易咳出的,是黄色的。

店员:你喉咙痛吗?

顾客:有点,不是很痛,但是咳得肺都感觉热辣辣的。

店员:你目前的咳嗽应该属于热咳,是感冒的并发症。可以配盐酸氨溴索片和消炎片一起吃,如果确实晚上咳得特别厉害影响睡眠,我建议您可以再配一瓶蛇胆川贝枇杷膏。

顾客:这些药我该怎么吃呢?

店员:消炎片是中药,清热化痰止咳的,早、中、晚各 4 片。盐酸氨溴索也是清除痰液的,早、中、晚各 2 片。蛇胆川贝枇杷膏在最后喝,早、中、晚各 15ml,慢慢吞服,等 10 分钟后再喝水。三种药都要在饭后半小时吃。

顾客:有点麻烦啊!难道不能直接吃点头孢吗?

店员:头孢类属于抗生素,需要医师处方才能配的,作为西药它还是有一定的副作用的。

顾客:哦,好的。我还是先吃这几个药吧!那为什么糖浆喝了还要过 10 分钟后才能喝水呢?

店员:可以让药物在咽喉部位直接作用时间长些啊,不过平时你可要多喝水哦。

顾客:哦,明白了,谢谢。

问题:1. 店员询问时,下划线部分有什么不妥? 其联合用药方案及依据各是什么?

　　　2. 中医认为咳嗽一般可分为哪几种类型?

　　　3. 按中医理论,如何合理选用中药止咳糖浆?

案例 2

王某,36 岁,感冒后咳嗽 3 个月余,曾自行服用急支糖浆、头孢拉定、复方甘草合剂,咳嗽未见明显好转,医院就诊后间断服用左氧氟沙星、苯丙哌林、酚麻美敏和氯苯那敏等药物进行治疗,咳嗽时好时坏。经化验、胸片、CT、结核菌素试验等检查,未发现明显异常。

问题:1. 你认为该患者咳嗽久治不愈的主要原因可能是什么?

2. 请给患者以合理解释及精神安慰,并向患者提供正确的用药建议。

案例 3

某男,64 岁,两周前曾患感冒,因咳嗽、咽痒到药店购药。患者痰少,色白,不易咳出,遇寒时加重。

问题:1. 该患者咳嗽的主要原因可能是什么?

2. 请给该患者以合理解释,并向患者提供合理化用药建议。

(苏 永)

实践 6　感冒的药品推荐

一、任务描述

地点:模拟药店。

任务:1. 接待购买感冒药的顾客并为其进行用药指导和健康教育。

2. 为购买体温计的顾客作正确使用指导。

二、任务分析

1. 能熟练运用所学知识为不同的感冒患者推荐合理有效的治疗药物。

2. 能正确指导感冒患者用药及进行有益的健康教育。

3. 能正确指导感冒患者使用体温计作好体温监测。

三、任务流程

四、相关知识

1. 基础知识　感冒的分类、临床表现、常用药物治疗原则、用药注意事项及健康教育。

2. 传统水银体温计的正确使用:

(1) 使用流程:准备体温计→测量体温→读取数值→体温计浸泡消毒。

(2) 操作注意事项

1) 甩表时,注意避开人和物体。

2) 腋下如有汗液,需擦干再量;若测量时间未到,松开腋下,也需重新测量,时间应重新计算。

3) 在测量体温前凡影响实际体温的因素(如饮开水或冷饮等)均应避免,喝热饮、剧烈运动、情绪激动及洗澡需待 30 分钟后再测量。

4）玻璃体温计最高温度值是 42℃，因此在保管或清洁时温度不可超过 42℃，不可将体温计放入热水中清洗或用于测量水及其他物体的温度。

5）读数方法：一手拿住体温计尾部，即远离水银柱的一端，使眼与体温计保持同一水平，然后慢慢地转动体温计，见水银柱变粗时就可读出相应的温度值。读数时注意不要用手触碰体温计的水银端，这样会影响水银柱而造成测量不准。

3. 电子体温计的使用方法　电子体温计能快速准确地测量人体温度，与传统的水银玻璃体温计相比，具有读数方便、测量时间短、测量精度高、能记忆并有蜂鸣提示的优点，尤其是电子体温计不含水银，对人体及周围环境无害，特别适合于有孩子、老人、家庭及医院等场合使用。

使用流程：按下电源开关，体温计发出"嘀"的一声→显示器显示上次测量的温度→显示器"℃"符号闪烁，进入待测状态，将体温计传感头放入测量部位→基本无温度变化时，"℃"将停止闪烁，体温计发出蜂鸣声，提示可确认测量结果→再按一下电源开关，关闭电源。

五、任务实施

每组 6~8 人，2 人一小组，测体温，角色扮演，情景对话。对感冒患者进行药品推荐、用药指导和健康教育，将对话内容记录下来并作为评价依据。

六、质量评价

1. 评价药品推荐和健康教育记录　根据学生上交的对话记录，找出回答问题的知识点，要求药品推荐合理、用药指导正确无误、健康教育合理。

2. 体温测定　体温测定的操作步骤与要点解释见实践表 6-1，请教师根据学生表现给予评价。

实践表 6-1　体温测定的操作步骤与要点解释

操作步骤	要点解释	评价		
		优	良	合格
准备体温计	温度计度数甩至 35℃以下			
测量体温	擦干患者腋窝汗液			
	将体温计水银端置于腋下最顶端			
	指导患者屈肘臂过胸，夹紧体温计，测量 10 分钟			
读取数值	取出体温计，手不得触碰体温计的水银端			
	用纱布擦拭体温计			
	一手拿住体温计尾部，眼与体温计保持同一水平			
	正确读取数值，告知患者测量结果并给予解释			
体温计浸泡消毒	将体温计浸泡于消毒液中作消毒处理			
综合评价				

七、案例分析

案例 1

患儿，女，5 岁，两日前上下六楼两次，身上出汗后脱衣。次日早上起来感觉头晕、头重、

流清涕,鼻塞严重,咳嗽白天还好,下半夜尤其厉害,体温38.4℃,痰少,白色水样痰。

问题:1. 课外拓展,调查市场常用的抗感冒药品名、用法、作用、不良反应及用药注意事项,并完成实践表6-2、6-3和6-4内容。

2. 根据以上调查内容,请你为该患儿推荐适合的抗感冒药,并为患儿家属作用药指导和健康教育。

(提示:每类抗感冒药至少调查五种,可作为社会实践调查在课前完成)

实践表6-2 含有对乙酰氨基酚及布洛芬的小儿抗感冒药任务表

药品名称	作用	用法	不良反应	注意事项

实践表6-3 西药抗感冒药任务表

药品名称	作用	用法	不良反应	注意事项

实践表6-4 中西药配伍用的抗感冒药任务表

药品名称	作用	用法	不良反应	注意事项

案例2

女,26岁,出租车司机,有生育要求。体温38.6℃、头胀痛、面红目赤、口干、咽喉痛、流黄浓鼻涕,咳嗽白天较轻,夜间加重,自行服用了藿香正气水两支,无明显效果,到药店购药。

问题:1. 中医认为感冒一般可分为哪几种类型?

2. 该患者用药有什么不妥? 如何正确选用感冒药?

3. 根据患者的职业、生育要求等,为患者拟一用药方案,并为患者作用药指导及健康教育。

案例3

一位顾客进入药店。

店员:您好！请问需要些什么？

顾客:我感觉头痛、头胀、全身乏力,想买点感冒药和治疗腹泻的药。

店员:请问治疗腹泻的药也是您用吗？

顾客:是啊,我肚子不舒服,腹泻得很厉害！

店员:是吃坏肚子了吗？

顾客:应该不会,这两天我都是在家吃饭,家里其他人都没有事。

店员:请问您还有哪些主要症状,有鼻涕吗？有没有发热？

顾客:鼻涕倒是没有,就是有点发热、恶心,在家还吐了两次。

店员:哦,那你的体温是多少度？

顾客:我家的体温计摔碎了,发热是我的感觉。

店员:我们还是测一下体温的好,根据体温,我们好辨证选药。

顾客体温测量中……

店员:你家的体温计摔碎了以后,你是怎么处理的？

顾客:我听人说,水银有毒,就拿报纸把玻璃碎片和水银一起卷起来扔掉了。

店员:你这样做是很危险的,水银易挥发产生汞蒸气,如果不及时打开窗户通风,吸入后会中毒,还有,你把水银当垃圾扔掉还会造成环境污染的。

顾客:你这么说,还真后怕,幸亏当时是夏天,我家的窗户和门都是开着的,我本来还打算再买一支体温计的,现在也不敢买了。

店员:不用那么担心,只要知道正确的处理方法,不会有什么危险的。

顾客:我还是不买吧,家里还有小孩子,当心点好！

店员:哦,是这样,那你家里更得备一支体温计了,小孩子感冒发烧是常有的事。我们店里最近有一款电子体温搞活动,价位不高,因为里面不含水银,安全性高,最适合你这种家里有小孩子的家庭,而且,使用也很方便,我拿给你看看。

顾客:电子产品,使用比较麻烦吧？

店员:你这是人们普遍的一个认识上的误区,这款电子体温计,你只要知道开关在哪里,使用方法跟普通体温计一样简单,而且,眼神不好的老年人也不用担心看不清刻度,你看,这里是温度显示区,数字很大,很多老年人反映,他们不带老花镜也能看清。

顾客:是吗？这么方便,你给我拿一个吧。

店员:好的。你的体温测量时间到了,让我看看你有没有发烧……你目前的体温是37.6℃,属于低热,不需要用解热药,你刚才所说的症状都是什么时候开始的？

顾客:是今天午饭过后开始的,中午我还吃了半盘红烧肉。

店员:哦,依你目前的症状应该属于暑湿感冒。

顾客:那我该吃些什么药呢？

店员:你在家服用过药物吗？

顾客:我在家喝了2支双黄连口服液,想好得快些,你再给我选些感冒药和止泻药！

店员:双黄连口服液不适合你,你这种感冒属于暑湿感冒,因常伴有胃肠道症状,所以也称之为胃肠型感冒,腹泻也是这类感冒的症状,不需要止泻药,你可以选用藿香正气液或胶囊。

顾客:这两个哪个起作用更快一些？

店员:藿香正气液的味道有些特别,如果你不介意的话,应该起效快一些。

顾客(拿着药仔细看了看):就它吧！我想好得快些,还有其他需要注意的吗?

店员:如果你平时有消化不良的症状还可以服用健胃消食药……

顾客:好的,我会注意的,谢谢。

顾客拿着药及电子体温计去收银台付款。

问题:1. 该患者用药有什么不妥？请给该患者作合理解释。

      2. 药店店员给患者推荐的药品合理吗？店员成功的关联销售,对你有什么启发作用吗?

      3. 患者接受了药品推荐方案,请你为患者作用药指导和健康教育。

(苏 永)

实践7 消化性溃疡的用药指导

一、任务描述

地点:模拟药店。

任务:为前来买抗消化性溃疡药物的顾客进行用药指导和健康教育。

二、任务分析

1. 熟练运用所学知识对消化性溃疡顾客进行合理的用药指导和健康教育。

2. 正确关联销售幽门螺杆菌检测卡。

三、任务流程

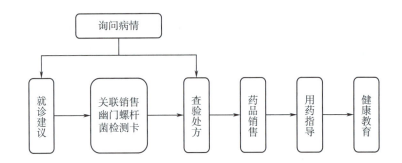

四、相关知识

1. 基础知识 ①消化性溃疡疾病基本知识;②常用药物治疗原则及注意事项;③饮食治疗指导;④运动治疗指导;⑤防治并发症及作好其他监测。

2. 法律法规 处方药必须凭执业医师或执业助理医师处方才可调配、购买和使用。

五、任务实施

每组6~8人,2人一组进行情景模拟、角色扮演,其他人观摩、评价。将对话内容记录下来并作为评价依据。

六、质量评价

完成消化性溃疡的用药指导任务表(实践表 7-1),教师根据学生表现进行评价。

实践表 7-1　消化性溃疡药的用药指导任务表

步骤	要点记录	评价		
		优	良	合格
询问病情				
就诊建议				
关联销售幽门螺杆菌检测卡				
查验处方				
药品推荐				
药品销售				
健康教育				
用药指导				
综合评价				

七、案例分析

案例 1

顾客来药店购买"胃病"药。

店员:您好,请问有什么可以帮到您的吗?

顾客:哦,我想买点治"胃病"的药。

店员:嗯,"胃病"分很多种,您有什么症状?您吃过什么药了吗?

顾客:就是这都快 1 个月了,每天都有"胃痛",快到吃饭点了饿的时候疼得厉害,吃上饭后能轻点,因为疼痛可以忍受一直没当回事,这不,这 3 天来,我每天晚上半夜 12 点前后出现"胃痛",痛得我睡不着觉,吃点东西后才痛得轻点。我老伴那有雷尼替丁,我有时候也拿来吃,效果不怎么明显,你说该吃点什么药?

店员:这样啊,根据您的症状,非常像十二指肠溃疡的表现,建议您先到医院做胃镜检查确诊一下,再确定使用什么药物。我们这刚跟别的厂家合作开展了 ^{14}C 尿素呼气试验幽门螺杆菌检测,通过吹气就能检测出胃里是否感染了这种细菌,无创伤无痛苦,我们目前正在开展特价活动,在医院 120 元的检查在我们这特价仅 80 元,机会难得。

顾客:做胃镜啊?还有检测什么菌?

店员:对,确诊您是什么类型"胃病"的话必须要行胃镜检查,我刚说的那种细菌是幽门螺杆菌,这种细菌非常讨厌,它可以侵犯到我们的胃黏膜附着在上面,导致"胃病"的发生,

我们这刚开展的 ^{14}C 尿素呼气试验幽门螺杆菌检测方法,可以在对身体没有任何创伤的情况下进行检测,只要在我们的指导下吹气就可以了,您看您可以考虑一下?

顾客:好吧,那我先做做这个吹气的检查吧。

店员:好的,你跟我办理一下手续。

(带领顾客缴费、检查,半小时后检查结果出来为:幽门螺杆菌阳性。)

店员:根据对您的检查结果,您的胃里感染了这种幽门螺杆菌,需要对它进行根除治疗,治疗它的药物我们药店都有,不过我还建议您先到医院做一下胃镜检查,明确是不是十二指肠溃疡。胃镜检查需要清晨空腹状态下进行,您可以拿着我们给您做的幽门螺杆菌检测报告结果一起给医生看一下,确定好治疗方案后,您可以再回来拿药。

顾客:行,那我到医院做胃镜检查去。

店员:好的,回见。

(顾客到医院行胃镜检查诊断为"十二指肠球部溃疡",医师予以开具处方,顾客再次返回药店。)

顾客:你好,还真叫你说中了,刚去医院做胃镜检查的结果就是十二指肠溃疡,你看医生给我开的处方……

店员:(仔细查验处方后)嗯,医生给你开的药有奥美拉唑、阿莫西林、克拉霉素,这些药我们药店这都有,奥美拉唑需要空腹吃,在早、晚餐前服用,阿莫西林和克拉霉素需要在早、晚饭后服用,根据医嘱这几种药需要吃到 2 个周的疗程。这只是根除幽门螺杆菌,吃完这些药后,还要继续按疗程吃药直到溃疡愈合。一会儿我把用法给你写在药盒上。

顾客:好的,谢谢你了。

(店员引导顾客购药,并在药盒上予以写明用法用量)

店员:还有,平时你抽烟、喝酒吗? 每天到什么程度?

顾客:嗯,有抽烟,每天约 20 支左右,偶尔喝点酒。

店员:那不行,治疗十二指肠溃疡,你得戒烟戒酒。还有你饮食要规律,少食多餐,禁食辛辣刺激性食物。

顾客:嗯,好的,医生也这么跟我说的。

店员:服药期间,你如果有任何问题都可以过来咨询。治疗 4 周以后,必须复查幽门螺杆菌,看一下治疗效果,到时候你可以过来复查。

顾客:嗯,好的,谢谢,再见!

问题:1. 该店员有哪些优点值得学习? 存在什么问题?

    2. 如何对消化性溃疡顾客进行用药指导及健康教育。

    3. 针对上述情景,小组演练治疗 2 周后及 4 周后顾客再次来到药店和店员沟通的情况。

案例 2

某男,52 岁,货车司机。10 年前开始间断出现上腹部烧灼痛,多发生在进食后 1 小时左右,疼痛可忍,伴反酸、嗳气半年多,秋冬季好发,曾自服过雷尼替丁、奥美拉唑等药,服药后疼痛缓解。2 天前顾客因劳累出现上腹痛加重,呈持续性,并伴恶心、呕吐,呕吐物为酸臭味不消化食物,每日呕吐 2~3 次,感全身乏力、食欲缺乏,来店购买药品。

问题:1. 该顾客考虑患了什么疾病?

    2. 你作为店员对该顾客需要怎么处理? 为什么?

3. 请设置药店情景,进行小组演练处理过程。

案例3

某男,56岁,上腹部疼痛6天。顾客5个月前开始反复出现上腹部疼痛发作,向后背部放射,常发生于餐前空腹状态下或午夜时,进食食物后疼痛有所缓解。2月前曾到医院就诊,病历显示,钡餐检查诊断为十二指肠溃疡,行幽门螺杆菌检查显示阳性,自述服用奥美拉唑1种药治疗后痊愈。6天前顾客再次出现上腹部疼痛,症状同前,以空腹痛为主要表现,顾客来药店购买奥美拉唑。经询问得知,顾客吸烟30余年,约10余支/天,饮酒30余年,白酒约半斤/天,进食无辣不欢,因腰椎疼痛长期服药用布洛芬片。

问题:1. 该顾客用药方案是否合理? 作为店员该怎么对其进行用药指导?
　　　2. 如何对该顾客进行健康教育?
　　　3. 设置药店情景,并进行小组演练处理过程。

(孙振龙)

实践8　高血压的用药指导

一、任务描述

地点:模拟药店。

任务:1. 为前来买药的高血压顾客进行用药指导和健康教育。
　　　2. 为购买电子血压计的顾客提供正确使用指导。

二、任务分析

1. 熟练掌握和正确运用所学知识对不同的高血压顾客进行合理的用药指导和健康指导。
2. 正确指导高血压顾客使用电子血压计进行血压监测。

三、任务流程

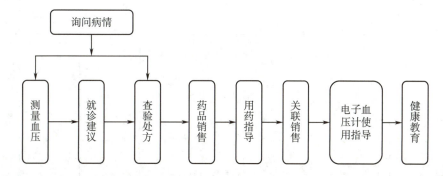

四、相关知识

1. **基础知识**　①高血压疾病简介;②血压监测的重要性;③常用药物治疗原则及注意事项;④饮食、运动等非药物治疗指导;⑤防治并发症及作好相关监测。
2. **拓展知识**　电子血压计的正确使用。

3. 法律法规　处方药必须凭执业医师或执业助理医师处方才可调配和出售。

五、任务实施

1. 角色扮演,情景对话。2 人一组进行情景模拟,角色扮演。将对话内容记录下来并作为评价依据。

2. 正确使用电子血压计并能详细解说注意事项。

六、质量评价

1. 完成高血压的用药指导任务表(实践表 8-1),教师根据学生表现进行评价。

实践表 8-1　高血压的用药指导任务表

步骤	要点记录	评价		
		优	良	合格
顾客基本情况				
用药指导				
健康教育				
综合评价				

2. 正确使用电子血压计测量血压,教师根据学生表现进行评价(实践表 8-2)。

实践表 8-2　电子血压计的操作步骤与要点解释

操作步骤	要点解析	评价		
		优	良	合格
测量前准备	受检者测量前 1 小时内应避免进行剧烈运动,测量前 30 分钟应排空膀胱,正式测量前安静休息 5~10 分钟,尽量放松避免紧张			
	准备好电源充足的电子血压计,使用标准大小的袖带气囊(至少应包裹 80% 的上臂),取坐位测量,暴露上臂(上臂式)或手腕(腕式)与心脏在同一水平位置,手掌向上,手指姿势自然状态(不紧握,不伸直)			
包扎袖带	将上臂式血压计的袖带包绕上臂中部,下缘应在肘弯上 2cm,置于肘窝肱动脉搏动最明显处,松紧以能放入两指尖为宜;腕式血压计的袖带应把袖带置于手腕内侧离手掌心 1cm 处,显示屏向上,扣上袖带			
血压测量	按开始键,待自动充气、完全放气后,直接从显示屏读取血压数据并记录。记录数据后,按压电源键,血压计将完全放气并自动关闭,然后取下血压计袖带,整理存放			
血压计的维护	电源不足时及时充电;为了保证测量的准确性,电子血压计应每年检测和维修一次			

七、案例分析

案例 1

顾客来药店购买降压药。

店员:您好,请问您要买什么药?

顾客:哦,我想买降压药。

店员:那您是买给自己还是帮别人买?

顾客:自己。

店员:您以前用过什么药了吗?

顾客:有,1 个月前查体时,发现患了高血压。医生给我开了硝苯地平,可是我服用后老是觉得头痛、头晕(硝苯地平不良反应),就没再吃药。平时也没什么症状,昨天我去医院测血压仍高,医生又给我开的依那普利这个药(拿出处方)……

店员:(仔细查验处方后)嗯,我们药店有这种药。

顾客:我想问一下,服用依那普利这药时有什么注意的吗?

店员:有,我得先了解一下您的一些情况,才能正确指导您用药。您查体时和昨天测的血压有多高?有没有什么其他疾病?

顾客:查体时是 165/105mmHg,昨天测血压是 160/100mmHg,查体医生说我有点动脉硬化、轻度心肌缺血和高血脂。

店员:那您是属于中度高血压。那我还得问一下你的家族史(父母等直系亲属有无高血压病史)、饮食习惯(是否喜欢吃咸的东西)、生活习惯(是否想喜欢抽烟、喝酒,是否经常锻炼或参加娱乐活动)。

顾客:父母都有高血压,平时饮食偏咸,抽烟30余年,约10余支/天,不饮酒,平时活动量较少,基本不锻炼身体。

店员:现在麻烦您跟我到这边量一下血压……还是160/100mmHg,您的血压仍是没有得到控制。根据您这种情况,我告诉你一些注意事项,高血压是中老年人的常见病、多发病,如不积极治疗,可导致心、脑、肾、眼等多器官功能损害,甚至死亡,所以您必须按医嘱规律服药。医生给你开具的依那普利这个药,按照医嘱1次1片,每日1次,餐前、餐后服用均可,最好在每天同一时间如早餐前服用,不要随意换药、停药,避免血压忽高忽低,给心、脑血管带来损害。在服用此药期间可能会出现刺激性干咳这个不良反应,如果引起干咳较严重的话,就请停药,并及时就医,可以改服别的药物。服药期间要注意定期检测血压,刚开始可以每天2次测量,以便通过疗效及时调整药物剂量,等后面血压平稳后就可逐渐减少测量次数。要是来药店测血压不方便,可以购买电子血压计在家自行测量,我店就有电子血压计出售,我刚才给您测量用的就是。

顾客:哦,那你拿个血压计给我看看。

(店员展示电子血压计并演示如何应用)

店员:电子血压计在家庭里面应用很方便,可以随时检测自己的血压。

顾客:确实挺方便,那我一起买一个吧。

(店员引导顾客按流程购买药物及血压计)

店员进行健康教育:嗯,刚才给你介绍的是用药注意事项,为方便用药,我把用法用量写在药盒上了。医生说你有动脉硬化、轻度心肌缺血和高血脂,您要注意一下您的生活习惯。饭菜要清淡些少放盐,每天盐量不要超过6g,如果太咸的话可导致血压升高。您可以多吃点蔬菜水果,比如芹菜、牛蒡、菠菜、白菜等,具有辅助降压和降血脂的食疗作用,少吃油腻辛辣刺激性食物。同时您应该戒烟,而且应该增加一下您的运动量锻炼下身体,比如散步、慢跑、练习太极拳、骑自行车等都可以,但不要做太剧烈的运动。其中太极拳使人心境坦然,全身肌肉放松,有利于血压的下降。

顾客:好的,我记住了,非常感谢。

店员:如果用药过程中出现什么问题,请您随时过来咨询。

问题:1. 高血压的药物治疗和非药物治疗各有哪些内容?

2. 这个成功的案例提示大家应如何做好药店店员?

3. 自行设置情景,小组演练治疗1周后顾客再次来到药店和店员沟通的情况。

案例2

顾客,男,56岁,个体老板。发现高血压5年,最高血压180/120mmHg,顾客体态肥胖,不喜欢活动,喜欢吃肥腻食物,饮白酒20余年,约6两/天,吸烟20余年,约20支/天,自发病以来未接受过正规的饮食运动指导,近1周来因生意忙碌劳累,经常熬夜,导致头疼加重求治。到医院就诊前正在服用复方降压胶囊2粒,每天3次,血压在170~160/120~100mmHg范围波动,查尿常规有蛋白尿。诊断:高血压3级(极高危)。医生给予治疗方案:阿司匹林100mg每天1次,缬沙坦80mg每天1次,氢氯噻嗪12.5mg每天1次,硝苯地平缓释片10mg每天2次。顾客带处方来我药店买药。

问题:请分析医生为该顾客制订该治疗方案的用药依据,并说出该顾客用药期间需要注意哪些问题? 对其生活方式应进行哪些调整? 自行设置药店情景,小组演练店员和顾客沟通的情况。

案例3

顾客,男,47岁,高血压6年。长期服用卡托普利25mg,每天2次早晚服用;尼群地平10mg,每天1次早晨服用。每天8:00左右平均血压约为125/75mmHg,16:00左右平均血压约为135/90mmHg,20:00平均血压约为140/95mmHg,血压波动较大。顾客来药店买药并同时向店员询问注意事项。

问题:请分析顾客为什么血压波动较大?需如何处理?自行设置药店情景,小组演练店员和顾客沟通的情况。

(孙振龙)

实践9　高脂血症的用药指导

一、任务描述

地点:模拟药店。
任务:为前来买药的高脂血症顾客进行用药指导和健康教育。

二、任务分析

熟练掌握和正确运用所学知识对不同的高脂血症顾客进行合理的用药指导和健康指导。

三、任务流程

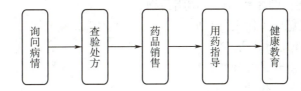

询问病情 → 查验处方 → 药品销售 → 用药指导 → 健康教育

四、相关知识

1. 基础知识　①高脂血症顾客血脂监测的重要性;②常用调脂药物不良反应及注意事项;③饮食、运动等生活方式治疗指导;④防治并发症及做好相关监测。

2. 法律法规　处方药必须凭执业医师或执业助理医师处方才可调配、购买和使用。

五、任务实施

角色扮演,情景对话。2人一组进行情景模拟,角色扮演。将对话内容记录下来并作为评价依据。

六、质量评价

完成高脂血症的用药指导任务表(实践表9-1),教师根据学生表现进行评价。

实践表 9-1　高脂血症的用药指导任务表

步骤	要点记录	评价		
		优	良	合格
用药指导				
健康教育				
	综合评价			

七、案例分析

案例 1

张某,52 岁,男性。顾客来药店买调脂药物。

店员:您好,请问您要买什么药?

顾客:我要买点降血脂的药。

店员:嗯,您有医生开具的处方吗?

顾客:有,这是医生给我开的药方。

店员:医生给您开的药是辛伐他汀,我们药店有售这种药物,您之前服用过这种药物吗?

顾客:没有。

店员:那你得注意一下相关注意事项。辛伐他汀这种药主要的不良反应有胃肠道反应、肝功能损害和肌病。服药时间是每天晚餐后服用。请您在服药期间定期检测肝脏功能和肌酶。这里强调一下该药的不良反应之一肌病,包括肌痛、肌炎和横纹肌溶解,其中横纹肌溶解是最严重的不良反应,主要表现是肌肉的疼痛、压痛、肿胀及无力等肌肉受累的情况。虽然该不良反应发生率很低,但是一旦出现上述症状一定要尽早就医,并行血肌酶测定。

顾客:哦,那只要治疗期间定时检测肝功能和肌酶就一般问题不大了吧?

店员:嗯,对。还有降低血脂不能仅依靠调脂药物治疗,还需要你养成良好的生活习惯,让我了解一下您现在的生活方式,看看有没有需要调整的地方。

顾客:呵呵,我生活习惯很多不好的地方,肯定需要调整,你问吧。

店员:您平时吸烟、饮酒吗?

顾客:吸烟比较厉害,每天 1 包左右,偶尔喝点白酒,不怎么多。

店员:吸烟会加重动脉粥样硬化,甚至出现心脑血管并发症,建议您必须戒烟。

顾客:嗯,知道了,回去一定戒烟。

店员:还有您的饮食也需要控制了,您知道相关知识吗?

顾客:就是不要吃油腻食物是吧?

店员:不光如此,高血脂的患者需要低盐、低脂、低糖、高纤维饮食,具体来说,低盐是每天食盐不要超过 6g(1 小勺);低脂不仅是指少吃油腻食物,还要强调的是,进食的油类要以植物油为主如花生油、大豆油等,少吃动物油;低糖是指控制含有碳水化合物的食物,像馒头、米饭、薯条等;高纤维素是指多吃一些富含纤维素的蔬菜,如芹菜、油菜、白菜、蘑菇、木耳、冬瓜等,您听明白了吧?

顾客:哦,还有这么多要求啊,学习了,我会努力遵守的。

店员:这是您的购药小票,请到那边收银台缴费。

顾客:好的,我去交钱。

(店员引导顾客按流程购药)

店员:这是你买的药,我把用法给您写在药盒上。这样的话您先吃这种药看看,如果没有什么不良反应发生,就 1 个月复查一次肝功能和肌酶,如果服药期间有什么不舒服的随时回来咨询或者去医院就诊。

顾客:好的,非常感谢。

店员:不客气,下次再见。

问题:1. 高脂血症的药物治疗和非药物治疗各有哪些内容?

    2. 这个成功的案例提示大家应如何做好药店店员? 案例中存在什么问题,可以如何改善?

    3. 针对上述情景,自行创设情景小组演练治疗 1 个月后顾客再次来到药店和店员沟通的情况。

案例 2

顾客李某 1 周前在医院查体诊断为高脂血症,以甘油三酯升高为主。自述 1 周来曾服用苯扎贝特治疗,因出现恶心、腹胀不良反应已自行停用,来药店咨询,值班店员与其交流后,建议其改服烟酸缓释胶囊,并对其进行详细的用药指导和健康教育,顾客满意答复,购药后离开。

问题:1. 贝特类和烟酸类调脂药的不良反应和注意事项有哪些?

    2. 请结合案例特点创设情景角色扮演顾客和店员的沟通情况,并为顾客提供正确的用药指导和健康教育。

案例 3

小张的父亲平时喜欢吃肥腻食物,嗜烟好酒 20 余年,每天饮白酒约半斤,每天吸烟 30 余支。近期他在医院查体行血脂检查诊断为高胆固醇血症,小张带医师开具的处方来药店购药。处方上有考来烯胺和依折麦布两种药物。值班店员向小张解释两种药物不能同时服用,需间隔开用药。小张刚开始不理解,店员给予解释后,小张对解释满意并购药。随后店员详细介绍了这两种药物的不良反应及注意事项,并建议小张对其父亲转告一下健康教育的内容。

问题:1. 考来烯胺和依折麦布两种药物的不良反应和注意事项有哪些? 请填入实践表 9-2。

    2. 请结合案例特点创设情景角色扮演顾客和店员的沟通情况,并为顾客提供正确的用药指导和健康教育。

实践表 9-2　考来烯胺和依折麦布两种药物用药指导任务表

药品名称	作用	用法	不良反应	注意事项
考来烯胺				
依折麦布				

（孙振龙）

实践 10　糖尿病的用药指导

一、任务描述

地点:模拟药店。
任务:1. 为前来买药的糖尿病顾客作健康教育。
　　　2. 为购买血糖仪的顾客作正确使用指导。

二、任务分析

1. 熟练掌握和正确运用所学知识对不同的糖尿病顾客进行合理的用药指导和健康指导。
2. 正确指导糖尿病顾客使用血糖仪作好血糖监测。

三、任务流程

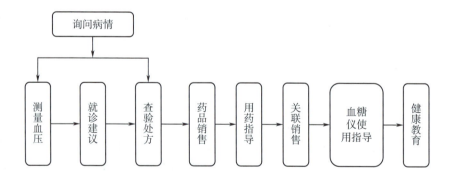

四、相关知识

　　1. 健康教育　①健康教育的必要性;②血糖监测的重要性;③饮食治疗指导;④运动治疗指导;⑤防治并发症及做血脂、血压等监测。
　　2. 血糖仪的正确使用:
　　(1) 使用流程:取试纸并做好校对→净手、消毒→取血→加压取血部位,读取数值→记录血糖值。

（2）操作注意事项：①试纸保持干燥，不过有效期，与血糖仪代码一致；②用碘伏消毒皮肤，待消毒部位干燥后方可测定；③选择手指侧面采血，刺破皮肤后请勿用力挤压以免组织液混入血样。

五、任务实施

1. 角色扮演，情景对话。对糖尿病顾客做健康教育。

要求：2 人一组进行情景模拟，角色扮演。角色为药店店员和顾客。将对话内容记录下来并作为评价依据。

2. 分成大组，每组 6~8 人。每组测定一位同学的血糖，做操作记录。

六、质量评价

1. 评价健康教育记录　根据学生上交的谈话记录，找出回答问题的知识点，给予评价（实践表 10-1）。

实践表 10-1　糖尿病的用药指导任务表

项目	要点记录	评价		
		优	良	合格
健康教育	1.			
	2.			
	3.			
	4.			
	5.			
	综合评价			

2. 血糖测定（实践表 10-2）

实践表 10-2　血糖仪的操作步骤与规范

操作步骤	规范	评价		
		优	良	合格
安装校对试纸	打开血糖仪，指示灯亮后将试纸插入血糖仪内			
	检查 code 号码与机器显示是否相同			
采血	将顾客手洗干净，晾干			
	温暖轻揉顾客手指，也可将采血手下垂片刻			
	用碘伏消毒指尖皮肤			
	用采血笔在指尖侧面刺破皮肤			
	轻挤出血样，稍触试纸吸血口，自动吸附			
止血	用无菌棉签按压采血点			
读取数值	正确读取数值			
	综合评价			

七、案例分析

案例 1

张某,男性,65 岁,诊断为糖尿病 2 个多月,医生建议服用格列吡嗪治疗。顾客持医生处方来药店购买此药。因为需要长期服用此药,顾客要求店员对服用的药物进行指导。

问题:店员应针对格列吡嗪这一药物从以下几个方面怎样进行指导? 填写格列吡嗪的用药指导任务表(实践表 10-3)。

实践表 10-3　格列吡嗪的用药指导任务表

药物	服药时间	不良反应	禁止合用的药物	生活习惯
格列吡嗪				
综合评价				

案例 2

王某,女性,70 岁,患有糖尿病 12 年,近 5 年伴发高血压和高脂血症。近期医生建议使用吡格列酮治疗,顾客来药店购买此药。

问题:这位顾客应该做哪些用药指导? 请根据提示写出相应答案。

(提示:①给药方法;②药物的不良反应;③用药期间监测的项目;④血糖、血脂、血压的目标值;⑤推荐使用本店的降血脂药和降压药)

案例 3

请认真阅读下列对话,回答问题。

店员:大爷,您好! 请问您需要什么?

顾客:我想买点碘伏,小瓶的。

店员:好。请问您自己用吗?

顾客:是。我剪脚指甲时不小心剪破了皮肤,感染了,有一个月了,一直不好。

店员:您最近喝水多吗?

顾客:多。尿也多,吃饭也多,就是不长肉。

店员:大爷,您查过血糖吗?

顾客:没有。

店员:正好店里有一台厂家提供的血糖仪,给您测一下?

顾客:好,谢谢!

店员:大爷,您的血糖为 19mmol/L,超过了正常值,建议您再去医院检查一下,您可能患有糖尿病。如果确诊后需要监测血糖,建议您来我店购买血糖仪,我们会教您正确的使用方法。治疗糖尿病的药物我们店里很齐全,价格也合理,如有需要就到我们店里来买吧。

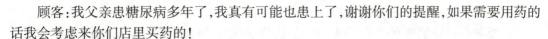

顾客:我父亲患糖尿病多年了,我真有可能也患上了,谢谢你们的提醒,如果需要用药的话我会考虑来你们店里买药的!

两天后,顾客持医生处方来本店购买了血糖仪和口服降糖药二甲双胍。对药店店员及时发现他的疾病和给予的帮助表示感谢。

问题:1. 店员是通过哪种症状怎么发现了顾客可能患有糖尿病?

2. 这个成功的案例提示大家应怎样才能成为一名优秀的药店店员?

(王育英)

实践 11　特殊人群的用药指导与用药推荐

一、任务描述

地点:模拟药店。

任务:1. 帮助小儿家长计算小儿的给药剂量。

2. 为驾驶员推荐治疗"感冒"的药物。

二、任务分析

1. 掌握计算小儿的用药剂量的简单方法。

2. 指导驾驶员正确选择药物。

三、任务流程

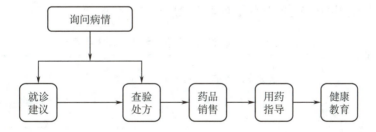

四、相关知识

1. 小儿用药的剂量与成年人有较大差别。剂量的大小与体重、年龄等因素有关。我们应该了解一些剂量计算的常识,正确指导用药。常用的几种计算方法有:

(1)根据体重计算

小儿剂量 = 体重(kg) × 药量 /(kg·日) 或小儿剂量 = 成人剂量 × 小儿体重(kg)/70kg。这种方式对于偏胖或偏瘦的小儿要作相应的调整。

(2)根据体表面积计算

$$小儿剂量 = 成人剂量 × 小儿体表面积(m^2)/1.73m^2$$

$$小儿体表面积(m^2) = 体重(kg) × 0.035+0.1$$

10 岁以上的儿童,体重每增加 5kg 体表面积增加 $0.1m^2$,这种方法计算给药剂量比较准确和合理。

2. 驾驶员应该慎用有眩晕、嗜睡、幻觉、视物模糊、定向力障碍和多尿、多汗不良反应的药物。

五、任务实施

1. 剂量计算　患儿 14 个月,体重 19kg,患上呼吸道感染,医生治疗处方为服用阿莫西林克拉维酸钾颗粒。药店里现有的制剂规格为:每小袋 375mg(阿莫西林 250mg,克拉维酸 125mg)。说明书标明用量为:①新生儿与 3 月以内婴儿:按阿莫西林计算,每 12 小时 15mg/kg。② 40kg 以下儿童剂量:按阿莫西林计算,一般感染每 12 小时 25mg/kg 或每 8 小时 20mg/kg,较重感染每 12 小时 45mg/kg,或每 8 小时 40mg/kg,以上均根据病情轻重而定。疗程 7~10 天;其他感染剂量减半。③ 40kg 以上的儿童可按成人剂量给药。请你帮助患儿家长计算一下服药剂量,并设计出给药方案,对所用药物作简单的用药指导。

2. 药店里来了一位男性司机。因有怕冷、头疼和明显的打喷嚏、流眼泪、鼻塞症状,来购买感冒药。作为一名药店店员,根据他的症状和职业特点,请你推荐一些药物,并作用药指导。

模拟药房摆放的治疗普通感冒药物:感冒灵颗粒、氨咖黄敏胶囊、白加黑感冒片(美息伪麻片)、康泰克胶囊(复方盐酸苯丙醇胺缓释胶囊)、维 C 银翘片、酚麻美软胶囊、对乙酰氨基酚片。

六、质量评价

1. 剂量计算　一般感染:每次 1 袋,每日 3 次。严重感染:每次 2 袋,每日 3 次。

2. 用药指导

(1)请完成驾驶员慎用药的用药指导任务表(实践表 11-1),要求写出下列复方制剂中至少一种驾驶员慎用的成分药,教师根据学生表现给予评价。

实践表 11-1　驾驶员慎用药的用药指导任务表

药物	驾驶员慎用的成分药	评价		
		优	良	合格
氨咖黄敏胶囊	氯苯那敏			
白加黑感冒片				
白片				
黑片				
康泰克				
泰诺林				
维 C 银翘片				
酚麻美软胶囊				

(2)完成常见可缓解感冒症状的药物任务表(实践表 11-2)中药物缓解的感冒症状填写,教师根据学生表现给予评价。

实践表 11-2　常见可缓解感冒症状的药物任务表

药物	缓解的感冒症状	评价		
		优	良	合格
对乙酰氨基酚	发热、头疼、肌肉酸痛			
伪麻黄碱				
马来酸氯苯那敏				
咖啡因				
苯海拉明				
右美沙芬				
苯巴比妥				

（3）指导这位男性驾驶员购买药物（提示：推荐药物和用药指导）

七、案例分析

案例 1

唐女士来药店为 3 岁的儿子购买药物。要求购买的药物有：驱虫药、助消化药、铁剂、抗过敏药。请你帮助唐女士推荐相应的药物并在给药时间上给予正确指导，完成小儿用药服药时间任务（实践表 11-3），教师根据学生表现给予评价。

实践表 11-3　小儿用药服药时间任务

药物类别	药物名称及服药时间	评价		
		优	良	合格
助消化药				
铁剂				
抗过敏药				
驱虫药				

案例 2

张女士，28 岁，有一个 6 个月的儿子，正处在哺乳期。因为经常扁桃体发炎，嗓子疼，到药店想咨询一下在哺乳期，哪些抗菌药能够使用，哪些不能使用。作为店员的你，应该作怎样的答复？

参考资料：少数药物乳汁中分泌量较高，如氟喹诺酮类、四环素类、大环内酯类、氯霉素、磺胺甲噁唑、甲氧苄啶、甲硝唑等。青霉素类、头孢菌素类等 β- 内酰胺类和氨基苷类等在乳汁中含量低。无论乳汁中药物浓度多少，对乳儿均有潜在的影响，出现不良反应，如氨基糖苷类抗生素可导致乳儿听力减退；氯霉素可致乳儿骨髓抑制；磺胺甲噁唑等可致核黄疸、溶血性贫血；四环素类可致乳儿牙齿黄染、骨骼发育减慢和畸形。因此哺乳期顾客应避免选用氨基苷类、喹诺酮类、四环素类、氯霉素、磺胺类药。

要求：认真查阅柜台中现有的抗菌药的说明书，找出张女士能够使用的药物，并作用药指导。

案例 3

阅读下列对话,2 人一组进行模拟。

店员:你好,我可以帮助你吗?

顾客:谢谢! 我怀孕 16 周了。因为经常反酸、胃疼,去医院检查。医生诊断我患有胃溃疡。请你帮助我推荐一些治疗胃溃疡药物好吗?

店员:好。

(店员引领顾客来到消化系统用药柜台)

顾客:这么多药你能介绍一下哪些我可以使用,哪些我不能使用吗?

店员:用于治疗消化性溃疡病的药物有:①抗酸药有氢氧化铝你可以使用,含有镁离子的药物如三硅酸镁你不能使用,因为镁离子有轻泻作用,可引起子宫收缩;②抑制胃酸分泌的药物有组胺受体阻断药(西咪替丁、法莫替丁等)有抗雄激素样作用,影响胎儿发育,不能使用;质子泵抑制药(奥美拉唑、兰索拉唑)等可在医生指导下使用;③黏膜保护药有硫糖铝和枸橼酸铋钾可以使用,米索前列醇因有子宫收缩作用你不能使用;④如果你的幽门螺杆菌检查阳性,则需要清除幽门螺杆菌,需要使用抗菌药,建议使用阿莫西林。

顾客:谢谢!

店员:欢迎你持医生处方来本店购药,谢谢!

(王育英)

实践 12 药 品 销 售

一、任务描述

地点:模拟药店。

任务:完成非处方药和处方药的销售。

二、任务分析

1. 明确药品售前准备内容。

2. 按照非处方药和处方药的销售规范实施销售。

3. 明确销售过程中各人员的职责,正确完成销售。

4. 正确完成零售药品开票操作过程,正确填写零售药品的票据。

三、任务流程

(一) 药品售前准备

1. 个人方面的准备　要保持整洁的仪表和良好的工作情绪。

2. 销售方面的准备　备齐药品、查验标签、熟悉价格、准备售货用具和整理环境。

(二) 非处方药的销售过程

（三）处方药的销售过程

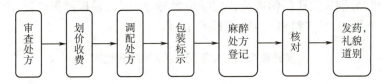

审查处方 → 划价收费 → 调配处方 → 包装标示 → 麻醉处方登记 → 核对 → 发药，礼貌道别

（四）零售药品开票操作过程

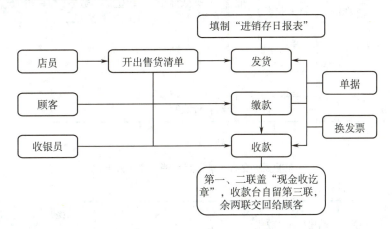

四、相关知识

1. 药品售前准备内容。
2. 非处方药药品销售的规范。
3. 处方药药品销售的规范。
4. 零售药品开票操作要求和票据的填写要求。

五、任务实施

药店经营的部分药品的零售价格见实践表 12-1。

实践表 12-1 药品零售价格表

序号	药品名称	剂型	规格	产地	零售单位	单价（元）
27	奥美拉唑肠溶片	片剂	14 片 / 盒	湖南	盒	30.00
32	阿莫西林胶囊	胶囊	50 粒 / 盒	广州	盒	18.20
46	甲硝唑片	片剂	100 片 / 瓶	广东	盒	7.50
53	六味地黄丸	丸剂	120 丸 / 瓶	北京	瓶	10.50
68	头孢拉定胶囊	胶囊	10 粒 / 盒	广东	盒	6.00
77	罗红霉素胶囊	胶囊	10 粒 / 盒	江苏	盒	7.50
81	氨苄西林胶囊（安必仙）	胶囊	24 粒 / 盒	香港	盒	7.50
89	阿奇霉素片	片剂	6 片 / 盒	江西	盒	14.80
91	玉屏风颗粒	颗粒	12 袋 / 盒	广东	盒	23.50
92	感冒清热颗粒（无蔗糖）	颗粒	10 袋 / 盒	北京	盒	15.40
93	感冒灵胶囊	胶囊	12 粒 / 盒	深圳	盒	11.20

（一）非处方药的销售过程

3人为一组，分别扮演药品销售员、顾客（患者）和收银员，模拟销售过程，填写销售凭据、发票和经销存日报表，见实践表 12-2~ 实践表 12-4。

实践表 12-2　某医药有限公司销售凭据

销售单位：　　　　　　　　　　　　　　　　　　　　　　　年　　月　　日

商品名称	商品规格	生产企业	批号	有效期至	单位	数量	单价/元	金额/元
金额合计/元		金额合计大写						

营业员：　　　　　　　　　　　　　　　　　　　　　　　　　收银员：

实践表 12-3　某省商品销售统一发票

客户名称：　　　　　　　　　　　　　　　　　　　　　　　年　　月　　日

品名	规格	单位	数量	单价	金额						
					十	万	千	百	十	元	角	分
小写金额合计												
（大写）			万	仟	佰	拾	元	角	分			

开票人：　　　　　　　　收款人：　　　　　　　　企业名称（盖章）

实践表 12-4　药品经销存日报表

　　　　　　　　　　　　　　　　　　　　　　　　　　　年　　月　　日

通用名称	商品名称	规格	生产日期	剂型	生产企业	购货企业	有效期至	批准文号	生产批号	昨日结存	今日进货	退货或调出	今日销货	今日结存	进货累计	销货累计

项目	昨日结存	增加金额	减少金额	今日结存	传票编号
现金					自　　号
银行存款					凭证　　张

负责人：　　　　　　　　　　　　　　　　　　　　　　填表人：

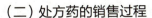

（二）处方药的销售过程

3人为一小组，分别扮演执业药师、药品销售员和顾客（患者），模拟销售过程，完成相关表格填写（实践表12-5、实践表12-6）。

实践表 12-5　×××医院处方笺

定点医疗机构编码：　　　　　　　　　费别:(公、自、医保)

科别：　　　　　　　　　　　年　月　日　　　病历号：

姓名：　　　　　　　性别：　　　　　　　　　　年龄：

临床诊断：　　　胃溃疡（幽门螺杆菌阳性）

R.

　　　奥美拉唑肠溶片　　20mg*14s*1板　Sig. 20mg　p.o.　b.i.d.

　　　阿莫西林胶囊　　0.25g*50s　　　Sig. 0.5g　p.o.　t.i.d.

　　　甲硝唑片　0.2g*100s　　　Sig. 0.2g　p.o.　t.i.d.

过敏试验：　　　　　　　　　　医师签名（签章）：

药品金额：　　　　审核/调配签名（签章）：　　　核对/发药签名（签章）：

药师提示：①请遵医嘱服药；②请在窗口点清药品；③处方当日有效；④发出药品不予退换

实践表 12-6　处方药销售记录表

年度　第　页

销售日期	姓名	年龄	身份证号	药品通用名称	规格	单位	生产厂商	产品批号	有效期	销售数量	销售人员

六、质量评价

（一）非处方药的销售过程

完成药品验收任务表（实践表12-7），教师根据学生表现进行评价。

实践表 12-7　非处方药药品销售任务表

步骤	要点记录	评价		
		优	良	合格
个人方面的准备				
销售方面的准备（提问）				
开具销售清单				
计价收费				
发药				
正式发票				
药品进销存日报表				
综合评价				

（二）处方药的销售过程

完成处方药药品销售任务表（实践表 12-8），教师根据学生表现进行评价。

实践表 12-8　处方药药品销售任务表

步骤	要点记录	评价		
		优	良	合格
个人方面的准备				
销售方面的准备（提问）				
审处方				
调配处方				
包装标示				
核对处方药品				
发药				
处方药销售记录表				
综合评价				

七、案例分析

案例 1

一名顾客来到店里到处转悠，似乎在寻找什么药品。

店员（热情地）：女士，请问您需要什么？

顾客：请问你们这儿有 ×× 药品吗？

店员：有。在这边，我给您拿。（走到药品陈列处，发现刚好没有了，于是，满脸歉意）不好意思，您需要的 ×× 今天刚好卖完了。您改天再过来吧。

顾客：哦，那我去其他药店再看看吧。

店员：好，再见。

问题：1. 店员在接待顾客时有什么不妥？

　　　2. 若你是这个店员，你该怎样接待这位顾客？

案例 2

一位顾客到药店购买感冒药,自述感冒已有 3 天,流鼻涕、鼻塞,咽喉痛而干,不咳嗽。店员小李接待了这位顾客,简单询问后,就给这位顾客推荐了一种感冒药,还热情地嘱咐这位顾客平时适当地加强锻炼,感冒时多喝些开水,家中经常通风。然后小李就送走了这位顾客,又忙着接待另一位来药店的顾客了。

问题:若你是小李,你该怎样接待这位顾客,提高其购买量?

案例 3

8 月的一天中午,烈日炎炎,张女士到药店购买罗红霉素胶囊,执业药师小王去吃饭了,不在店里。店员小李不是执业药师,但是他觉得这么热的天,让张女士再到药店来跑一趟很辛苦,于是就直接给张女士拿了药,开具了销售清单。

问题:1. 小李这样做有什么不妥?

      2. 若你是小李,你该怎样做?

（林　超）

实践 13　顾客异议的处理

一、任务描述

地点:模拟药店。

任务:成功说服有异议的顾客购买产品。

二、任务分析

1. 明确顾客异议产生的原因,正确认识顾客异议;熟悉常见的顾客异议类型及顾客异议根源。

2. 处理常见的顾客异议,掌握处理顾客异议的方法和不同顾客异议的处理策略。

3. 能成功说服顾客购买产品。

三、任务流程

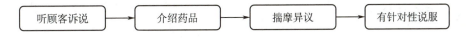

听顾客诉说 → 介绍药品 → 揣摩异议 → 有针对性说服

四、相关知识

（一）顾客异议的分类（实践表 13-1）

实践表 13-1　顾客异议的类型及表现特征

顾客异议的类型	表现特征
沉默型异议	客户对异议不直接提出,而是表现为边看样品边摇头,或欲言又止,或仅说半截话
借口型异议	客户以各种借口拒绝购买,常用的借口有资金不足、无权决定、需要考虑等
批评型异议	顾客会以负面的方式批评产品或药店,说产品质量不好,服务不好

续表

顾客异议的类型	表现特征
问题型异议	顾客会提出各式各样的问题来考验你,有时提出的问题会让你无法回答
主观型异议	顾客对店员个人有所不满,对店员的态度不友善
价格异议	不论产品价格多么具有竞争力,顾客都认为太贵了

(二)顾客异议的说服技巧

当顾客对产品提出异议时,店员就要回答顾客的异议并加以说明,这种回答和解释的过程,实质上就是说服过程。店员在说服顾客时,一定要牢记一点,只有对产品有购买兴趣的顾客才会不断提出异议。下面介绍几种常用的说服技巧。

1. "是,但是"法 这是一个广泛用来回答顾客异议的方法,一方面店员表示同意顾客的意见,另一方面又解释了顾客产生意见的原因及顾客看法不足之处。

2. "高视角、全方位"法 当顾客提出产品某个方面的缺点时,营业员则可以强调产品的突出优点,弱化顾客提出的缺点。

3. "自食其果"法 这种技巧实际上就是把顾客提出的缺点转化成优点,并作为顾客购买的理由。这种方法运用得当可把销售的阻力变为购买的动力。如顾客:"这种药疗效好是好,但疗效太强,不适合于老年人用。"店员:"老年人可以减半用,这不仅符合老年人的生理特点,而且疗效与青年人用全量一样。"

4. "问题引导"法 有时可以向顾客提问题,让顾客自己排除疑虑,自己找出答案,这比店员直接回答效果还好。如顾客:"我是想买一支治脚癣的药膏,但你这支太贵了,我看过××诊所的比你们便宜多了。"营业员:"您注意是相同的牌子吗?"

5. "示范"法 示范法实际上就是商品操作的演示,用这种演示证明顾客的看法是错误的,而不是直接指出其错误。

6. 介绍他人体会法 这种方法就是用顾客的真实体会来说服顾客。一般说来,顾客都愿意听使用者的评价,所以感谢信、表扬信、锦旗等都是说服顾客的活教材。

五、任务实施

每 6~8 人为一组,其中 2 人进行顾客与营业员的角色扮演,其他人观摩,学生进行评价。接着另外两人进行角色扮演,依次进行。

六、质量评价

完成处理顾客异议任务表(实践表 13-2),教师根据学生表现进行评价。

实践表 13-2 处理顾客异议任务表

步骤	要点记录	评价		
		优	良	合格
听顾客诉说				
介绍药品				
揣摩异议				
针对处理				
综合评价				

七、案例分析

案例 1

一个顾客正在挑选感冒药。

店员(热情地):先生,这种感冒药与其他的感冒药不同,它是一种中药颗粒剂,而且药效持久,相信您用了会满意的!

顾客:嗯,不过价格太贵了。

店员:价格是贵了点,但效果很好的。

顾客(瞟了一眼):是吗? 我又没用过怎么知道好不好。

问题:1. 该顾客异议属于哪种类型?

  2. 若你是这个店员,你会怎样说服该顾客?

案例 2

一个顾客正在挑选清热解毒的药物。

店员(热情地):先生,这种清热解毒药与其他的药不同,它见效快,效果好。您要试试吗?

顾客:嗯! 我之前用过了好几个牌子的,包括这个品牌的都没效。

店员:请问您都用了哪些品牌的?

顾客:你看这个药品,包装简陋,一看就知道不是好东西。

问题:1. 该顾客异议属于哪种类型?

  2. 若你是这个店员,你会怎样说服该顾客?

案例 3

一个顾客拿着四盒药品还在选着药物,一个店员走了过去。

店员(热情地):这位小姐,您好!

顾客:不用跟着我,我自己会选。

店员:哦! 好的。我只想问问您是否需要购物篮。

顾客:你们这些店员就只会介绍没效果的药品给我,上次你们给我介绍的一点用都没用。

问题:1. 该顾客异议属于哪种类型?

  2. 若你是这个店员,你会怎样说服该顾客?

案例 4

早上 9 点,一位年轻女性走进药店。

店员:早上好! 有什么可以帮到您的吗?

顾客:有同仁堂的乌鸡白凤丸吗?

店员:不好意思,同仁堂的昨天刚卖完,要明天才来货。我们店的乌鸡白凤丸还有好几个品牌,像陈李济、九芝堂,效果都不错的。您要看看吗?

顾客:我一直都是买同仁堂的,这些没用过,不知质量好不好。

问题:1. 该顾客异议属于哪种类型?

  2. 若你是这个店员,你会怎样说服该顾客?

案例 5

顾客:现在是夏季,买这么滋补的保健品不是很好吧!

店员:在养生方面说"秋冬进补",确实是这么说的。但是养生不但要适应季节,也应该考虑个人体质的。

问题:1. 店员在处理顾客异议时运用了哪种方法?

　　　2. 如果顾客说"不知这个保健品是否适合我家的老人?"你应该怎样说服顾客?

案例 6

顾客:这药品质量不会有什么问题吧?

店员:绝对不会,很多顾客买过都说疗效很好,绝对没问题。

问题:1. 店员在处理顾客异议时采用了什么方法?

　　　2. 如果顾客说"这产品价格太贵了",你又应该怎样去说服呢?

（李小燕）

实践 14　顾客投诉的处理

一、任务描述

地点:模拟药店接待室。

任务:接待投诉的顾客。

二、任务分析

1. 能分析客户投诉动机,把握消除客户不满的心理钥匙。

2. 正确处理客户投诉,提升药店的正面形象。

3. 学会自我情绪控制,能为顾客提供积极有效的服务。

三、任务流程

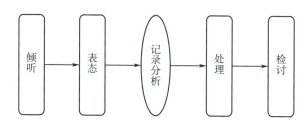

四、相关知识

（一）顾客投诉动机

顾客投诉药店或店员的常见动机有:退费、道歉、时间、发泄、尊重、补偿、理解、建议、骚扰等。

（二）处理顾客投诉的方法

1. **迅速受理**　将心比心,同样时间、地点、事件,把当事人换成自己,也就能设身处地去感受、去体谅他人。

常用表达方式:

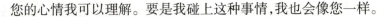

您的心情我可以理解。要是我碰上这种事情,我也会像您一样。

你刚才说的是不是……,对吗?

你反映的这件事情对你来说很重要。你这么着急来到我们店,一定有重要的事情需要我们尽快解决。

2. 获取信息 认真倾听,并能有技巧地提问,搜集足够的信息。

常用表达方式:向客户表示:我们一起来解决这个问题。提问前要有一个开放式的问题"能告诉我事情的经过吗?"运用封闭式的问题"我这样说对不对、是不是……"总结归纳客户的信息,及时针对客户的问题表达自己的感受。一次问一个问题,连续发问不要超过三个。

3. 分析客户的期望值 多数顾客只想讨回公道,因此药店只需给予顾客期望的补偿,他们就会满意(实践表 14-1)。

实践表 14-1 客户投诉与期望值

客户投诉	客户期望得到补偿
响应慢	速度
工作人员态度不好	获得尊重
资费、额外的损失	金钱的价值(费用)
产品缺陷	可靠性、便利性
烦琐的流程	灵活性
前后的不同待遇、与他人的不同待遇	公平性

4. 提供信息,并有效沟通 具体方法如下:①将话题集中在问题的解决上,不要总是安抚客户的情绪;②学会赞美客户;③围绕客户的期望值分析,表达客户的期望值是成功引导客户的技巧;④如果客户的要求是不能满足的,一定要给客户另一个方案;⑤表达的时候要简洁,从结论说起。

五、任务实施

每 6~8 人为一组,其中两人进行顾客与营业员的角色扮演,其他人观摩,组内学生进行评价。接着由另外两位学生进行角色扮演,依次进行。

六、质量评价

完成处理顾客投诉任务表(实践表 14-2),教师根据学生表现进行评价。

实践表 14-2 处理顾客投诉任务表

步骤	要点记录	评价		
		优	良	合格
倾听				
表态				
记录分析				
处理				
检讨				
综合评价				

七、案例分析

案例1

晚上九点,一位男士陪同一位妇女急匆匆地走进药店,男士气呼呼地说:"卖假药的,你们都出来,来看看我爱人的手都成什么模样了?"两个店员迎了上去。男的把妇女的衣袖拉起,露出又红又肿的手臂。

    问题:1. 店员应该如何接待这两位顾客?

            2. 你认为顾客想得到的补偿是什么? 你应该如何处理?

案例2

一位中年妇女,微笑的走进药店"营业员,你好。我昨天买了一瓶钙片,回家后发现家里还有一瓶。能不能把这瓶退了?"

店员:开盖用过了吗?

顾客:开了,不过只吃过一片。

店员:不好意思,开盖了我们就不能给你换了。

顾客立即收起笑容:什么药店,退个钙片都不行! 我要投诉你们!

    问题:1. 店员应该如何接待这位顾客?

            2. 你认为顾客想得到的补偿是什么? 你应该如何处理?

案例3

一位妇女走到药店的收银处说"你这个药店是怎么回事,我邻居买感冒药,我也买感冒药,为什么你只给她赠品,不给我? 你是不是看不起我啊?"

    问题:1. 店员应该如何接待这位顾客?

            2. 你认为顾客想得到的补偿是什么? 你应该如何处理?

案例4

一位老板在车上向药店内叫:营业员,买一盒感康。

这时店内有七八个顾客,店员应接不过来。店员:好的,请等一等。

过了一分钟,老板不耐烦地:营业员,到底做不做生意? 我赶时间啊!

过了一会儿,一位店员跑了过来:您好! 不好意思! 客人有点多,所以——

老板下车打断店员说:我不也是顾客吗? 你们是什么服务啊! 找你们店长来,我要投诉你们。

    问题:1. 店员应该如何处理?

            2. 你认为顾客希望得到的补偿是什么? 你应该如何处理?

案例5

星期日上午10点,三个学生一起走进药店。

高个子的学生:店长在吗?

店员:你们好! 店长刚好出去了。请问有什么可以帮到你们的?

学生激动地说:你们这些骗人的家伙,昨天为了骗我买你们的蛋白粉,竟然说别的品牌没有效果! 现在我吃了你们的蛋白粉更没效。120块一瓶! 你们就是骗子! 赔我钱!

    问题:1. 店员应该如何接待这三位顾客?

            2. 你认为顾客想得到的补偿是什么? 你应该如何处理?

案例6

下午两点,一位妇女拉着六岁的女儿来到药店。

顾客对着女儿说:你说,是谁骗了你的钱,少找了10块钱给你。有妈在,不怕! 你指给妈妈看。

　　店员:您好! 有什么可以帮到你的吗?

　　问题:1. 店员应该如何接待这位顾客?

　　　　　2. 你认为解决问题的关键是什么? 你应该如何处理?

案例7

一位女士拿着一个血压计来到药店。

　　女士:你们卖的是什么产品啊? 才打开包装,都还未用,这个血压计就坏了! 你们得给我换个新的!

　　问题:1. 店员应该如何接待这位顾客?

　　　　　2. 你应该如何处理?

（李小燕）

实践 15　药 品 盘 点

一、任务描述

地点:模拟药店。

任务:对药店内药品进行盘点。

二、任务分析

1. 能正确操作盘点工作,并填制相关表格。

2. 填写盘点流程图。

3. 运用所学知识对盘盈、盘亏分析处理。

三、任务流程

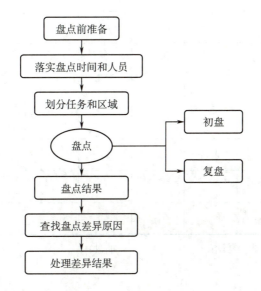

四、相关知识

1. 药品盘点的原则 真实、准确、完整、清楚、团队精神。
2. 药品盘点的时间和人员。
3. 药品盘点的内容。
4. 药品盘点结果和分析处理。

五、任务实施

1. 盘点前准备 模拟药店盘点现场,做好盘点前的准备工作,如药品整理,盘点工具包括笔、计算器、药品盘点表、实存账存对比表等。

2. 人员分工 学生6~8人一组,按照药店药品柜组分类分别进行初点、复点、抽点及数据填写,不重复,错乱。正确划分盘点路线和区域。

3. 盘点 盘点表填写见实践表15-1,录入电脑进行对账,如有差错填写实存账存对比表见实践表15-2。

4. 各小组对盘盈、盘亏原因进行分析,写出结论。并根据盘点结果找出问题点,并提出改善对策。

实践表 15-1 药店药品盘点表

门店名称: 货架号: 盘点单号:

序号	药品名称	规格	单位	初盘数量	销售价(元)	金额(元)	复盘	抽盘	备注
1									
2									
3									
4									
5									
6									
7									
8									
9									
10									
合计									

初盘人: 复盘: 抽盘: 盘点时间:

实践表 15-2　实存账存差异表

门店名称：　　　　　　　　　　　　　　　　　　　　　　　　　年　　月　　日

序号	药品名称	规格	单位	实存		账存		对比结果				备注原因
								盘盈		盘亏		
				数量	金额（元）	数量	金额（元）	数量	金额（元）	数量	金额（元）	

盘点人：　　　　　　　　　　对账人：　　　　　　　　　　主管（经理）：

六、质量评价

请教师根据药品盘点的学生表现给予评价（实践表 15-3）。

实践表 15-3　药品盘点的学生评价表

内容		规范	评价		
			优	良	合格
盘点前	环境整理	是否通知供应商			
		是否提前提示顾客			
		区域划分是否合理			
		人员配备是否到位			
		是否备齐盘点单并发放			
		环境整理是否到位			
		是否准备好盘点工具（纸、蓝色和红色笔）			
	单据整理	是否整理进货单			
		是否整理调价单			
		是否整理销货单			
		是否整理报废品单			
		是否整理赠品单			
		是否整理移仓单			
	药品整理	货架药品是否整齐陈列			
		不允许上架药品是否已撤出货架			
		是否一物一价，价物相符			
		待处理药品是否特定放置并有记录			
		内仓药品是否整理			
		通道死角是否有药品			
盘点中		顺序是否按区域逐架逐排、由左而右、由上而下			
		小组是否有配合，4 人是否按初盘、复盘、抽盘顺序填写			
		是否都已盘点出数量、金额和备注有效期			

续表

内容	规范	评价		
		优	良	合格
盘点后	是否全部回收盘点单			
	盘点单上签名是否齐全			
	盘点单上药品数量、单位、金额是否正确			
	营业现金与备用金是否清点登记			
	盘点结果是否集中输入电脑			
	是否进行地面的清扫工作			
	店长对盘点差错进行处理			
	综合评价			

七、案例分析

案例 1

小霞是某医药公司的骨干,在公司上班十年,最擅长的工作就是盘点,业务熟悉的她盘点又快有准,深得老板的信赖。小敏是今年刚到公司的实习生,店长对她说,你要先熟悉药品的摆放位置,就得从盘点开始,这样进步最快。但是小敏又担心出问题,所以就求助于小霞。如果你是小敏,你觉得该如何做?

问题:1. 药店药品是如何分类的?

2. 盘点的流程、方法是什么?

3. 药店盘点时注意事项?

案例 2

某医药公司连锁经营企业为了提高药店影响力,在周末搞一场促销活动,下班后要求当班员工加班盘点并核算活动情况,由于顾客很多,加上很多药品都打特价销售,店员小红在核算之后发现某牌蛋白质粉少了两瓶,核算数据误差较大,于是请来店长核实此事。

问题:1. 如果你是小红,你觉得问题最容易出现在什么地方?

2. 药店搞活动,需要准备些什么,如何防止核算误差?

案例 3

小飞是某企业的老总,刚从别人手里转入一家经营不善的药店,发现药店药品摆放不合理,分类有问题。为了改善药店经营不善状况,提高影响力和知名度,小飞想让业务很精通的小美去当店长,让药店经营活跃起来。

问题:1. 刚接过来的这家药店遇到的问题在哪儿?

2. 如果你是店长,该如何经营发展?

(黄礼建)

实践 16　药品门店核算

一、任务描述

地点:模拟药店。

任务:对药店某柜组一天经营结果进行核算。

二、任务分析

1. 调整心态面对门店核算。

2. 在卡板上写出门店核算操作注意事项。

3. 填写相关数据表格。

三、任务流程

1. 核算前准备　笔、计算器、草稿纸、基本填写表格等。

2. 将单据整理整齐　将相关单据准备好并交给店长,以保证盘点所有数据的准确性。如进货单、商品内部调拨单、商品调价单、销货单、退货单、净销货收入汇总(分免税和含税两种)、报废品单、赠品单据、移库商品单及前期盘点单、长短款报告单等见实践表 16-1。门店核算要做到"三清两符一归",即票证数清、现金点清、往来手续结清,会计记账与柜组账相符、账簿与有关单据相符,全部药品归类存放。

实践表 16-1　长、短款报告单的填写

应收金额		长、短款	原因
实收金额			
柜组意见			
审批意见			

财务负责人:　　　　　　　审核人:　　　　　　　　　报告人:

3. 统计好当日营业利润。

4. 药品整理是预防盘点或者柜组核算差错的一项重要措施,使工作更有序、更有效。

5. 根据核算情况找出问题,并提出修改意见。

四、相关知识

1. 毛利润 = 销售收入 – 销售成本

2. 毛利率 =(毛利 / 商品销售额)× 100%

3. 差错率 =(长款 + 短款)/ 药品销售额 × 10 000‰

五、任务实施

1. 每 6~8 人为一组,进行抽签,每组一个核算项目,操作完毕小组之间相互进行评分。

2. 每个项目的核算数据,要求学生快、准算出各项的核算结果。

3. 小组互相交换核算项目并提出意见或者表扬。

六、质量评价

(一)药店工作控制点评价

1. 能用正确方法核算。

2. 核算结果是否良好。

3. 准确评价实践结果、效果、收获。

(二)学生课堂表现评价

评价柜组核算的表现(实践表 16-2)。

实践表 16-2　柜组核算的学生评价表

内容	规范	评价		
		优	良	合格
整体印象	仪容仪表			
	精神面貌			
	工作态度			
单据整理	票证是否数清			
	现金是否点清			
	往来手续是否结清			
核算速度	是否在规定时间内完成			
核算方法(公式)	是否正确			
核算结果	会计记账与柜组账相符、账簿与有关单据相符			
	核算完毕单据是否归类存放			
	全部药品是否归类存放			
核算误差率	以小组成员计算是否符合统计规律			
核算结果	是否对核算结果分析			
综合评价				

七、案例分析

案例 1

小刘在门店药品销售实习期满,被轮换到收银台,一开始不熟悉业务,担心出错,但仔细一想,万事开头难,只要认真做好就不怕了,柜组核算工作就是考验一个人的心态和态度。

问题:1. 案例中小刘心态如何? 如果是你会有哪些举措?

　　　2. 收银核算应该注意哪些问题?

案例 2

小张新开一家药品经营个体店,想搞一场开张庆典活动,不知道该如何筹备和设计方案。

问题:1. 如何核算药店活动成本?

   2. 请为小张设计活动方案。

案例 3

潇潇是某连锁药店店长,在公司上班几年了,由于最近该店周边突然增加了几家新药店,加上该地区经济收入下降最近连续几个月业绩核算下来不增反降,面对现状,面对现状老板请潇潇分析药店最近业绩下降原因和对策。

问题:1. 药店业绩下降的原因在哪儿?

   2. 如果你是潇潇,你将如何处理?

(黄礼建)

参 考 文 献

1. 陈新谦,金有豫,汤光.新编药物学.第 17 版.北京:人民卫生出版社,2011.
2. 杨宝峰.药理学.第 7 版.北京:人民卫生出版社,2010.
3. 秦红兵.药学服务实务.北京:人民卫生出版社,2013.
4. 陈玉文.药店店员手册.北京:人民卫生出版社,2010.
5. 徐荣周.零售药店店员手册.北京:中国医药科技出版社,2010.
6. 王东风.医药商品购销员国家职业资格培训教程.北京:中国中医药出版社,2003.
7. 李大魁,张石革.药学综合知识与技能.北京:中国中医药出版社,2011.
8. 苏兰宜.药店零售技术.北京:化学工业出版社,2009.
9. 谢子龙.药店店员基础训练手册.长沙:湖南科学技术出版社,2013.

目标检测参考答案

31. D	32. C	33. C	34. A	35. D	36. A	37. E	38. C	39. E	40. C
41. C	42. A	43. A	44. C	45. D	46. D	47. E	48. E	49. A	50. B

项目七　药品销售

单项选择题(A型题)

1. A	2. D	3. B	4. C	5. D	6. C	7. A	8. B	9. D	10. B
11. C	12. B	13. A	14. D	15. B	16. C	17. A	18. D	19. C	20. B

项目八　售后服务

一、单项选择题(A型题)

1. C	2. B	3. C	4. E	5. D	6. C	7. A	8. E	9. E	10. C
11. B	12. D	13. A	14. B	15. E	16. E	17. B	18. C		

二、配伍选择题(B型题)

1. B	2. E

项目九　药品盘点与门店核算

一、单项选择题(A型题)

1. B	2. C	3. D	4. B	5. A	6. E	7. A	8. E	9. A	10. B
11. C	12. D	13. B	14. C	15. C					

二、计算题(略)

药店零售与服务技术教学大纲

一、课程性质

药店零售与服务技术是中等卫生职业教育药剂专业药品营销方向的一门专业技能方向课程。本课程的主要内容是药店零售的基本知识和基本技能。本课程的主要任务是按照药店规程独立完成药店各项常规操作,协助完成药店常规管理;能对常见病作出基本的鉴别和判断,并能正确介绍医药商品,对顾客进行基本的用药安全指导。本课程的先修课程包括《实用医学基础》《药事法规》《医药商品基础》《药理学》,同步课程包括《医药市场营销技术》《医药商品基础》等。

二、课程目标

通过学习本课程,学生能够达到下列要求:

(一) 职业素养

1. 具有牢固的专业思想、正确的学习目标和良好的学习态度。

2. 具有良好的药学服务职业道德和行为规范。

3. 具有严谨求实、认真负责的工作态度和团队协作精神。

4. 具有人文关怀精神,关心、尊重顾客。

(二) 专业知识和技能目标

1. 掌握零售药店的工作流程;掌握零售药店店员应具备的职业素养、知识技能;掌握药品验收与陈列、药店顾客服务与接待、问症荐药、问病荐药、常见病的用药指导、药品销售、药品盘点的基本规范和具体内容。

2. 熟悉零售药品验收与陈列、药店顾客服务与接待、问病荐药、常见病的用药指导、药品销售、药品盘点的基本原则和技巧。

3. 了解零售药店相关指标的核算、结果分析。

4. 学会常见疾病和症状的用药指导;学会开展健康教育;学会零售药店相关经济指标核算。

5. 熟练掌握药品的分类、验收、陈列、销售、售后服务和盘点的工作流程与规范;熟练掌握常见症状、疾病、特殊人群的用药推荐和健康指导。

三、教学时间分配

教学内容	学时数		
	理论	实践	合计
一、认识零售药店	4	2	6
二、药品验收与陈列	4	4	8
三、药店顾客接待与服务	2	2	4
四、问症荐药	4	2	6
五、问病荐药	4	2	6
六、用药指导	10	10	20
七、药品销售	4	2	6
八、售后服务	4	4	8
九、药品盘点与门店核算	4	4	8
合计	40	32	72

四、教学内容与要求

项目	教学内容	教学要求	教学活动参考	学时	
				理论	实践
一、认识零售药店	（一）开办零售药店 1. 药品零售业 2. 开办零售药店 3. 开办零售药店涉及的法律法规 （二）零售药店人员的管理 1. 零售药店应配备的药学技术人员 2. 零售药店店员应具备的职业素养 3. 零售药店店员应掌握的药品知识	 了解 了解 了解 熟悉 掌握 掌握	理论讲授 案例教学 情景教学 课堂讨论	4	
	实践1：认识零售药店、药品和处方	学会	技能实践 案例分析		2
二、药品验收与陈列	（一）药品验收 1. 药品验收概述 2. 药品验收的依据 3. 药品验收的流程 4. 药品验收人员及环境 5. 药品验收的内容 6. 药品验收记录 7. 药品验收注意事项 （二）药品陈列 1. 药品陈列的概念 2. 药品陈列的原则 3. 药品陈列的技巧 4. 主要位置的陈列要求 5. 药品陈列的方法 6. 药品陈列的注意事项 7. POP 广告	 了解 熟悉 熟悉 熟悉 掌握 掌握 熟悉 了解 熟悉 熟悉 掌握 掌握 熟悉 了解	理论讲授 案例教学 情景教学 课堂讨论	4	

续表

项目	教学内容	教学要求	教学活动参考	学时 理论	学时 实践
二、药品验收与陈列	实践2:药品的验收 实践3:药品的分类与陈列	熟练掌握	技能实践 角色扮演 案例分析		4
三、药店顾客接待与服务	（一）药学服务道德与药店服务礼仪 1. 药学服务道德 2. 药店服务礼仪 （二）药店顾客接待 1. 药店顾客接待基本步骤 2. 店员接待顾客的基本能力 3. 不同年龄顾客的接待技巧	了解 熟悉 掌握 掌握 熟悉	理论讲授 案例教学 情景教学 课堂讨论	2	
	实践4:药店顾客接待	熟练掌握	技能实践 角色扮演 案例分析		2
四、问症荐药	（一）发热 1. 发热简介 2. 常用解热药物 3. 常用解热药物的用药指导 4. 发热的健康教育 （二）咳嗽 1. 咳嗽简介 2. 常用镇咳药物 3. 常用镇咳药物的用药指导 4. 咳嗽的健康教育 （三）消化不良 1. 消化不良简介 2. 常用抗消化不良药物 3. 常用抗消化不良药物的用药指导 4. 消化不良的健康教育 （四）荨麻疹 1. 荨麻疹简介 2. 常用治疗荨麻疹药物 3. 常用治疗荨麻疹药物的用药指导 4. 荨麻疹的健康教育 （五）腹泻 1. 腹泻简介 2. 常用治疗腹泻药物 3. 常用治疗腹泻药物的用药指导 4. 腹泻的健康教育 （六）便秘 1. 便秘简介 2. 常用治疗便秘药物 3. 常用治疗便秘药物的用药指导 4. 便秘的健康教育	熟悉 掌握 掌握 了解 熟悉 掌握 掌握 了解 熟悉 掌握 掌握 了解 熟悉 掌握 掌握 了解 熟悉 掌握 掌握 了解 熟悉 掌握 掌握 了解	理论讲授 案例教学 情景教学 课堂讨论	4	

续表

项目	教学内容	教学要求	教学活动参考	学时 理论	学时 实践
四、问症荐药	实践5:咳嗽的药品推荐	熟练掌握	技能实践 角色扮演 案例分析		2
五、问病荐药	（一）感冒		理论讲授 案例教学 情景教学 课堂讨论	4	
	1. 感冒简介	熟悉			
	2. 常用治疗感冒药物	掌握			
	3. 常用治疗感冒药物的用药指导	掌握			
	4. 感冒的健康教育	了解			
	（二）口腔溃疡				
	1. 口腔溃疡简介	熟悉			
	2. 常用治疗口腔溃疡药物	掌握			
	3. 常用治疗口腔溃疡药物的用药指导	掌握			
	4. 口腔溃疡的健康教育	了解			
	（三）痛经				
	1. 痛经简介	熟悉			
	2. 常用治疗痛经药物	掌握			
	3. 常用治疗痛经药物的用药指导	掌握			
	4. 痛经的健康教育	了解			
	（四）手足癣				
	1. 手足癣简介	熟悉			
	2. 常用治疗手足癣药物	掌握			
	3. 常用治疗手足癣药物的用药指导	掌握			
	4. 手足癣的健康教育	了解			
	（五）晕动病				
	1. 晕动病简介	熟悉			
	2. 常用防治晕动病药物	掌握			
	3. 常用防治晕动病药物的用药指导	掌握			
	4. 晕动病的健康教育	了解			
	实践6:感冒的药品推荐	熟练掌握	技能实践 角色扮演 案例分析		2
六、用药指导	（一）消化性溃疡的用药指导		理论讲授 案例教学 情景教学 课堂讨论	10	
	1. 消化性溃疡简介	了解			
	2. 常用抗消化性溃疡药物与用药指导	掌握			
	3. 消化性溃疡的健康教育	熟悉			
	（二）高血压的用药指导				
	1. 高血压简介	了解			
	2. 常用抗高血压药物与用药指导	掌握			
	3. 高血压的健康教育	熟悉			
	（三）高脂血症的用药指导				
	1. 高脂血症简介	了解			
	2. 常用调节血脂药物与用药指导	掌握			
	3. 高脂血症的健康教育	熟悉			

续表

项目	教学内容	教学要求	教学活动参考	学时 理论	学时 实践
六、用药指导	（四）糖尿病的用药指导				
	1. 糖尿病简介	了解			
	2. 常用降糖药物与用药指导	掌握			
	3. 糖尿病的健康教育	熟悉			
	（五）特殊人群的用药指导				
	1. 小儿的合理用药	熟悉			
	2. 妊娠期和哺乳期妇女用药	熟悉			
	3. 肝、肾功能不全患者用药	熟悉			
	4. 驾驶人员的合理用药	掌握			
	实践7:消化性溃疡的用药指导 实践8:高血压的用药指导 实践9:高脂血症的用药指导 实践10:糖尿病的用药指导 实践11:特殊人群的用药指导与用药推荐	熟练掌握	技能实践 角色扮演 案例分析		10
七、药品销售	（一）销售技巧		理论讲授 案例教学 情景教学 课堂讨论	4	
	1. 销售促进	掌握			
	2. 关联销售	掌握			
	3. 达成销售目标	熟悉			
	（二）药品销售				
	1. 药品售前准备	熟悉			
	2. 药品销售实施	掌握			
	3. 票据填制	掌握			
	4. 销售记录	掌握			
	实践12:药品销售	熟练掌握	技能实践 角色扮演 案例分析		2
八、售后服务	（一）处理顾客异议与投诉		理论讲授 案例教学 情景教学 课堂讨论	4	
	1. 顾客异议的处理	掌握			
	2. 退换药品的处理	掌握			
	3. 顾客投诉及其处理	掌握			
	（二）药品不良反应报告				
	1. 药品不良反应	熟悉			
	2. 药品不良反应的分类	熟悉			
	3. 药品不良反应报告范围	掌握			
	4. 药品不良反应报告的内容	掌握			
	实践13:顾客异议的处理 实践14:顾客投诉的处理	熟练掌握	技能实践 角色扮演 案例分析		4
九、药品盘点与门店核算	（一）药品盘点		理论讲授 案例教学 情景教学 课堂讨论	4	
	1. 药品盘点的目的	了解			
	2. 药品盘点的原则	熟悉			
	3. 药品盘点流程	掌握			
	4. 药品盘点注意事项	熟悉			

续表

项目	教学内容	教学要求	教学活动参考	学时 理论	学时 实践
九、药品盘点与门店核算	（二）药品门店核算 1. 药品门店核算的概念 2. 药品门店核算方法 3. 销售差错率指标的核算	了解 了解 了解			
	实践15：药品盘点 实践16：药品门店核算	熟练掌握	技能实践 角色扮演 案例分析		4
合计				40	32

五、说明

（一）教学安排

本教学大纲主要供中等卫生职业教育药剂专业教学使用，第四学期开设，总学时为72学时，其中理论教学40学时，实践教学32学时。学分为4学分。

（二）教学要求

1. 本课程对理论部分教学要求分为掌握、熟悉、了解3个层次。掌握，指对基本知识、基本理论有较深刻的认识，并能综合、灵活地运用所学的知识解决实际问题。熟悉，指能够领会概念的基本含义，指导实践操作。了解，指对基本知识、基本理论能有一定的认识，能够记忆所学的知识要点。

2. 本课程重点突出以岗位胜任力为导向的教学理念，在实践技能方面分为熟练掌握和学会2个层次。熟练掌握，指能独立、规范地完成零售药店的各项操作程序。学会，指在教师的指导下能初步认识药店、并进行简单的门店核算。

（三）教学建议

1. 本课程依据零售药店岗位的工作任务、职业能力要求，强化理论实践一体化，突出"做中学、做中教"的职业教育特色，根据培养目标、教学内容和学生的学习特点以及职业资格考核要求，提倡项目教学、案例教学、任务教学、角色扮演、情景教学等方法，利用校内外实训基地，将学生的自主学习、合作学习和教师引导教学等教学组织形式有机结合。

2. 教学过程中，可通过案例分析、角色扮演、模拟药店实操训练和理论考试等多种形式对学生的职业素养、专业知识和技能进行综合考评。应体现评价主体的多元化，评价过程的多元化，评价方式的多元化。评价内容不仅关注学生对知识的理解和技能的掌握，更要关注学生在零售药店服务知识运用与解决实际问题中的能力水平，重视药店店员职业素质的形成。

40检